高职高专汽车专业“十三五”规划教材

二手车鉴定评估实用教程

第3版

主　编　明光星　刘国辉
主　审　张　营

机　械　工　业　出　版　社

本书以最新二手车鉴定评估技术规范 GB/T 30323—2013 为基础，介绍有关二手车鉴定评估的知识，包括二手车评估准备、二手车现场鉴定、二手车价值评估方法及对比分析、二手车评估报告的撰写、二手车交易及事故车鉴定与评估，另有3个附录。

本书贴合二手车鉴定与评估的实际，客观地反映出目前国内二手车市场运作的实际状况和具体方法，内容全面，实用性强。

本书可作为中高等职业教育汽车专业的教材；也可以供有关汽车管理人员和技术人员参考。

图书在版编目（CIP）数据

二手车鉴定评估实用教程 / 明光星，刘国辉主编. —3 版. —北京：机械工业出版社，2015.11（2019.7 重印）

高职高专汽车专业“十三五”规划教材

ISBN 978-7-111-52145-7

Ⅰ. ①二… Ⅱ. ①明…②刘… Ⅲ. ①汽车—鉴定—高等职业教育—教材②汽车—价格评估—高等职业教育—教材 Ⅳ. ①U472.9②F766

中国版本图书馆 CIP 数据核字（2015）第 271135 号

机械工业出版社（北京市百万庄大街22号 邮政编码100037）
策划编辑：齐福江 责任编辑：齐福江
版式设计：霍永明 责任校对：刘志文
封面设计：陈 沛 责任印制：常天培
唐山三艺印务有限公司印刷
2019年7月第3版·第8次印刷
184mm×260mm·13.25 印张·324 千字
17901—20900 册
标准书号：ISBN 978-7-111-52145-7
定价：39.00 元

凡购本书，如有缺页、倒页、脱页，由本社发行部调换

电话服务
服务咨询热线：010-88379833
读者购书热线：010-88379649

网络服务
机 工 官 网：www.cmpbook.com
机 工 官 博：weibo.com/cmp1952
教育服务网：www.cmpedu.com
金 书 网：www.golden-book.com

前言

随着二手车市场的不断发展，二手车鉴定评估行业也将越来越凸显出其必要性和重要性。由于二手车的性价比比新车高，也很实惠，有越来越多的人喜欢购买二手车，如何挑选和评估二手车也就成了热门话题。

二手车市场从原始的集贸式交易方式，向多元化、多层次的二手车交易市场、贸易体系发展。各大型的汽车生产厂家、汽车经销商、4S店、拍卖公司等机构，都在通过各种方式进行二手车交易。目前，我国的二手车交易市场非常活跃，且车源很丰富，因此二手车鉴定、评估和交易有广阔的发展前景。

二手车鉴定、评估及交易工作涉及的知识广泛，这就要求二手车鉴定评估师既要了解汽车的构造和原理，又要掌握各种二手车的技术鉴定方法，还要具备一定的市场经济学知识。

本书第1、2版出版后很受职业院校及社会培训机构的欢迎，先后重印8次。本书第3版除了保留了第1、2版的二手车评估准备、二手车现场鉴定、二手车价值评估、二手车评估报告的撰写、二手车交易等基础鉴定评估内容外，还增加了事故车价值贬损鉴定等内容，同时介绍了新近出台的国家现行的二手车管理法规和标准以及二手车交易市场的运行规律和运作方式，着重根据新的二手车鉴定评估技术规范对部分评估方法进行了相应调整。本书既有一定的理论深度，又有很强的实践性，是适合中高级职业院校目前教学模式的经典教材，也是从事二手车交易工作人员及鉴定评估人员学习和参考的实用教程和资料。

本书由辽宁省交通高等专科学校明光星、沈阳职业技术学院汽车分院刘国辉主编，河南至诚旧机动车鉴定评估有限公司总经理张营主审，参编人员有杨洪庆、李晗、张凤云、倪旭宏、孔繁瑞、田有为、闫绍伟、吴吉桃、李岩松、开百军、耿炎、何登俊、张艳为、李博、董佳佳。

本书在编写过程中，参考了有关文献资料，在此，谨向这些文献资料的原作者表示诚挚的谢意。由于水平所限，书中不当之处在所难免，恳请读者批评指正。

编　者

二维码看视频使用说明：

1. 微信扫码请先下载“扫扫看”客户端。

2. 建议在下载客户端之后注册一下。具体操作方法为：打开客户端，找到最下方的“用户”项，点击进入。找到“个人信息”项，注册用户或者进行登录。登录时，最好勾选“自动登录”可保持较长时间的登录状态，便于使用。

3. 在客户端登录状态下，在客户端主界面点击“扫描”，进行扫码。扫描的书籍及其目录会有提示下载，建议下载观看。已下载的书籍及目录在客户端主界面下方的“用户”中的“下载”项。

4. 点击“下载”项中进入“下载管理”，在左侧“书籍”项中可以看到扫描并下载的书籍及其目录。

5. 书籍的具体目录项轻点一下，可以看到单个目录的“阅读”。点击“阅读”可以看到视频缩略图和加粗字体的视频。点击缩略图即可观看视频文件。

目录

模块一 二手车评估准备

教学目标

通过本模块的学习，能够掌握二手车鉴定评估的基本理论，掌握二手车鉴定评估流程，能够拟定评估方案。

能力要求

1. 能够掌握二手车相关业务的基本理论。
2. 能够掌握二手车鉴定评估流程。
3. 能够拟定二手车评估方案。

引言

要想成为一名合格的二手车评估师，首先要学习二手车评估基本理论，为此本模块设置三个学习单元：评估理论概述、二手车鉴定评估机构、拟定鉴定评估作业方案。

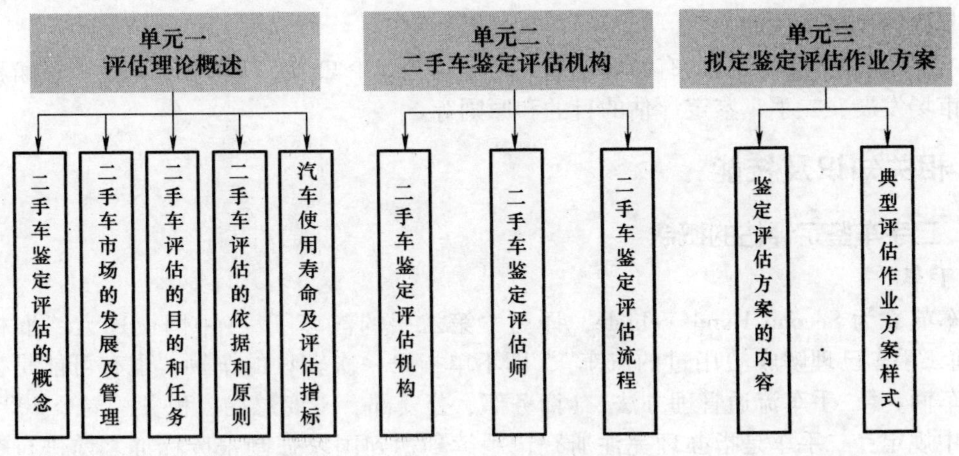

单元一 评估理论概述

一、单元描述

二手车鉴定评估广泛应用于二手车交易、机动车辆法律诉讼、车辆投保、车辆置换、机动车抵押贷款、车辆担保、车辆拍卖、车辆典当等领域。对于同一辆车，由于不同的评估目的，评估出来的结果会有所不同。在洽谈车辆评估委托时，明确车辆评估的目的十分重要。对于走私车、盗抢车、非法拼装车、报废车、手续不全的车辆，严禁在二手车交易市场上交易，承接其评估也是违法的。

作为二手车鉴定评估人员，有必要了解二手车相关理论知识，学习相关概念及了解国内外二手车市场发展、二手车鉴定评估的目的和原则等。

二、相关知识及技能

（一）二手车鉴定评估的概念

1. 二手车

二手车英文为 Second Hand Vehicle，译为“第二手的汽车”，在中国也称为“旧机动车”。目前二手车已理解成“用过的汽车”，即不单指第一次转让的车辆，也有可能是被多次转让的车辆。《二手车流通管理办法》（商务部、公安部、工商总局、税务总局令 2005 年第 2 号）中规定：二手车是指办理完注册登记手续到达到国家强制报废标准之前进行交易并转移所有权的汽车、挂车和摩托车。

2. 二手车鉴定

二手车鉴定是指有鉴定评估资格的人员，按照特定的目的，遵循法定或公允的标准程序，运用科学的手段和方法，对二手车进行手续查验，对车辆的技术状况进行检测的过程。

3. 二手车评估

二手车评估是指有鉴定评估资格的人员，经过对二手车鉴定之后，对二手车现时价值进行的预测过程。

4. 二手车鉴定评估

二手车鉴定评估实质是由鉴定和评估两个过程组成的，而实际工作中没有严格的界限，因此，统称为二手车鉴定评估。为了方便理解和运用，二手车鉴定评估又可定义为，由专门的鉴定评估资格人员，按照特定的目的，遵循法定或公允的标准程序，运用科学的手段和方法，对二手车进行手续查验，对车辆的技术状况进行检测及对二手车现时价值进行预测的过程。二手车鉴定评估包括主体和客体。

（1）主体　二手车鉴定评估的主体是指二手车鉴定评估业务的承担者，即从事二手车鉴定评估的机构及专业鉴定评估人员。鉴定评估人员的素质对评估工作水平和评估结果的质量有重要影响。因此，二手车鉴定评估人员必须掌握一定的资产评估业务理论及资产评估的方法；熟悉并掌握国家颁布的与二手车交易有关的政策、法规、行业管理制度以及相关的技术标准；具备对二手车的技术状况进行准确的判断和鉴定的能力；具有良好的职业道德，公平公正、遵纪守法，保证二手车鉴定评估质量；必须经过严格的考试，取得国家人力资源和社会保障部颁发的《二手车鉴定评估师》证书。

（2）客体　二手车鉴定评估的客体是指待评估的车辆，是鉴定评估的具体对象。车辆交易前，必须到公安交通管理机关申请车辆检验，检验被交易车辆的车架号和发动机号的全部拓印，若有不一致或改动、凿痕、锉痕、重新打刻等人为改变，一律扣留审查。根据2005年10月1日起施行的《二手车交易管理办法》中的规定，有下列情况之一的车辆禁止交易：

1）已报废或者达到国家强制报废标准的车辆。

2）在抵押期间或者未经海关批准交易的海关监管车辆。

3）在人民法院、人民检察院、行政执法部门依法查封、扣押期间的车辆。

4）通过盗窃、抢劫、诈骗等违法犯罪手段获得的车辆。

5）发动机号码、车辆识别代号或者车架号码与登记号码不相符，或者有凿改迹象的车辆。

6）走私、非法拼（组）装的车辆。

7）不具有第二十二条所列证明、凭证的车辆。

8）在本行政辖区以外的公安机关交通管理部门注册登记的车辆，国家法律、行政法规禁止经营的车辆。

5. 成新率

成新率是二手车新旧程度的衡量指标，是指二手车的功能或使用价值占全新机动车的功能或使用价值的比率，也可理解为二手车的现实状况与机动车全新状况的比率。

6. 折现率

折现率是指将未来有限期预期收益折算成现值的比率。本金化率和资本化率或还原利率则通常是指将未来无限期预期收益折算成现值的比率。

7. 贬值

二手车贬值根据性质不同分为功能性贬值、经济性贬值、有形损耗贬值。

（1）功能性贬值　二手车功能性贬值是由于技术进步引起的二手车功能相对落后而导致的贬值。这是一种无形损耗。功能性贬值可分为一次性功能贬值和营运性功能贬值。

一次性功能贬值是由于技术进步引起劳动生产率的提高，现在再生产制造与原功能相同的车辆的社会必要劳动时间减少、成本降低而造成原车辆的价值贬值。

营运性功能贬值是由于技术进步，出现了新的、性能更优的车辆，致使原有车辆的功能相对新车型已经落后而引起其价值贬值。具体表现为原有车辆在完成相同工作任务的前提下，在燃料、人力、配件材料等方面的消耗增加，形成了一部分超额运营成本。

（2）经济性贬值　二手车经济性贬值是指由于外部经济环境变化所造成的车辆贬值。它也是一种无形损耗。外部经济环境包括宏观经济政策、市场需求、通货膨胀和环境保护等。如国家减少基本建设项目，用于工程土方运输的翻斗车需求就会减少，其价值就会因此而贬值；反之，就会增值。

经济性贬值是由于外部环境而不是车辆本身或内部因素所引起的达不到原有设计的获利能力而造成的贬值。外界因素对车辆价值的影响不仅是客观存在的，而且对车辆价值影响还相当大，所以，在二手车的评估中不可忽视。

（3）有形损耗贬值　二手车实体有形损耗也称实体性贬值，是指二手车在存放和使用过程中，由于物理和化学原因（如机件磨损、锈蚀和老化等）而导致的车辆实体发生的价值损耗，即由于自然力的作用而发生的损耗。计量二手车实体有形损耗时主要根据已使用年限进行分摊。

8. 二手车的原值

二手车原值即原始价值，是指车主在购置以及其他方式取得某类全新机动车当时所发生的全部货币支出，包括买价、运杂费、车辆购置附加费、消费税、新车登记注册等所发生的费用。

9. 二手车的净值

二手车随着使用的过程逐渐磨损，其原始价值也随着减少而转入企业成本。企业提取的机械折旧额为折旧基金，用于车辆磨损的补偿。提取折旧后，剩余的机械净值称为二手车的净值，它在一定程度上反映了车辆现有价值。

10. 二手车的残值

二手车报废清理时回收的那些材料、废料的价值称残值，它体现二手车丧失生产能力以后的残体价值。

11. 评估值

二手车评估值是遵循一定的计价标准和评估方法，重新确定的二手车现值。

12. 报废汽车

报废汽车（包括摩托车、农用运输车）是指达到国家报废标准，或者虽未达到国家报废标准，但发动机或者底盘严重损坏，经检验不符合国家机动车运行安全技术条件或者国家机动车污染物排放标准的机动车。

13. 拼装车

拼装车是指使用报废汽车发动机、转向机、变速器、前后桥、车架（统称“五大总成”）以及其他零配件组装的机动车。

14. 改装汽车

改装汽车有两种情况：一是厂家改装，是对原车重新设计、改装的，使用的零件是经过国家鉴定合格的，属于合法改装；二是消费者自己委托改装。改装汽车一般是指改变车身颜色的、更换发动机的、更换车身或者车架的，改装的内容应符合道路安全法的规定，而且机动车所有人应向登记地车辆管理所申请变更登记。

15. 大贸车

大贸车是指通过正规海关进口的车辆，而且经过正规经销商销售出去并缴纳购置税上牌可以随时更名过户的车。大贸车主要都是在官方指定的3S或者4S店销售。特点是必须用进口许可证报关（三资企业有进口许可证），有海关货物进口证明书，有进口港的商检证。目前进口车入关到个人购买之间，需要交关税、增值税、消费税等。

16. 小贸车

小贸车是指国家为鼓励投资，对外商、海外留学生、华侨或投资额达一定数量的三资企业，有一定的关税打折的国外车入境配额，这样的车业内称为“小贸车”。“小贸车”照比正常“大贸车”价值低，但是“小贸车”在到达监管期之后才可以正常更名过户。

17. 美规车

美规车当中的“规”字是规格的意思，那么美规车就是“美国规格汽车”。同类的名词还有中规车、日规车等。这样的命名对于洲际也适用，如亚规车、欧规车等。出现这些词是因为世界上许多大型跨国汽车公司在对各国进行出口时，都会对汽车进行适应性改装，以适应该国的道路条件和油品质量，而针对不同国家的不同改装，就称为“某某规车”。

（二）二手车市场的发展及管理

1. 我国二手车市场概况

随着我国汽车产业的发展，二手车市场已经成为汽车市场重要的组成部分。近年来，我国二手车市场以每年20%～30%的速度递增。特别是局部市场，二手车交易甚至出现了“井喷”的态势，如北京、广东、上海、浙江等省、市二手车交易量增长甚至超过了新车，而且品牌二手车业务取得重要进展。根据中国汽车流通协会对二手车市场的统计，2014年我国二手车交易量为605.3万辆，同比增长16.3%。二手车市场的快速增长表明我国二手车消费开始进入新的阶段，即由单一的集贸式交易市场向品牌专卖、拍卖、经纪公司等多种经营模式共存的格局转变。品牌二手车的出现，为二手车市场增添了新的变化，主要体现在以下几个方面：

1）丰富了二手车交易模式。买卖二手车不再只是通过二手车交易市场一个渠道来完成。

2）4S店依靠品牌的优势和强大的售后服务能力，能够提供与新车一样的质量保证，打消消费者的疑虑，让消费者买得放心、用着舒心。

3）4S店通过执行生产企业严格的认证标准，明示车辆质量信息，明码标价，改变市场信息不透明的问题。

4）通过新旧置换，为二手车市场提供了丰富的经营资源，将为二手车市场快速发展增添强劲动力。

面对新的市场环境，国内二手车经销商要想在激烈的市场竞争中站稳脚跟，就必须借鉴国外企业的成功经验，创新管理模式，充分利用二手车市场拥有的庞大经营渠道和信息资源，建立自己规范的业务流程和先进的网络管理系统，以合理的收购价格、售后服务的保障、服务商的可靠信誉、便捷的交易手续，引导消费者正确认识品牌二手车，促进品牌在二手车市场的繁荣。

2. 国外二手车市场概况

在汽车工业发达国家，二手车市场已经是一个十分成熟的市场，二手车交易量在汽车交易中占有相当大的比重。例如，美国2014年二手车交易量达到新车交易量的2.5倍。

（1）日本的二手车评估体系　在日本，1966年成立了财团法人日本评估协会，它对规范二手车的评估行为起到了重要作用。根据日本评估协会的规定，要想获得二手车的评估资格，必须是二手车的销售店，销售店要向评估协会申请实施评估业务，经过评估协会对其进行审查合格后，发给《评估业务确认书》，并在店内挂上“评估业务实施店”的标牌。销售店要有通过评估协会组织的技能考试的专业评估师，评估师分为大型车评估师和小型车评估师。评估师的资格有效期为3年，通过进修可以晋升。

（2）美国的二手车评估体系　在美国，二手车与新车具有同样的质保项目，质保项目包括合格的质量要求、严格的检测标准、质量改进保证、过户保证以及比照新车销售推出的送货方案等。甚至一些大汽车公司开展的认证还会提供与新车一样利率的购车贷款。

在美国，二手车定价一般依据品牌车《价格总目录》。《价格总目录》包括汽车出厂的年代、品牌、型号、行驶里程等。销售店的工作人员只需翻查《价格总目录》就可大致给出比较合理的价格。若二手车出现过事故、有维修和车体划痕记录等，车价会参照这些因素向下浮动。为了避免二手车市场信息不准确，购买二手车有一定的试用期限，且所有销售店出售的二手车都必须持有政府颁发的技术合格证书才能上路行驶。这些也是美国二手车市场兴旺发展的重要原因。

（3）墨西哥的二手车评估体系　在墨西哥，有专门从事旧车收购、检修和销售业务的场所，买卖经营合法规范。墨西哥二手车市场受到有关部门的严格监督和管理，除了要遵守经营普通商品的有关法律法规外，还必须遵守特定行业的管理法规，其中最具约束力的就是有一个专门关于旧车经营者必须遵守的旨在保护消费者利益的法规。

在墨西哥，旧车经营者必须向消费者提供所售车辆的机械性能和行驶合法性的详细情况，与消费者签订正规的销售合同，以防止销售过程中欺诈和误导行为的发生；旧车经营者必须对所购车辆250多个关键部位进行严格的机械性能检测和检修，销售的车辆内外表要良好、安全可靠，车辆证件手续要齐全。

在签订合同时，必须标明所售旧车的具体车况和合法性，包括车型、车身颜色、车牌、车号、发动机号、行驶里程、机械性能、车税和车证等；合同还要有对保质期、保修条件、违约处罚等项目的具体说明，并在车辆管理部门备案。

（4）瑞士的二手车评估体系　瑞士的二手车评估体系由二手车协会制定，任何二手车的估价都由这一套科学的评估系统来确定。二手车的销售价格首先由技术检测部门的技术人员进行测定，列出测试清单，然后对此车进行估价。销售商根据二手车的估价和原销售价格，最终确定二手车的实际销售价。二手车车主可以得到一张保修单，享受两年的保修期。如果两年内车主转卖，保修期还可以随车主的更换转移给另一个车主。这样就解除了车主购买二手车的后顾之忧，同时也促进了二手车市场的发展。

3. 二手车流通市场的管理

为加强二手车流通市场管理，明确二手车交易市场、二手车经营主体的设立条件和程序，规范二手车交易市场经营者和二手车经营主体的经营、服务行为，打击拼装、走私、盗抢、报废等车辆的非法交易，防止国家税收和国有资产流失，维护交易双方合法权益，促进

二手车流通行业又好又快发展，二手车流通市场管理应依照商务部、公安部、国家工商总局、国家税务总局公布的《二手车流通管理办法》（以下简称《办法》）和商务部《二手车交易规范》（以下简称《规范》）、公安部《机动车登记工作规范》、国家税务总局公布的《关于统一二手车销售发票式样问题的通知》等进行。

（三）二手车评估的目的和任务

1. 二手车评估的目的

二手车鉴定评估是以技术鉴定为基础的，以准确地确定二手车市场的现时价值，并以此作为买卖双方成交的参考底价。即为了正确反映二手车的价值量及其变动，为将要发生的经济行为提供公平的价值尺度。

2. 二手车评估的任务

对于同一辆车，因不同的评估目的，其评估出来的结果会有所不同。所以对于客户提出不同的委托目的，需要采用不同的评估方法，同时评估中的重要单元是鉴别车辆是否是走私车、盗抢车、非法拼装车、报废车、手续不全的车等，其任务主要有以下几点：

（1）确定二手车交易价格　由于二手车在交易时，买卖双方对交易价格的期望是不同的，需要鉴定评估人员站在公正、独立的立场，选择适宜的评估方法，对预交易车辆进行鉴定评估，评估价值作为买卖双方成交的参考底价。

（2）法律诉讼咨询服务　当事人遇到机动车辆诉讼时，可以委托鉴定评估师对车辆进行评估，有助于把握事实真相。同时，法院在判决时，可以依据鉴定评估师的结论为法院司法裁定提供现时价值依据。

（3）车辆的转籍、过户　二手车辆的转籍、过户可能因为交易行为，或者因为其他经济行为而发生。例如，某单位或个人用机动车辆来偿还其债务，且债权债务双方对车辆的价值出现异议时，需要委托二手车鉴定评估机构对有关车辆的价值进行评定估算。否则，车辆无法转籍和过户。

（4）车辆保险　在对车辆进行投保时，所缴纳的保费高低直接与车辆本身的价值大小有关。同样，当保险车辆发生保险事故时，保险公司需要对事故车辆进行理赔。为了保障保险双方的利益，需要对核保理赔的车辆进行公平合理的鉴定评估。

（5）车辆置换　车辆置换是指以旧车换新车或者以旧车换旧车的业务。车辆的置换业务直接关系到置换双方的利益，所以，需要鉴定评估师对预置换的车辆进行公平合理的鉴定评估，为置换双方提供现时价值依据。

（6）抵押贷款　贷款人以机动车辆作为贷款抵押物，向银行进行贷款时，银行为了确保放贷安全，需要车辆鉴定评估机构对车辆进行准确的鉴定评估，并作为银行放贷的依据。

（7）车辆担保　车辆担保是指车辆产权人，用其拥有的机动车辆为他人或单位的经济行为进行担保时，需要二手车鉴定评估师对预担保车辆的价值进行公平评估，为担保人提供价值依据。

（8）车辆拍卖　对于符合拍卖条件的车辆，如公务车辆、执法机关罚没车辆、抵押车辆、企业清算车辆、海关获得的抵税和放弃车辆等，预进行拍卖时，应先对车辆进行鉴定评估，为车辆拍卖提供拍卖底价。

（9）车辆典当　当车辆产权人要将车辆进行典当时，若典当双方对典当车辆的价值出现异议，可以委托二手车鉴定评估师对典当车辆的价值进行评估，典当行以此作为放款的依

据。对于典当车辆的处理，也需要二手车鉴定评估师为典当车辆进行鉴定评估。

（四）二手车鉴定评估的依据和原则

1. 二手车鉴定评估的依据

（1）理论依据　二手车鉴定评估的理论依据是资产评估学，其操作方法按国家规定的方法操作。

（2）政策法规依据　二手车鉴定评估工作的主要政策法规有《国有资产评估管理办法实行细则》《旧机动车交易管理办法》《汽车报废标准》等，以及其他方面的政策法规。

（3）价值依据　价值依据有两个方面：历史依据和现实依据。历史依据主要是二手车辆的账面原值、净值等资料，它具有一定的客观性，但不能作为评估的直接依据；现实依据是以基准日这一时点的现时条件为准，即现时的价值、现时的车辆功能状态等。

2. 二手车鉴定评估的原则

为了保证二手车鉴定评估结果的真实、准确，并做到公平合理，被社会承认，就必须遵循一定的原则。二手车鉴定评估应遵循的原则有公平性原则、独立性原则、客观性原则、科学性原则、专业性原则、可行性原则等。

（1）公平性原则　公平性原则是二手车鉴定评估工作人员应遵守的最基本的道德规范。鉴定评估人员的思想作风、工作态度应当公正无私。评估结果应该是公正、合理的，而绝对不能偏向任何一方。

（2）独立性原则　独立性原则是要求二手车鉴定评估工作人员应该依据国家的有关法规和规章制度及可靠的资料数据，对被评估的二手车价值做出合理评定。不应受外界干扰和委托者意图的影响，从而使评估公正客观地进行。

（3）客观性原则　客观性原则是指评估应以充分的事实为依据。它要求对二手车计算所依据的数据资料必须真实，对技术状况的鉴定分析应该是真实客观。为此，应加大仪器检查项目，使检测结果更加科学。

（4）科学性原则　科学性原则是指在二手车评估过程中，必须根据评估的特定目的，选择适用的评估标准和方法，使评估结果准确合理。

（5）专业性原则　专业性原则要求鉴定评估人员接受国家专门的职业培训，经职业技能鉴定合格后由国家统一颁发执业证书，持证上岗。

（6）可行性原则　可行性原则亦称有效性原则。要想使鉴定评估的结果真实可靠又简便易行，就要求鉴定评估人员是合格的，具有较高的素质；评估中利用的资料数据是真实可靠的；鉴定评估的程序与方法是合法的、科学的。

（五）汽车使用寿命及评估指标

1. 汽车使用寿命的概述

（1）汽车使用寿命定义　汽车使用寿命是指从汽车开始使用到不能使用之间的整个时期。它可以用累计使用年数或累计行驶里程数表示。

2000年年底，国家有关部门将非营运载客汽车和旅游载客汽车的使用年限及办理延缓的报废标准进行了调整：9座（含9座）以下非营运载客汽车（包括轿车、含越野车）使用15年；旅游载客汽车和9座以上非营运载客汽车使用10年；但旅游载客汽车和9座以上非营运载客汽车可延长使用年限最长不超过10年。工业发达国家汽车的平均使用寿命一般

为7～12年。商务部、发改委、公安部、环境保护部已于2012年8月24日商务部第68次部务会议审议通过《机动车强制报废标准规定》，该规定自2013年5月1日起施行，其对部分车辆报废年限做了新的规定，具体内容见附录C。

（2）汽车运输企业更新车辆的条件　汽车运输企业适时更新车辆可获得明显的经济效益。例如，国产某型汽车在80万km的行驶里程内，使用更新周期为40万km的车辆比使用更新周期为80万km的车辆可多得利润10521元，节约燃料6.2t。

汽车运输企业推行按经济使用寿命更新车辆，通常需考虑以下几个条件：

1）更新周期确定。汽车更新必须讲究经济效益，通过经济分析和比较，对汽车的自然寿命和经济寿命进行分析计算，以确定汽车的最佳更新周期。

2）更新资金。应通过适当提高折旧率，并将积累的折旧费用作为更新资金。

3）更新车辆车型选择。各地使用条件相差较大，运输货物千差万别。在更新车辆时，应根据最佳经济性原则，选择适用车型。

4）报废车处理。报废车辆收购机构应允许车主从报废车辆上拆下经鉴定可用的零件。汽车制造厂家和零部件生产商应探索汽车零部件的再生利用问题。

2. 汽车使用寿命评估指标

车辆寿命指从投入生产开始，经过有形磨损和无形磨损，直到在技术上或经济上不宜继续使用，需要更新所经历的时间。其中，包括物理寿命、技术使用寿命、经济使用寿命和折旧使用寿命。

（1）汽车物理寿命　汽车物理寿命，又称为自然寿命，是指汽车从全新状态投入生产开始，直到在技术上不能按原有用途继续使用为止的时间。它与汽车制造质量、运行材料品质、使用条件、驾驶操作技术及维修质量等因素有关。有时可通过恢复性修理延长车辆物理寿命。

（2）汽车技术使用寿命　汽车技术使用寿命是指汽车从全新状态投入生产后，由于新技术的出现，使原有汽车丧失其使用价值所经历的时间。车辆不能通过修理的方法恢复其主要使用性能的使用期限。汽车技术进步越快，技术寿命也越短。

（3）汽车经济使用寿命　汽车经济使用寿命是指汽车从全新状态投入生产开始，到年平均总费用最低的使用年限。汽车使用超过这个年限，在技术上仍可继续使用，但年平均总费用上升，在经济上不宜继续使用。从汽车使用总成本出发，分析车辆制造成本、使用与维修费用、管理开支、车辆当前的折旧以及市场价值变化等因素，经过分析做出综合经济评定，才能确定汽车经济使用寿命。

汽车经济使用寿命是汽车经济效益最佳时机。在汽车更新政策允许的情况下，汽车用户在更新车辆时应以经济使用寿命为依据。资料表明，在一辆汽车的整个使用期内，制造费用约占其使用期内总费用的15%，使用、维修费用约占总费用的85%。

年平均费用是车辆在使用年限内，年平均折旧费用与该汽车发生的经营费用之和。汽车使用时间越长，每年分摊的折旧费用越少；但随着使用年限的增加，汽车有形磨损增加，汽车技术性能逐渐下降，使汽车的运行材料（主要是燃料和润滑材料）费用、工时费用、维修费用增加。延长使用年限使折旧费用的下降，有时会被经营费用的增加逐渐抵消。年均总费用是随使用时间而变化的函数。汽车使用至一定年限会出现年均总费用的最低值，如图1-1所示。决定年平均总费用最低的横坐标值，就是汽车的经济寿命，即

$$T_0 = \sqrt{2K_0/\lambda}$$

式中 T_0——汽车经济使用寿命；

K_0——汽车购置费用；

λ——汽车经营费用的逐年增长值。

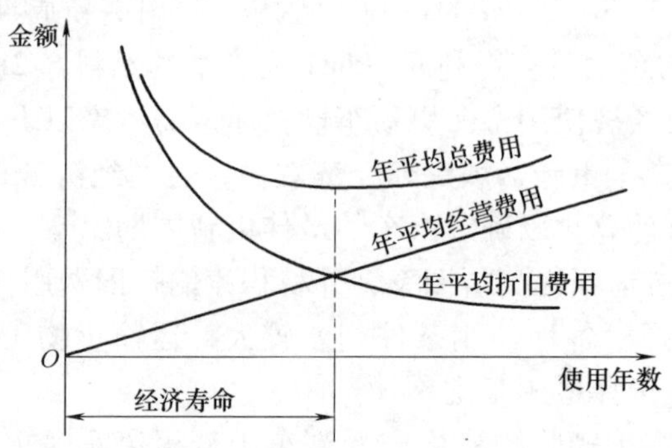

图 1-1 汽车年均总费用曲线

（4）汽车折旧寿命 汽车折旧寿命是指按国家规定或企业规定的折旧率，把汽车总值扣除残值后的余额，折旧到接近于零所经历的时间或里程。汽车折旧寿命一般介于技术寿命或经济寿命与物理寿命之间，由国家或企业所采取的技术政策和方针而定。

单元二 二手车鉴定评估机构

一、单元描述

二手车鉴定评估机构开展二手车鉴定评估经营活动，按附录 B 中《二手车鉴定评估作业表》填表。二手车经销、拍卖、经纪等企业开展业务涉及二手车鉴定评估活动的，可参

照附录 B 图 1 有关内容和顺序作业，即查验可交易车辆、登记基本信息、判别事故车、鉴定技术状况、评估车辆价值、撰写并出具鉴定评估报告，最后填写附录 B 中《二手车技术状况表》。

二、相关知识及技能

（一）二手车鉴定评估机构

1. 评估机构应具备的条件

1）经营面积不少于 200m^2。

2）具有产权清晰的由社会第三方中介人组成的独立法人资格。

3）法定代表人无不良记录。

4）有固定鉴定评估场所、配套服务措施和相关鉴定设备。主要包括汽车举升设备；车辆故障信息读取设备、车辆结构尺寸检测工具或设备；车辆外观缺陷测量工具、漆面厚度检测设备；照明工具、照相机、螺钉旋具、扳手等常用操作工具等。

5）具有 3 名以上二手车鉴定评估师，1 名以上高级二手车鉴定评估师。从事专业鉴定的工作人员必须具有一定的工作实绩或工作经验。

6）具有统一规范的评估操作程序及科学合理的评估工作程序、标准和方法。

7）有规范的公司章程、治安保卫制度、经营管理制度、信誉保证制度及鉴定评估过失赔偿制度。

8）法律、法规和规章规定的其他条件。

2. 评估机构的职能

（1）评估职能　二手车鉴定评估机构对二手车进行评估，得出评估结论，并说明得出结论的充分依据和推理过程，体现出其评估职能。评估职能是二手车鉴定评估机构的关键职能。

（2）公证职能　二手车鉴定评估机构可以对二手车评估结论做出符合实际的、可以信赖的证明，所以二手车鉴定评估机构具有公证职能。公证职能的特征如下：

1）这种公证职能虽然不具备定论作用，但却有促成事故结案、买卖成交的作用。

2）这种公证职能虽然不具备法律效力，但该结论可以接受法律的考验。所以二手车鉴定评估机构可以接受委托方的委托出庭辩护，甚至可被聘请为诉讼代理人出庭诉讼，本着对委托方特别是对评估报告负责的原则，促成双方接受既定结论。

（3）中介职能　二手车鉴定评估机构作为中介人，从事评估经济活动，并参与相关利益的分配，为当事人提供服务，具有鲜明的中介职能。所以，二手车鉴定评估机构可以以中间人的身份，独立地开展二手车评估，从而得出评估结论，促成双方当事人接受该结论，为当事人提供中介服务，从而发挥其中介职能作用。

3. 评估机构的特征及地位

（1）二手车鉴定评估机构的特征

1）具有经济性。二手车鉴定评估机构通常需通过相关的专业技术人员，接受诸多当事人（如保险公司、车主等）的委托，处理不同类型的二手车评估业务，积累二手车评估经验，提高二手车评估水平，从而帮助当事人降低成本，提高经济效益。

2）具有专业性。二手车鉴定评估机构的市场定位是向众多当事人提供专业的评估业务。由于对特定的对象（二手汽车）进行评估，而汽车种类繁多，当事人的要求又千差万别，二手车鉴定评估机构比一般的资产评估机构在评估技术方面要更专业，经验要更丰富。

3）具有中介性。二手车鉴定评估机构作为汽车保险市场、二手车交易市场、汽车碰撞事故双方的中介，易被双方当事人所接受，因而可以缓解当事人双方的矛盾并增大回旋余地，可以说，二手车鉴定评估机构是减少当事人之间摩擦的润滑剂。

此外，二手车鉴定评估机构是有具体业务领域的机构，从业人员应具有汽车专业技术知识，还需具有财务、会计、法律、经济、金融、保险等知识。

（2）二手车鉴定评估机构的地位　二手车鉴定评估机构的地位是独立的，主要表现在以下几个方面：

1）二手车鉴定评估机构执行评估业务时，既不代表双方当事人，也不受行政权力等外界因素干扰。

2）在二手车评估业务过程中，汽车评估执业人员保持着独立的思维方式和判断标准。

3）估价人员的评估分析和结论具有独立性。

4）二手车鉴定估价人员具有知识密集性和技术密集性的特征，具有一定的权威地位；但从法律的角度看，这种权威地位是相对的。从市场地位而言，二手车鉴定估价人员必须坚持独立的立场，无论针对哪一方委托的事务都应做出客观、公平的评判。

（二）二手车鉴定评估师

1. 二手车鉴定评估师的作用

持有二手车鉴定评估师职业资格证书是合法从事二手车鉴定与估价工作的前提。经营范围包含二手车的鉴定与估价的单位，需要符合国家有关部门关于二手车鉴定估价的特定条件才能合法开展业务，取得经营资质的前提也需要取得本职业资格证书。今后，随着二手车市场的进一步发展和规范，二手车鉴定评估师职业资格证书将成为进入二手车经营领域的入场券和通行证。其作用主要如下：

1）国家劳动法及《二手汽车流通管理办法》都明确规定二手车估价实行职业资格准入制度，只有持有二手车鉴定评估师/旧机动车鉴定评估师职业资格证书者，才能合法从事二手车估价职业。

2）注册二手车鉴定公司、二手车评估机构等，必须至少持有3张二手车鉴定评估师职业资格证书（全国证可通用），地方工商局才受理核发营业执照。

3）上述注册的公司在年检、核查时或产生法律纠纷取证时，二手车鉴定评估师职业资格都可作为有效合法的证明和依据。

2. 二手车鉴定评估师的职业素质

二手车鉴定评估师对汽车的定价直接涉及当事人双方的权益，是一项政策性和专业性都非常强的工作。汽车鉴定评估人员的素质高低，对评估结果的质量有着至关重要的影响。二手车鉴定评估师不但要能准确鉴定评估二手车的技术状况，还应掌握国家基本政策理论，应具有较高的业务素质和良好的思想品德。

（1）掌握国家基本政策理论　二手车鉴定评估师要有一定的资产评估业务理论，熟悉资产评估基本原理和基本方法，熟知国家有关二手车交易的政策法规和国家在各个时期的方针和政策。

（2）具有较高的业务素质

1）二手车鉴定评估师要具有宽广的知识面。不仅要具备财会、经济管理、市场、金融、物价等经济学方面的知识，同时还应具有汽车维修技术、微机操作方面的知识。

2）二手车鉴定评估师要具有准确的判断、鉴定和估算能力。

3）二手车鉴定评估师要具有较高的搜集、分析和运用信息资料的能力 。

（3）要具有良好的思想品德　二手车鉴定评估师应热爱本职工作，遵守职业道德；应具有较高的政治素质和法制观念，从事业务要保证公正、公平、公开。二手车鉴定评估师只有具备较高的思想品德素质，才能在评估工作中自觉履行自己的职责和义务，才能全心全意为客户服务。

3. 二手车鉴定评估师的能力素质

对二手车鉴定评估师和高级鉴定评估师的能力要求是不同的，2007 年国家职业标准中对此分别做了规定。二手车鉴定评估师职业标准见表 1-1。高级二手车鉴定评估师职业标准见表 1-2。

表 1-1　二手车鉴定评估师职业标准

职业功能	工作内容	技能要求	相关知识
一、评估准备	（一）接受委托	1. 能介绍二手车鉴定评估程序 2. 能介绍二手车鉴定评估方法 3. 能签订二手车鉴定评估委托合同	1. 社交礼仪 2. 二手车鉴定评估委托合同使用方法
	（二）核查证件、税费	1. 能确认被评估车辆及评估委托人的机动车来历凭证、机动车行驶证、机动车登记证书等是否合法有效 2. 能核实被评估车辆税费交纳情况 3. 能按要求对被评估车辆进行拍照	1. 机动车证件类型 2. 机动车证件识别方法 3. 车辆税费种类 4. 车辆税费凭证识别方法 5. 拍照技巧
二、技术状况鉴定	（一）静态检查	1. 能根据资料核对车辆基本情况 2. 能检查发动机技术状况 3. 能检查底盘技术状况 4. 能检查车身技术状况 5. 能检查电器电子装置技术状况 6. 能识别事故车辆	1. 机动车识伪检查方法 2. 发动机静态检查方法 3. 底盘静态检查方法 4. 车身静态检查方法 5. 电器电子装置静态检查方法 6. 事故车静态检查方法
	（二）动态路试检查	1. 能进行路试前的准备工作 2. 能动态检查机动车性能 3. 能进行路试后的检查工作	1. 机动车制动性能检查方法 2. 机动车动力性能检查方法 3. 机动车操纵性能检查方法 4. 机动车滑行性能检查方法 5. 机动车噪声和废气检查方法
	（三）技术状况综合评定	1. 能分析二手车的技术状况 2. 能提出机动车检测建议 3. 能识读机动车综合性能检测报告	1. 机动车技术等级标准 2. 机动车技术状况分析方法 3. 机动车技术状况检测项目和内容

（续）

职业功能	工作内容	技能要求	相关知识
三、价值评估	（一）选择评估方法	1. 能区分评估类型 2. 能根据评估目的选择评估方法	1. 评估类型分类 2. 评估方法分类
	（二）评估计算	1. 能用重置成本法评估二手车价值 2. 能用现行市价法评估二手车价值 3. 能用收益现值法评估二手车价值 4. 能用清算价值法评估二手车价值	1. 重置成本法的计算模型和估算方法 2. 二手车贬值及其估算 3. 成新率确定方法 4. 现行市价法评估流程和计算方法 5. 收益现值法评估流程和计算方法 6. 清算价值法基本方法
	（三）撰写二手车鉴定评估报告	1. 能与委托方交流，确认鉴定评估结论 2. 能撰写二手车鉴定评估报告 3. 能归档二手车鉴定评估报告	1. 撰写二手车鉴定评估报告的要求 2. 二手车鉴定评估报告的要素 3. 二手车鉴定评估报告的内容

表 1-2　高级二手车鉴定评估师职业标准

职业功能	工作内容	技能要求	相关知识
一、故障判断	（一）判断发动机常见故障	能判断发动机起动困难、怠速不良、动力不足、排烟异常、机油消耗异常、异响等故障原因	1. 发动机故障表现形式 2. 发动机故障诊断方法 3. 发动机传感器、执行器、电子控制器（ECU）的检测方法
	（二）判断底盘常见故障	能判断传动系统、转向系统、行驶系统、制动系统等故障原因	1. 传动系统、转向系统、行驶系统、制动系统等故障表现形式 2. 传动系统、转向系统、行驶系统、制动系统等故障诊断方法
	（三）判断电器电子装置常见故障	1. 能判断蓄电池、发电机、起动机、空调、电子元件等故障原因 2. 能判断汽车起火自燃的原因	1. 汽车电路常见故障 2. 汽车常见电器电子元件 3. 汽车电器电子装置故障诊断程序 4. 汽车电器电子装置检修常用仪表
	（四）判断对车价影响较大的故障	1. 能分析汽车故障与车价的关系 2. 能判断对车价影响较大的故障	1. 汽车维修配件价格相关标准 2. 汽车修理成本核算方法
二、高配置装置识别与技术状况鉴定	（一）发动机技术状况鉴定	1. 能识别和鉴定涡轮增压发动机 2. 能识别和鉴定多气门发动机	1. 电控燃油喷射结构原理 2. 涡轮增压装置结构原理 3. 多气门发动机结构原理
	（二）底盘高配置装置识别与技术状况鉴定	1. 能识别和鉴定动力转向装置 2. 能识别和鉴定防抱死制动系统（ABS） 3. 能识别和鉴定巡航控制装置	1. 自动变速器（AT）、无级变速器（CVT）的结构原理 2. 动力转向装置的结构原理 3. 防抱死制动系统（ABS）的结构原理 4. 巡航控制装置的结构原理

（续）

职业功能	工作内容	技能要求	相关知识
二、高配置装置识别与技术状况鉴定	（三）车身高配置装置识别与技术状况鉴定	1. 能识别和鉴定倒车雷达装置 2. 能识别和鉴定防盗装置 3. 能识别和鉴定汽车音响	1. 安全气囊的结构原理 2. 倒车雷达装置的结构原理 3. 防盗装置的结构原理 4. 汽车音响的结构原理 5. 电动天窗的结构原理
三、专项作业车和大型客车鉴定评估	（一）专项作业车鉴定评估	1. 能判别专项作业车技术状况好坏 2. 能静、动态检查专项作业车 3. 能评估专项作业车价值	1. 专项作业车的分类、型号和技术指标 2. 专项作业车的基本结构和技术参数
	（二）大型客车鉴定评估	1. 能判别大型客车技术状况好坏 2. 能静、动态检查大型客车 3. 能评估大型客车价值	1. 大型客车的分类、型号和技术指标 2. 大型客车的基本结构和技术参数
四、二手车营销	（一）二手车收购、销售、置换	1. 能确定二手车收购价值 2. 能确定二手车销售定价方法 3. 能制订二手车销售定价目标 4. 能确定二手车销售最终价值 5. 能制订二手车置换流程	1. 二手车收购估价方法 2. 二手车收购估价与鉴定估价的区别 3. 二手车销售定价应考虑的因素 4. 二手车营销实务 5. 二手车置换方式
	（二）二手车质量认证	能制订二手车质量认证流程	二手车质量认证的内容
	（三）二手车拍卖	能确定二手车拍卖底价	1. 二手车拍卖方式 2. 拍卖相关法规 3. 二手车拍卖的运作过程
五、事故车辆鉴定评估	（一）事故车辆的鉴定	1. 能检查事故车辆的技术状况 2. 能鉴定事故车辆的损伤程度	车辆损伤类型
	（二）事故车辆的评估	1. 能对碰撞车辆进行评估 2. 能对泡水车辆进行评估 3. 能对火烧车辆进行评估	1. 损失项目的确定 2. 损失费用的确定
六、培训指导	（一）指导操作	能对二手车鉴定评估师及鉴定评估从业人员进行实际操作指导	二手车鉴定评估实际操作流程
	（二）理论培训	能对二手车鉴定评估师及鉴定评估从业人员进行理论培训指导	二手车鉴定评估师培训讲义编写方法

（三）二手车鉴定评估流程

二手车鉴定评估机构开展二手车鉴定评估经营活动按相关流程作业，并填写《二手车鉴定评估作业表》。二手车经销、拍卖、经纪等企业开展业务涉及二手车鉴定评估活动的，要查验可交易车辆登记基本信息判别事故车鉴定技术状况，并填写《二手车技术状况表》。二手车鉴定评估流程如图 1-2 所示。

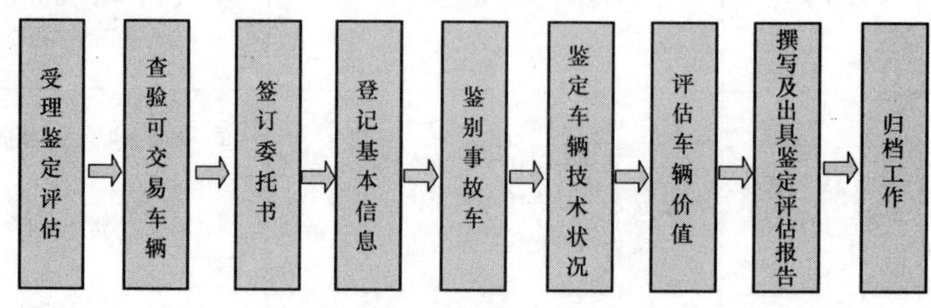

图 1-2　二手车鉴定评估流程

1. 受理鉴定评估

了解委托方及其车辆的基本情况，明确委托方要求，主要包括委托方要求的评估目的、评估基准日、期望完成评估的时间等。

2. 查验可交易车辆

查验机动车登记证书、行驶证、有效机动车安全技术检验合格标志、车辆购置税完税证明、车船使用税缴付凭证、车辆保险单等法定证明、凭证是否齐全，具体检查内容见附录 B 中表 1 所列项目。

3. 签订委托书

二手车鉴定评估委托书必须符合国家法律、法规和资产评估行业的管理规定。如果是国有资产车辆要求进行鉴定评估，申请人应提供国有资产管理部门批复的相关文件，鉴定评估人员需核实后，才能签署委托书。

二手车鉴定评估委托书是受托方与委托方之间经济合同性质的契约，是对各自权利责任和义务的协定。一旦双方签署合同成立，委托书就具有法律效力。二手车鉴定评估委托书样式如附录 B 中所示。

4. 登记基本信息

登记车辆使用性质信息，明确营运与非营运车辆。登记车辆基本情况信息，包括车辆类别、名称、型号、生产厂家、初次登记日期、表征行驶里程等。如果表征行驶里程与实际车况明显不符，应在《二手车鉴定评估报告》或《二手车技术状况表》有关技术缺陷描述时予以注明。

5. 判别事故车

判别事故车时重点检查的车体部位见附录 B 图 2 所示，车辆外观检查内容见附录 B 中表 2、表 3 所列检查项目，判别车辆是否发生过碰撞、火烧，确定车体结构是完好无损或者有事故痕迹。使用漆面厚度检测设备配合对车体结构部件进行检测；使用车辆结构尺寸检测工具或设备检测车体左右对称性等。

6. 鉴定车辆技术状况

按照车身、发动机舱、驾驶舱、起动、路试、底盘等项目顺序检查车辆技术状况。

根据检查结果确定车辆技术状况的分值。根据鉴定分值，确定车辆对应的技术等级，具体要求见附录 B 中表 4。

7. 评估车辆价值

根据按照车辆有关情况，确立估值方法，并对车辆价值进行估算。估值方法选用原则：一般情况下，推荐选用现行市价法；在无参照物、无法使用现行市价法的情况下，选用重置成本法。

现行市价法的运用方法：评估价值为相同车型、配置和相同技术状况鉴定检测分值的车辆近期的交易价格；如无参照，可从本区域本月内的交易记录中调取相同车型、相近分值，或从相邻区域的成交记录中调取相同车型、相近分值的成交价格，并结合车辆技术状况鉴定分值加以修正。

8. 撰写及出具鉴定评估报告

根据车辆技术状况鉴定等级和价值评估结果等情况，按附录 B 要求撰写《二手车鉴定评估报告》，做到内容完整、客观、准确，书写工整。

按委托书要求及时向客户出具《二手车鉴定评估报告》，并由鉴定评估人与复核人签章、鉴定评估机构加盖公章。

9. 归档工作底稿

将《二手车鉴定评估报告》及其附件与工作底稿独立汇编成册，存档备查。档案保存一般不低于 5 年；鉴定评估目的涉及财产纠纷的，其档案至少应当保存 10 年；法律法规另有规定的，从其规定。

三、技能训练

由老师为学生提供一辆二手车及相关手续，车型不限，要求学生在规定的时间内，完成车辆的手续检查，并完成《二手车鉴定评估委托书》及《承诺函》的填写。然后，再由老师对学生的完成结果进行总结，同时针对学生在检查中存在的问题进行分析。

（一）二手车鉴定评估委托书的填写

二手车鉴定评估委托书如图 1-3 和图 1-4 所示。

二手车鉴定评估委托书

委托书编号：__________

委托方名称（姓名）：	法人代码证（身份证）号：
鉴定评估机构名称：	法人代码证：
委托方地址：	鉴定评估机构地址：
联系人：	电话：

因 □交易 □典当 □拍卖 □置换 □抵押 □担保 □咨询 □司法裁决需要，委托人与受托人达成委托关系，号牌号码为________________，车辆类型为________________，车架号（VIN 码）为________________的车辆进行技术状况鉴定并出具评估报告书，_______年__月__日前完成。

图 1-3 二手车鉴定评估委托书

委托评估车辆基本信息

车辆情况	厂牌型号			使用用途	营运 □ 非营运 □
	总质量/座位/排量			燃料种类	
	初次登记日期	年 月 日		车身颜色	
	已使用年限	年 个月	累计行驶里程（万公里）		
	大修次数	发动机（次）		整车（次）	
	维修情况				
	事故情况				
价值反映	购置日期	年 月 日		原始价值（元）	
备注：					

委托方：（签字、盖章）　　　　受托方：（签字、盖章）

（二手车鉴定评估机构盖章）

年 月 日　　　　年 月 日

1. 委托方保证所提供的资料客观真实，并负法律责任。
2. 仅对车辆进行鉴定评估。
3. 评估依据：《机动车运行安全技术条件》、《二手车鉴定评估技术规范》等。
4. 评估结论仅对本次委托有效，不做它用。
5. 鉴定评估人员与有关当事人没有利害关系。
6. 委托方如对评估结论有异议，可于收到《二手车鉴定评估报告》之日起10日内向受托方提出，受托方应给予解释。

图1-4 委托评估车辆基本信息

（二）承诺函的填写

为防止纠纷，当事双方要签署委托方（资产占有方）承诺函和资产评估机构及注册资产评估师承诺函，如图1-5和图1-6所示。

委托方（资产占有方）承诺函

×××资产评估事务所：

因____拟转让____事宜本公司委托你所对该经济行为所涉及的本公司持有所有权的1台车辆进行评估，评估基准日为____年____月____日。为确保资产评估机构客观、公正、合理地进行资产评估，本公司承诺如下并承担相应的法律责任：

1. 资产评估的经济行为符合国家规定并已获批准；
2. 所提供的财务会计及其他资料真实、准确、完整，有关重大事项揭示充分；
3. 纳入评估范围的资产权属明确，出具的资产权属证明文件合法有效；不存在产权纠纷；
4. 本公司按规定拥有对委估资产的所有权及处置权；
5. 所提供的企业生产经营管理资料客观、真实、科学、合理；
6. 截止至评估基准日，委估资产不涉及法律诉讼；
7. 不干预评估工作；
8. 涉及国有资产的评估，评估后按有关规定核准或备案。

委托方及资产占有方：

法定代表人（签章）：

年 月 日

图1-5 委托方（资产占有方）承诺函

资产评估机构及注册资产评估师承诺函

×××公司：

受贵公司委托，我们对贵公司拟转让的车辆进行了认真的清查核实、评定估算，并形成了资产评估报告书，在假设条件成立的情况下，我们对资产评估结果承诺如下，并承担相应的法律责任：

1. 对涉及评估的资产进行了全面的核实；
2. 评估方法选用恰当，选用的参照数据、资料可靠；
3. 影响资产评估价值的因素考虑周全；
4. 资产评估价值公允、准确；
5. 评估工作未受任何人为干预并独立进行。

注册资产评估师 ：×××

注册评估师执业机构：资产评估事务所

年 月 日

图1-6 资产评估机构及注册资产评估师承诺函

单元三 拟定鉴定评估作业方案

一、单元描述

接受委托后，评估机构要根据委托书的要求制定相应评估作业方案，主要内容包括评估目的、评估对象、评估基准日、评估人员、评估计划和评估程序等。

二、相关知识及技能

（一）鉴定评估方案的内容

1. 评估目的

本次评估目的是为某某拟转让（或其他目的）的车辆提供价值参考依据。

2. 评估对象

根据本次评估的经济行为和评估目的，评估对象为固定资产——车辆××台。具体评估对象和评估范围详见资产占有单位填写的评估明细表。

3. 评估基准日

本项目评估基准日是某年某月某日。

本次评估中的一切取价标准均为评估基准日有效的价值标准。

评估基准日是根据本次评估目的要求，由委托方、资产占有方确定。

4. 评估过程

本次评估工作主要分4个阶段进行。

（1）前期准备阶段　接受委托后，根据评估工作需要，首先制定资产评估工作方案，确定评估目的和评估对象，选定评估基准日，按照评估机构规范化的要求来指导资产占有方填报《固定资产（车辆）清查评估明细表》，并根据填报的明细内容进行账表、账实核对，做到账实相符，向资产占有方了解委托评估资产的有关情况，同时搜集资产评估所需的各种文件资料。

（2）现场调查阶段　某年某月某日，评估人员对委托评估的车辆现场进行勘察和鉴定。

1）评估人员根据评估申报表的内容，到现场对车辆进行核查与鉴定，并对车辆的运行状况进行认真的观察和记录，同时与有关人员就车辆的技术状况、工作环境及维护保养情况等进行了解。

2）查阅车辆有关会计账簿、行驶证等资料，核对其相关产权，确定其产权归属。

（3）进行市场调研、询价及评定估算阶段

1）根据现场记录，计算车辆的成新率。

2）根据车辆的具体情况，搜集相关市场价值数据，分析价值数据的真实性和有效性，并依据价值影响因素进行相关调整，以掌握的资料为基础，对委托评估实物资产进行重置成本测算。

3）计算评估值。

（4）评估汇总和分析阶段　根据对资产的初步评估结果，编制资产评估结果明细表和分类汇总表。在核实确认具体资产项目评估结果准确合理、评估对象没有重复和遗漏的基础上，进行资产评估数据的汇总分析工作，并根据汇总分析情况对资产评估结果进行调整、修改和完善，分析评估结果，确定评估结论，撰写评估说明及资产评估报告书。

（二）典型评估作业方案样式

不同的地区或不同的评估机构，其二手车鉴定评估作业方案形式有所不同，但基本内容是一样的。某评估机构的二手车鉴定评估作业方案如图 1-7 所示。

（三）鉴定评估方案流程

根据评估工作的前期准备、现场调查、市场调研与评定、评估汇总与分析四个阶段，模拟实际评估，完成评估作业方案。

1. 前期准备

接受委托后，根据评估工作需要，首先制订资产评估工作方案，确定评估目的和评估对象，选定评估基准日，按照评估机构规范化要求指导资产占有方填报《固定资产（车辆）清查评估明细表》，并根据填报的明细内容进行核对，做到账实相符，向资产占有方了解委托评估资产的有关情况，同时收集资产评估所需的各种文件资料。固定资产（车辆）清查评估明细表如表 1-3 所示。

表 1-3　固定资产（车辆）清查评估明细表

序号	车牌号	厂牌型号	生产厂家	计量单位	购置日期	启用日期	已行驶里程	账面价值		调整后账面价值		评估价值			增值率	备注
								原值	净值	原值	净值	原值	成新率	净值		
1																
2																
3																
4																
5																

二手车鉴定评估作业方案

一、委托方与车辆所有方简介

委托方田××

委托方联系人田××，联系电话133××××××××

二、评估目的

根据委托方的要求，本项目评估目的（在□处填√）：

√交易 □转籍 □拍卖 □置换 □抵押 □担保 □咨询 □司法裁决

三、评估对象

评估车辆的厂牌型号：（×××）；号牌号码：（×××）。

四、鉴定评估基准日

鉴定评估基准日： 年 月 日。

五、拟定评估方法（在□处填√）

☑重置成本法 □现行市价法 □收益现值法 □其他

六、拟定评估人员

负责评估师：张××

协助评估人员：杨××

七、现场工作计划

负责评估师组织相关人员，于 年 月 日8：00时前，参照各项工作的参考时间，完成下列工作。

（1）证件核对：20min。

（2）鉴定二手车现时技术状况。静态检查与动态检查：30min；仪器设置检查：送×××检测站：2h。

（3）车辆拍照：10min。

（4）评定估算：2h。

（5）撰写评估报告：2h。

八、评估作业程序

按照接受委托、验证、现场查勘、评定估算和提交报告的程序进行。

九、拟定提交评估报告时间

年 月 日

图1-7 二手车鉴定评估作业方案

2. 现场调查

对委托评估的车辆进行现场调查：

1）评估人员根据评估申报表的内容，到现场对车辆进行核查与鉴定，并对车辆的运行状况进行认真的观察和记录，同时了解车辆的技术状况、工作环境及维护保养等情况。

2）查阅车辆有关会计账簿、行驶证等资料，核对其相关产权，确定其产权归属。

3. 市场调研、询价及评定估算

1）根据现场记录，计算车辆的成新率。

2）根据车辆的具体情况，搜集相关二手车市场、二手车网站、业内人士等多渠道的价值数据，分析价值数据的真实性和有效性，并依据价值影响因素进行相关调整，以掌握的资料为基础，对委托评估的车辆进行重置成本测算。

3）典型车型市场调研。如一汽大众典型车型包括奥迪A4、A6、A8等车型。可分别调

研相应车型的价值，为评估提供参考。奥迪 A4L2. 0T 车型的参考价值见表 1-4。

表 1-4 奥迪 A4L2. 0T 车型的参考价值

2010 年新车上户	车况好	车况较好	车况一般	车况差
标准型				
舒适型				
技术型				
豪华型				
2011 年新车上户	车况好	车况较好	车况一般	车况差
标准型				
舒适型				
技术型				
豪华型				
2012 年新车上户	车况好	车况较好	车况一般	车况差
标准型				
舒适型				
技术型				
豪华型				
2013 年新车上户	车况好	车况较好	车况一般	车况差
标准型				
舒适型				
技术型				
豪华型				
2014 年新车上户	车况好	车况较好	车况一般	车况差
标准型				
舒适型				
技术型				
豪华型				

4. 评估汇总和分析

根据对资产的初步评估结果，编制资产评估结果明细表和分类汇总表。在核实确认具体资产项目评估结果准确合理、评估对象没有重复和遗漏的基础上，进行资产评估数据的汇总和分析工作，并根据汇总和分析情况对资产评估结果进行调整、修改和完善，分析评估结果，确定评估结论，撰写评估说明及资产评估报告书。

【模块总结】

1. 二手车的鉴定评估是由鉴定和评估两个过程组成。二手车鉴定是指由具有鉴定评估资格的人员，按照特定的目的，遵循法定或公允的标准程序，运用科学的手段和方法，对二手车进行手续查验，对车辆的技术状况进行检测的过程；二手车评估是指由具有鉴定评估资

格的人员，经过对二手车鉴定之后，对二手车现时价值进行预测的过程。

2. 二手车鉴定评估是以技术鉴定为基础的，以准确地确定二手车市场现时价值，并以此作为买卖双方成交的参考底价为目的。即为了正确反映二手车的价值量及其变动，为将要发生的经济行为提供公平的价值尺度。

3. 二手车鉴定评估应遵循的原则有公平性原则、独立性原则、客观性原则、科学性原则、专业性原则、可行性原则等。

4. 二手车鉴定评估师应具备鉴定评估二手车的技术状况和掌握国家基本政策理论的能力，应具有较高的业务素质和良好的思想品德。

5. 车辆识别代号编码（Vehicle Identification Number）简称 VIN，由 17 位字母和阿拉伯数字组成。当每一辆新出厂的车被刻上 VIN 代号，此代号将伴随着车辆的注册、保险、年检、维修与保养，直至回收或报废而载入每辆车的车辆档案。

6. 汽车使用寿命是指从汽车开始使用到不能使用之间的整个时期，可以用累计使用年数或累计行驶里程数表示。

【思考与练习】

一、选择题

1. 汽车的经济使用寿命的量标——行驶总里程是指汽车从投入运行到报废期间累计行驶的里程数，没有反映（　　）。

A. 使用性质　　B. 运行时间

C. 使用强度　　D. 使用条件和闲置期间的自然损耗

2. 汽车经济使用寿命的量标有（　　）。

A. 规定使用年限、行驶里程、使用年限、使用强度

B. 行驶里程、使用年限、大修次数、使用强度

C. 使用年限、行驶里程、运行时间，大修次数

D. 规定使用年限、行驶里程、使用年限、大修次数

3. 二手汽车的技术状态受使用强度的直接影响，一般说来，（　　）使用强度较大。

A. 单位员工班车　　B. 私人生活用车　　C. 公务用车　　D. 专业货运车辆

4. 根据我国汽车大修的规定，客车大修的送修标准为（　　），结合发动机达到大修条件的，就可送大修。

A. 以车架为主　　B. 以车厢为主　　C. 以电气设备为主　　D. 以底盘为主

5. 车辆使用性质不同，同年限的汽车累积行驶里程相差很大。一般说来，同年限的汽车中，专业运输车辆行驶的里程数（　　）。

A. 较小　　B. 与其他车辆相等　　C. 与其他车辆相近　　D. 较大

二、判断题

1. 汽车的经济使用寿命是指汽车从投入使用，到因维持继续使用的投入过高而不经济，成本较高而退出使用所经历的时间。（　　）

2. 二手车上路行驶的手续是指机动车上路行驶，按照国家有关法规必须办理的相关证件和必须缴纳的税、费。机动车凭这些有效证件及所缴纳税、费的凭证上路行驶。（　　）

3. 二手车的价值包括车辆实体本身的有形价值及各项手续构成的无形价值。（　　）

4. 人民法院出具的发生法律效力的判决书、裁定书、调解书可以作为二手车来历凭证。
( )

5. 机动车行驶证是由公安车辆管理机关依法对机动车辆注册登记核发的证件，是机动车取得合法行驶资格的法定证件。 ( )

三、简答题

1. 什么是二手车?
2. 目前二手车的经营主体包括哪几个部分?
3. 《二手车交易管理办法》中规定哪些车辆禁止交易?
4. 评估机构应具备的条件有哪些?
5. 可交易车辆查验内容包括哪些?
6. 简述对二手车鉴定与评估人员的要求。
7. 什么是经济性贬值？举例说明。
8. 什么是汽车使用寿命？评价指标有哪些?

模块二 二手车现场鉴定

教学目标

通过本模块的学习，能够掌握二手车手续检查方法及车辆现时技术状况鉴定的内容、方法，准确对二手车现时技术状况做出评估。

能力要求

1. 能够检查并核对二手车法定证件和各种税费单据。
2. 能够掌握二手车现时技术状况的静态检查内容和方法。
3. 能够掌握二手车现时技术状况的动态检查内容和方法。

引言

随着汽车行驶里程的增加，汽车发动机、底盘、电器等方面的性能下降，某些元件或系统也会意外失效，因而导致汽车故障率增加。若要准确评估二手车价值，首先应对二手车法定证件和各种税费单据进行核对，其次对二手车进行外观静态检查，最后还要进行动态路试。为此本模块设置三个学习单元：检查核对证件、二手车静态检查、二手车动态检查。相关知识及内容如下：

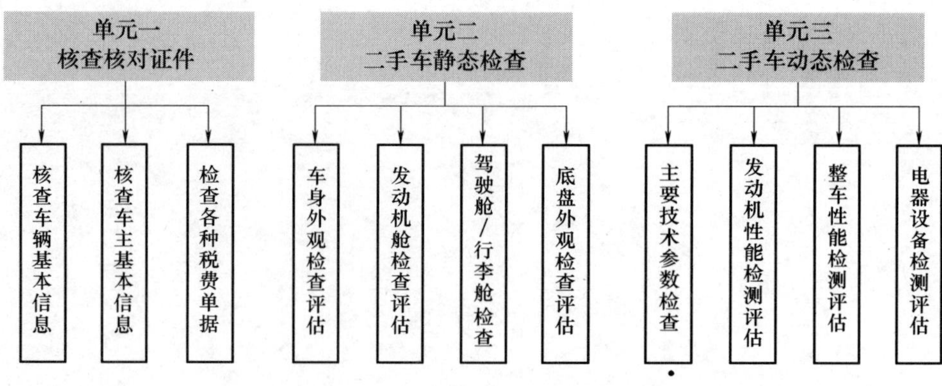

单元一 核查核对证件

一、单元描述

检查并核对车辆证件是非常重要的程序，它能有效预防非法车辆的交易评估，防止交易纠纷，减少经营风险。

二、相关知识

（一）核查车辆基本信息

根据《二手车流通管理办法》规定，二手车交易必须提供机动车来历凭证、机动车行驶证、机动车登记证书、机动车号牌、道路运输证、机动车安全技术检验合格标志等法定证件。

重点检查的证件，一是车辆登记机关即车管所核发的允许车辆上路行驶的《中华人民共和国机动车行驶证》，如图2-1所示；二是由车管所核发的车辆权属的《中华人民共和国机动车登记证书》，如图2-2所示；三是“机动车来历凭证”，主要指全国统一的机动车销售发票或二手车交易发票，如图2-3所示。核查时要做到证件与车辆相符，核查车辆基本信息包括以下内容：

1. 查验机动车来历凭证

机动车来历凭证除了全国统一的机动车销售发票或者二手车销售发票之外，还有法院调解书、裁定书、判决书、公证书、权益转让证明书、没收走私汽车证明书、协助执行通知书、调拨证明等机动车来历凭证。凡无合法机动车来历凭证者，应认真查验。

2. 查验机动车行驶证

（1）机动车行驶证的检查　根据《中华人民共和国机动车登记管理办法》规定，机动车行驶证是二手车过户、转籍必不可少的证件，应认真查验，并检查其真伪。

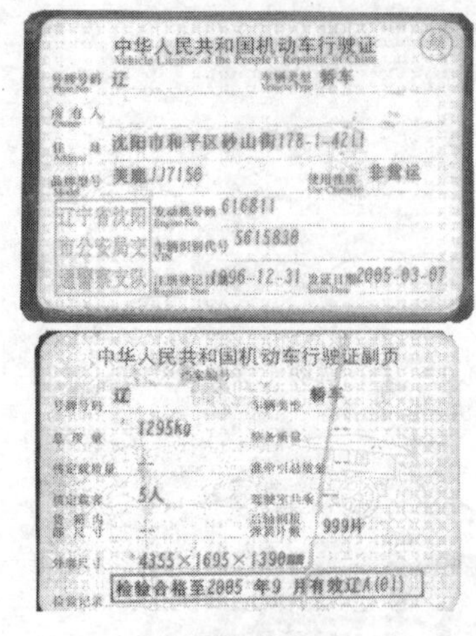

中华人民共和国机动车行驶证

号牌号码 辽　车辆类型 轿车

所有人

住址 沈阳市和平区砂山街178-1-421

品牌型号 美鹿JJ7150　使用性质 非营运

辽宁省沈阳市公安局交通警察支队

发动机号码 616811

车辆识别代号 5615838

注册登记日期 1996-12-31　发证日期 2005-03-07

中华人民共和国机动车行驶证副页

号牌号码 辽　车辆类型 轿车

总质量 1295kg

核定载客 5人

后轴钢板弹簧片数 999片

外廓尺寸 4355×1695×1390mm

检验合格至2005年9月有效辽A(01)

图 2-1　行驶证

图 2-2　登记证书

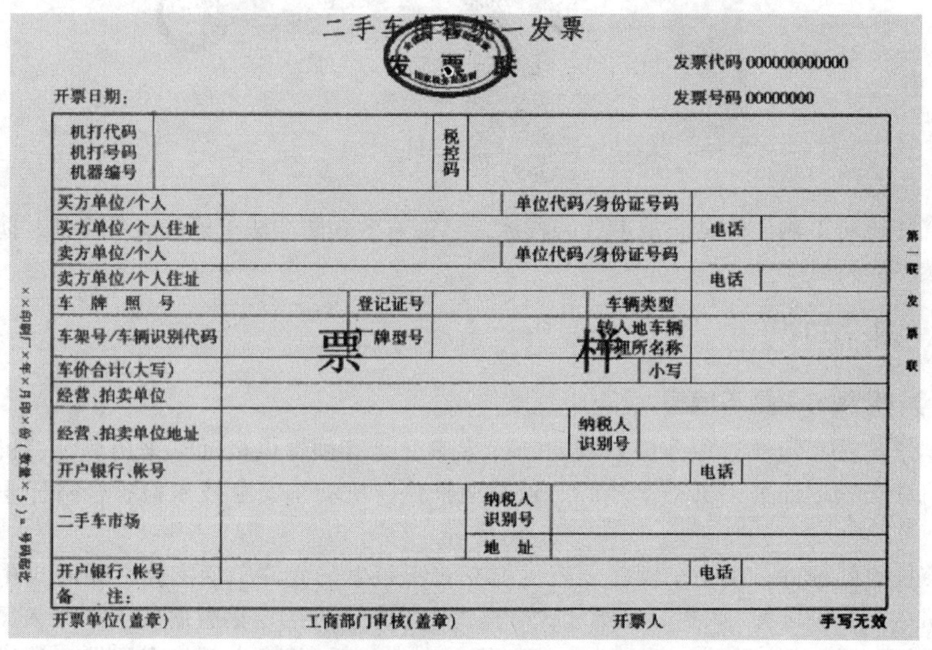

二手车销售统一发票

发票联

发票代码 000000000000

发票号码 00000000

开票日期：

机打代码 机打号码 机器编号		税控码			
买方单位/个人		单位代码/身份证号码			
买方单位/个人住址				电话	
卖方单位/个人		单位代码/身份证号码			
卖方单位/个人住址				电话	
车牌照号		登记证号		车辆类型	
车架号/车辆识别代码		厂牌型号		转入地车辆管理所名称	
车价合计(大写)				小写	
经营、拍卖单位					
经营、拍卖单位地址			纳税人识别号		
开户银行、帐号				电话	
二手车市场		纳税人识别号			
		地址			
开户银行、帐号				电话	
备注：					

开票单位(盖章)　工商部门审核(盖章)　开票人　手写无效

第一联 发票联

××印刷厂×年×月印×份（数量×5）×号码起讫

票样

图 2-3　全国统一的二手车销售发票

（2）机动车行驶证的识伪 《中华人民共和国机动车行驶证》（GA37—2004）规定，为了防止伪造行驶证，塑封套上有用紫光灯可识别的不规则的与行驶证卡片上图形相同的暗记，如图 2-4 所示。机动车行驶证的一般识伪办法：一是查看识伪标记；二是查看车辆彩照与实物是否相符；三是查看行驶证纸质、印刷质量、字体、字号与车辆管理机关核发的行驶证进行比对，对有怀疑的行驶证可去发证的公安车辆管理机关核实。

最常见的伪造是行驶证副页上的检验合格章，车辆没有按规定时间到车辆管理机关办理检验手续却私刻公章，私自加盖检验合格章。现在许多地方采用计算机打印检验合格至××××年×月，并加盖检验合格章的办法来增加防伪能力。车辆管理机关规定超过两年未检验的车辆按报废处理。二手车鉴定评估人员要特别重视行驶证副页上的检验合格章，即行驶证的有效期。

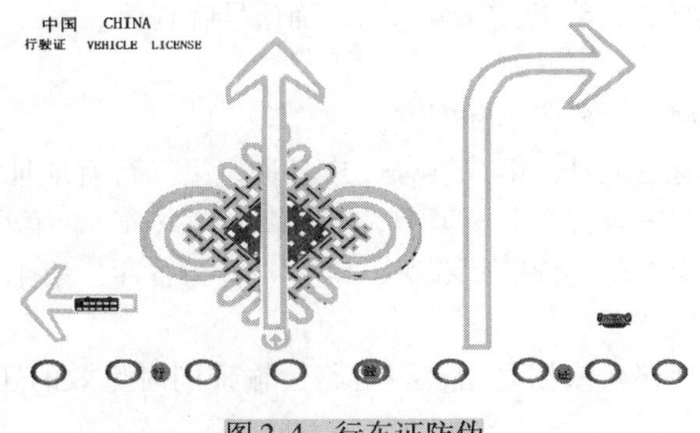

图 2-4 行车证防伪

3. 查验机动车登记证书

《机动车登记证书》是机动车的户口本，所有机动车的详细信息及机动车所有人的资料都记载在上面，证书上所记载的原始信息发生变化时，机动车所有人应携带《机动车登记证书》到车管所进行变更登记。所以，一些评估参数必须从《机动车登记证书》获取，如使用性质的确定等。因此，应详细检查《机动车登记证书》每个项目的内容及其变更情况。

1）核对机动车所有人是否曾为出租公司或租赁公司。

2）核对登记日期和出厂日期是否时间跨度很大。

3）核对进口车是否为海关进口或海关罚没。

4）核对使用性质是非营运、营运、租赁或营转非。机动车使用性质主要有公路客运、公交客运、出租客运、旅游客运、租赁、货运、非营运、警用、消防、救护、工程抢险、营转非，出租营转非等多种。

5）核对登记栏内是否注明该车已作抵押。

6）对于货运车辆核对长、宽、高、轮距、轴距、轮胎的规格是否一致。

7）核对钢板弹簧片数是否一致或有加厚的现象。

8）核对现机动车登记证书持有人与受委托人是否一致。

4. 查验机动车号牌

（1）机动车号牌的检查　检验牌号的固封是否完好，有无撬过的痕迹，并在封帽上打有标志，如北京的应有“京”字，江苏的应有“苏”字，上海的应有“沪”字。检验牌号有无凹凸不平或折痕，字体应清楚有立体质感，无补洞等，号牌字体上的荧光漆应清洁、平整、光滑。号牌字体大小一致、间隙匀称。

（2）机动车号牌的识伪　非法者常以非法加工等手段伪造机动车号牌。1993 年 5 月 13 日公安部令 13 号《机动车号牌生产管理办法》规定，机动车号牌实行准产管理制度，凡生产号牌的企业，必须申请号牌准产证，经省级公安交通主管部门综合评审，对符合条件的企业发给《机动车号牌准产证》，其号牌质量必须达到《中华人民共和国机动车号牌。(GA36—2007）标准。号牌上加有防伪合格标记。机动车号牌的识伪方法：一是看号牌的防伪颜色深浅；二是看号牌底漆颜色深浅；三是看白底色或白字体是否涂有反光材料；四是看号牌是否按规格冲压边框，字体是否清晰等。

号牌在安装方面设有固封装置，并规定该装置由发牌机关统一负责装、换，任何单位和个人都无权拆卸，并作为车辆检验的一项内容。对于号牌的固封有被破坏痕迹的车辆，二手车鉴定评估人员要引起必要的重视，查明原因，确认号牌真伪。

5. 查验道路运输证

道路运输证由交通部制，分正本和副本。

正本第一行左上方有运证号，第二行有业户名称，第三行有地址，第四行有行驶证号，第五行有经营许可证号，第六行有车辆类型，第七行为吨（座），第八行为经营范围，第九行为经济类型，第十行为企业经营资质等级，第十一行为备注，第十二行为核发机关日期，第十三行为审验有效期。

副本作为查扣及待理记载依据之用，与道路运输证同时生效的还有公路运输管理费缴讫证。

道路运输证上有暗花数字，并与注明的项目应一一核对，并验证道路运输管理证件专用章，以上字体应清楚，规费交的类型应对应车辆核载质量（货车）、人数（轿车）。

6. 查验营运证

对于营运车，应查验营运证。营运证分为客运营运证和货运营运证两种。客运营运证由客运管理处监督管理，货运营运证由交通运输管理部门监督管理。

从事营运车辆的驾驶人必须持有交通运输管理部门培训合格后颁发的道路运输上岗证。车辆必须持有营运证才能上路营运，否则是违法行为。营运证是一车配一证。严禁套用、转借，遗失须申报补办手续。

7. 查验机动车安全技术检验合格标志

机动车安全技术检验合格标志应贴在机动车前窗右上角，检查该合格标志是否有效。

（二）核查车主基本信息

按照机动车行驶证登记信息及委托人的身份证，核查车主下面基本信息，包括以下两点：

1）了解机动车行驶证登记所有人与委托人的身份证是否一致，判断委托者是否是原车主，因为只有原车主才有车辆处置权，否则，是没有车辆处置权的。

2）对于单位车辆，应进一步了解单位名称及隶属关系，核查组织机构代码证和经办人身份证复印件（必须在有效期内）。

（三）核查二手车各种税费单据

（1）车辆购置税完税凭证　缴税范围包含购买、进口、国产、受赠、获奖或者其他方式取得并自用的应税车辆，在购买二手车的时候千万注意，这些形式下获得的车辆都应该具有完税凭证。但下列车辆免征购置税：

1）外国驻华使馆、领事馆和国际组织驻华机构及其外交人员自用的车辆。

2）中国人民解放军和中国人民武装警察部队列入军队武器装备订货计划的车辆。

3）设有固定装置的非运输车辆。

4）防汛专用车和森林消防专用车。

5）回国服务的在外留学人员（含香港、澳门地区）购买的一辆国产小汽车。

6）来华定居专家进口自用的一辆小汽车（不包括境内购置的进口小汽车）。

7）农用三轮车。

8）国务院或国务院税务主管部门批准免税的其他车辆。

（2）车船使用税凭证　指国家对行驶于我国境内公共道路的车辆和航行于境内河流、湖泊或者领海的船舶，依法征收的一种税。

（3）车辆的保险单　指保险公司为该车提供的保险凭证单据。机动车保险分为交强险和商业险。

交强险是我国首个由国家法律规定强制实行的保险制度。是由保险公司对被保险机动车发生道路交通事故造成受害人（不包括本车人员和被保险人）的人身伤亡、财产损失，在责任限额内予以赔偿的强制性责任保险。其保费是实行全国统一收费标准的，由国家统一规定的，但是不同的汽车型号的，交强险价格也不同，主要影响因素是“汽车座位数”。

根据《交强险条例》的规定，在中华人民共和国境内道路上行驶的机动车的所有人或者管理人都应当投保交强险，机动车所有人、管理人未按照规定投保交强险的，公安机关交通管理部门有权扣留机动车，通知机动车所有人、管理人依照规定投保，并处应缴纳的保险费的两倍罚款。

商业险分为主险和附加险。主险分为第三者责任险和车辆损失险两种。附加险分为盗抢险、车上人员责任险、车辆损失险、车身划痕损失险、自燃损失险、不计免赔险等。

三、技能训练

由老师为学生提供一辆二手车及相关手续，车型不限，要求学生在规定的时间内，完成车辆的手续检查，并将检查结果分别记录到表2-1～表2-3中。然后，再由老师对学生的检查结果进行总结，同时针对学生在检查中存在的问题进行分析。

表2-1　核对车辆与证件一致性及税费单据

检查项目		检查结果	车辆与证件是否相符
核查车辆基本信息	号牌号码		
	车辆类型		
	所有人		
	住址		
	品牌型号		
	使用性质		
	发动机号码		
	车辆识别代号		
	注册日期		
	发证日期		
核查车主基本信息	所有人与现车主核对		
	组织机构代码证		
核查税费单据	车辆购置税完税凭证		
	车船使用税凭证		
	车辆的保险单		
	车辆检验标志、环保标志		

表 2-2 VIN、车牌及行驶证防伪检验

检查项目	检查结果	备　注
检查 VIN 码是否与行车证相符		
检查 VIN 码是否有改动的迹象		
检查车牌外形、色、字判断是否正常		
用手触摸车牌，看周边棱角处是否光滑		
检查行驶证的正证上、下底和副证上、下底齿型是否均匀		
检查行驶证打印方式是否为针打		
检查字体是否是车管部门的电脑专用字体		
检查防伪是否齐全		
其他		

表 2-3 机动车登记证书检验

检查项目	检查结果	备　注
核对机动车所有人是否曾为出租公司或租赁公司		
核对登记日期和出厂日期是否时间跨度很大		
核对进口车是否为海关进口或海关罚没		
核对使用性质		
核对登记栏内是否注明该车以作抵押		
对于货运车辆核对长、宽、高、轮距、轴距、轮胎的规格是否一致 核对钢板弹簧片数是否一致或有加厚的现象		
核对现机动车登记证书持有人与受委托人是否一致		
核对防伪标志		

单元二 二手车静态检查

一、单元描述

静态检查车辆现时技术状况对二手车价值影响较大，为公正、科学确定委托评估车辆的成新率，要全面、科学地对车身外观、发动机舱、驾驶舱、底盘外观等进行初步检查。

二、相关知识

（一）车身外观检查评估

二手车外观检查是二手车技术状况检查的首要步骤，这项检查不仅仅是看看外表而已，其实是查看车辆是否为事故车。检查重点按照附录 B 中图 3 和表 5、表 6 要求检查 26 个项目，程度及扣分标准请参照附录 B。检查应使用车辆外观缺陷测量工具与漆面厚度测试仪结合目测法对车身外观进行检测。

查看时可从车辆正前方、两侧、后方（包括行李舱内部）等处查起。检查板件配合隙是否一致、漆面是否有缺欠、板件是否有钣金痕迹、两侧腰线是否有钣金痕迹等。

1. 车辆正前方检查

车辆放置在平整的路面，检查车辆轮胎气压是否标准，在车辆前方 5m 左右的位置，观察车辆左右的高度差是否过大，过大的车身高度差异意味两侧悬架弹簧、车架有变形，要重点检查两侧纵梁。检查前部部件的配合间隙，是否有维修痕迹，如图 2-5 所示。

图 2-5　车身左右两侧高度检查

2. 车辆两侧检查

通过目测检查车辆两侧腰线是否有维修痕迹，如图 2-6 所示，打开两侧车门，观察 A、B、C 柱是否有维修痕迹、检查是否有不规则的焊接点、喷漆留下的漆雾等，如图 2-7 所示。

图 2-6　车身左右两侧腰线检查

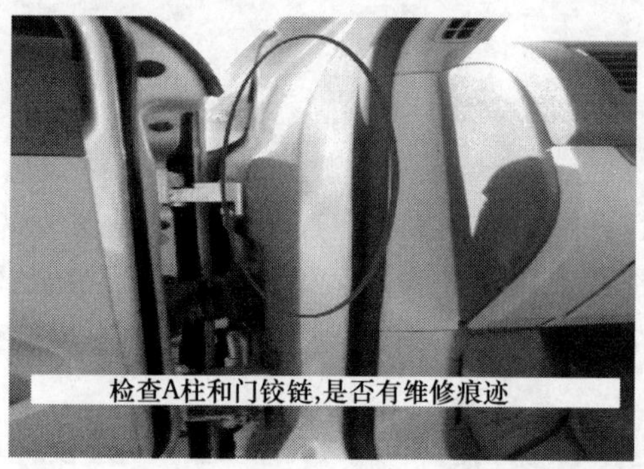

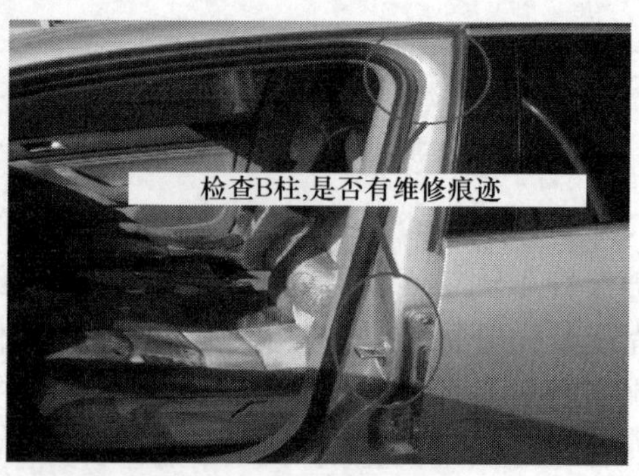

图 2-7　车身 A、B 柱的检查

3. 车辆后方检查

车辆后方检查重点检查行李舱盖配合间隙是否均匀、标准，如图 2-8 所示。然后打开行李舱盖，检查后翼子板是否有维修痕迹，检查行李舱盖是否有钣金痕迹等。

图 2-8　行李舱盖装配间隙检查

4. 车身漆面检查及修复费用确定

（1）目测法检查　目测法检查包括油漆色差检查、车身平整度检查和补漆质量检查。

1）油漆色差检查。新补的油漆，往往色彩不同于原车漆色，一般经电子配漆配出的漆色比原车的漆色要鲜艳，而人工调出的漆色多比原漆色调要暗淡些。如果车龄较长，补漆往往比较多，因而整个车身各个部位颜色都有差异，甚至找不出原车的漆色。经多次修补后漆面厚度较厚，且小磁铁不易吸附上去，说明该地方已填补过；或轻轻敲打钣金件表面，声音较清脆的地方为原车钣金件，声音较浑厚的地方为后期修补过。

注意： 观察板件色差要同时观察相邻两个板件的色差，如叶子板与发动机舱盖对比、车门与叶子板对比等。

2）车身平整度检查。车辆若有大面积撞伤部位时，补腻子的面积就会比较大，腻子打磨时往往磨不平，因而补过漆的车身表面，在侧面迎光看上去如同微微的波浪一样，且凹凸不一。

注意： 车身平整度检查 除了目测外还可以用手感判别是否有凹凸感、触摸时手感是否有变化等。

3）补漆质量检查。补过的漆往往存在以下质量问题：丰满度不如原车的油漆；油漆表面有流痕；表面有不规则的小麻坑；表面有小麻点等。

通过上述漆面质量检查，可以判断一辆车被撞面积有多大，车身可能受过多大的损伤。假如发现油漆表面有龟裂现象，如果车辆未被撞过，那么该车至少已使用了大约10年或10年以上。

（2）用检测仪检查　漆膜厚度还可以用漆膜厚度测试仪进行精确测定，覆层厚度的测量方法主要有楔切法、光截法、电解法、厚度差测量法、称重法、X射线荧光法、β射线反向散射法、电容法、磁性测量法及涡流测量法等。这些方法中前5种是有损检测，测量手段烦琐，速度慢，多适用于抽样检验。目前磁性测厚仪操作简便、坚固耐用、不用电源，测量前无须校准，价格也较低，所以应用最广。CMI150两用漆膜厚度仪如图2-9所示，常用于航天航空器表面、车辆、家电、铝合金门窗及其他铝制品等表面漆的检查。

图2-9　用漆膜厚度仪检查漆面厚度

（3）漆面常见缺陷及原因　对于二手车磕磕碰碰总会有的，修补漆在所难免。而在涂装过程中，难免会出现缺陷，评估师要掌握分析缺陷的产生机理，并具备对各类缺陷进行补救的技能。涂装过程中常见缺陷有渗色、鼓泡、起云、开裂、灰尘、表面无光、起皱、咬底、流淌、砂纸痕、橘皮、塑料件脱漆和细裂纹等。

（4）修复费用确定　二手车漆面状况对交易价格影响较大，二手车买卖当中漆面维修是常见工作。各地喷漆费用的计算方法各不相同，有的以面积乘以单价的计算方法；有的以常见覆盖件单件计算方法。喷漆工时费应包含喷漆需要的原子灰、漆料、油料、辅助添加剂等材料费。

1）喷漆面积的确定。局部喷漆范围以最小范围喷漆为原则（即以该部位最近的接缝、明显棱边为断缝收边），如翼子板腰线上部损伤以腰线以上的面积计算，而不是整个翼子板全喷面积。

2）喷漆单价的确定。常见的面漆大多以进口或合资品牌为主，如杜邦、新劲、PPG等品牌。面漆的种类与名称繁多，但大致可归结为喷漆和瓷漆。漆种的鉴别也较为简单，可用原车加油口盖直接通过电脑分析判断汽车原面漆的种类。也可以现场用蘸有硝基漆稀释剂（香蕉水）的白布摩擦漆膜，观察漆膜的溶解度。如果漆膜溶解，并在白布上留下印迹，则是喷漆；反之，则为瓷器。如果是瓷漆，再用砂纸在损伤部位的漆面轻轻打磨几下，鉴别是否漆了透明漆层，如果砂纸磨出白灰，就是透明漆层，如果砂纸磨出颜色，就是单级有色漆层，最后借光线的变化，用肉眼看一看颜色有无变化，如果有变化为变色漆。通过上述方法，我们可以将汽车面漆分四类：硝基喷漆、单涂层烤漆、双涂层烤漆、变色烤漆等四类。

虽然各地喷漆费用的计算方法各不相同，但单位面积的涂饰费用基本相同，结合沈阳4S店的定价标准，制定各漆种收费参考价值，见2-4所示。

表 2-4　单位面积的涂饰费用

项　目	轿车喷漆单价/元					客车喷漆单价/元		货车喷漆单价/元	
	微　型	普通型	中　级	中高级	高　级	普　通	豪　华	车　厢	驾驶室
硝基喷漆 /m^2						100		50	100
单涂层烤漆/m^2	200	250	300	400	500	200	300		200
双涂层烤漆/m^2	300	350	400	500	600		450		
变色烤漆/m^2			550	650	750				

3）常见覆盖件的喷漆费。在实际工作中，常以覆盖件单件计算方法确定喷漆费用。表2-5列举了部分车型常见覆盖件的喷漆费用，可以根据车辆的类型、维修厂类别选择合适的喷漆标准。

表 2-5　常见覆盖件的喷漆费

车型 部件价格/元	奔驰 S320	宝马 X5	奥迪 A6	帕萨特	丰田 4500	捷达 04 款	夏利三箱	奇瑞 QQ	微型车系
全车喷漆	11500	10000	4200	3200	4500	2800	1800	1600	1600
发动机舱盖	1200	720	550	550	600	450	350	300	150
大顶	1200	700	500	480	500	380	350	300	300
行李舱盖	900	800	400	380	450	350	300	300	300
前保险杠	800	480	400	400	450	360	150	200	100
后保险杠	850	450	400	400	450	360	150	200	100
前翼子板	600	300	240	240	250	200	150	150	100
前门	800	420	240	240	260	240	200	200	150
后门	800	480	280	260	260	240	200	200	200
后翼子板	900	500	280	280	300	240	200	100	180
后围板	400	300	200	180	180	150	150	100	100
散热器框架	300	150	120	90	100	80	80	80	50
前纵梁（单侧）	300	150	150	120	150	100	100	80	50
大底防腐	400	500	200	200	200	180	150	120	120

注意： 车身划痕全车喷漆在不同修理厂对应的金额基础上适当下调（7%左右）。

（二）发动机舱检查评估

检查重点参照附录 B 的表 7 项目要求检查 10 个项目。程度及扣分标准请参照附录 B。检查应使用检测仪器结合目测法对发动机进行检测。

如检查第 40 项时发现机油有冷却液混入、检查第 41 项时发现缸盖外有机油渗漏，则应在《二手车鉴定评估报告》或《二手车技术状况表》的技术状况缺陷描述中分别予以注明，并提示修复前不宜使用。

1. 发动机舱钣金件检查

打开发动机舱盖后，检查减振胶是否有维修痕迹，检查翼子板紧固螺钉是否有松动痕迹，如图2-10所示。

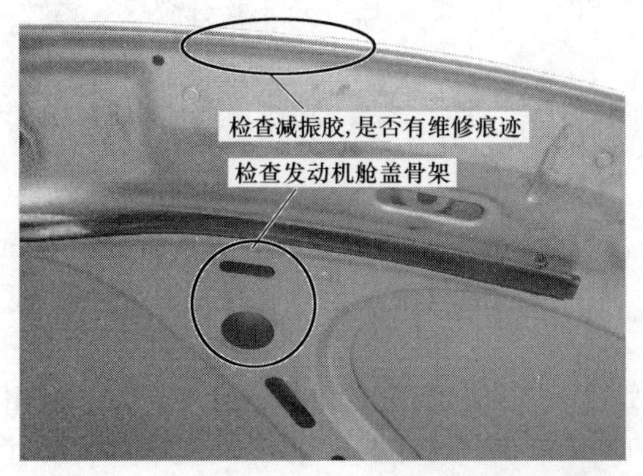

图2-10 发动机舱盖、翼子板紧固螺钉的检查

2. 检查发动机各密封垫及油封的密封情况

发动机常见泄漏部位包括气门室罩盖垫、曲轴前后油封、凸轮轴前后油封、油底壳垫等部位。原因包括密封垫老化、安装不当、曲轴箱通风不良等。常见漏点如图2-11所示。泄漏的维修方法是更换相应的密封垫或油封。

a）曲轴前油封

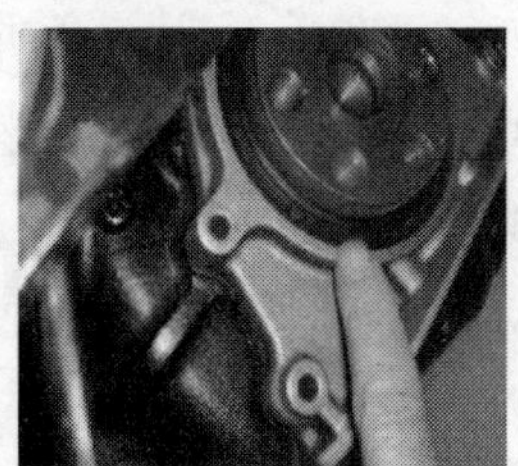

b） 曲轴后油封

c）凸轮轴油封

d) 气门室罩垫

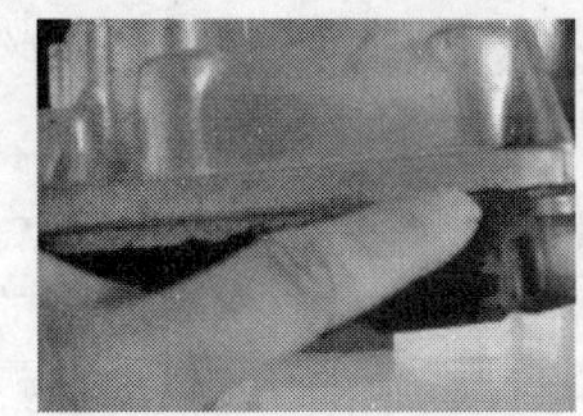

e） 油底壳垫

图2-11 常见漏点部位

3. 发动机传动带检查

检查传动带是否有撕裂、磨光、浸油、裂缝等情况，检查带的紧度是否合适。

4. 检查正时带

轿车上置凸轮轴的驱动方式大多采用同步齿形带。同步齿形带噪声小且不需润滑，但耐用性不及链驱动。通常每行驶6~8万km，必须更换同步齿形带。

检查时拆下正时罩盖，如果有必要，使用一个手电筒，仔细检查同步齿形带内、外两侧有无裂纹、缺齿、磨损等现象。若有，则表明此车行驶了相当大的里程。对于 V 形发动机而言，更换同步齿形带的费用较高。

检查正时带传动附件的支架和张紧调节装置是否松动、螺栓是否丢失或有裂纹、运转时是否有噪声等现象。

注意：正时带突然断裂会导致发动机严重损坏！请按时更换正时带。

5. 检查发动机管路连接、老化情况

检查发动机冷却水管连接是否牢固，管路是否老化。检查发动机进气软管连接是否牢固，管路是否老化。检查发动机各真空管连接是否牢固，管路是否老化。检查管路布置是否整齐。

6. 润滑系统检查

发动机润滑油（机油）具有润滑、冷却、密封、洗涤、防锈、卸荷、缓冲、导热作用。要按里程定期更换机油，否则可能导致积炭及油泥的沉积，这样就会阻碍活塞环的运动，严重时可能使机油变得发黏像焦油一样，造成发动机机械故障；根据对发动机机油的检查还能发现很多发动机故障。

（1）了解换油周期　一般说来，换油周期正常间隔是 5000km 或 3 个月，但对于红绿灯、塞车等导致的频繁停停走走，这些都是属于耗损性行驶。怠速状态下因为转速不够、机油流量不够而导致没有办法把由摩擦所引起发热的热量带走，发动机长时间处于临界磨损；经常超速行驶造成发动机高温，进而影响机油黏度，破坏油膜，造成发动机过度磨损；经常行驶在沙石路面，机油内的大颗粒磨料加速发动机磨损。过长的换油周期将大大加快发动机磨损，根据发动机换油周期的判断了解二手车的保养状况，对二手车况的评估更加符合实际。

（2）检查机油的品质　对于一些正在使用的机油，一般可用下面一些简单的手段来大致判断油品的技术状况，以决定是否应该换机油或用来分析发动机的工作状况。常见症状及原因如下：

1）外观油样呈乳白色或呈雾状，表明机油进了水。

2）油样变为灰色，可能被汽油所污染。

3）变为黑色，是燃料不完全燃烧的产物所引起。

4）出现刺激性气味，表明机油被高温氧化，应考虑发动机是否经常高温。

5）有很重的燃油味，表明个别缸没有点火，大量燃油将机油严重稀释。

6）取一滴机油滴在滤纸上，观察斑点的变化情况：机油迅速扩散，中间无沉积物，表明油品正常；机油扩散慢，中间出现沉积物，表明机油已变脏，意味着该车保养不好；如果有金属磨屑意味该车可能有拉缸、抱瓦的故障，应进一步检查发动机。

（3）机油消耗量检查　一般情况下，机油是在曲轴箱与气缸盖内这个相对密封的空间内循环工作，只要发动机工况正常，机油是不可能无故大量减少的。通常行驶 5000km 换油周期机油消耗大约 1L，机油消耗量异常，通常与以下发动机故障有关：

1）发动机密封不良，机油漏到发动机外部。

2）气门油封质量低劣或损坏，造成润滑油下漏进入燃烧室被烧掉。

3）活塞环密封不良、对口、在环槽内卡死等，使机油由曲轴箱上窜进入燃烧室。

4）空气滤清器阻塞，使曲轴箱废气循环管道吸力过大，使机油过多地从这个管道吸进

燃烧室。

5）废气循环管道堵塞造成曲轴箱压力太大，进一步使机油在曲轴箱与燃烧室之间压力差的作用下窜入燃烧室。

6）涡轮增压器油封泄漏导致的机油消耗量增加。

（4）发动机机油液面高度检查　检查发动机机油油面高度时，应使发动机处于暖机状态（机油温度不低于60℃），同时车辆应平稳停在水平路面上，发动机停转后等几分钟，当机油全部回到油底壳后，再进行检查。

注意：发动机机油消耗（烧机油）的表面现象不同，由于不同原因的维修费用差异较大，应注意区分。

7. 冷却系统检查

（1）冷却液的检查　冷却液的检查项目包括冷却液量检查、冷却液冰点测试、冷却液品质检查等。

1）检查膨胀罐内冷却液量。在发动机冷态时，检查冷却系统冷却液是否过度缺失，如果在缺失很多状态下长期使用会导致发动机过热，加速气缸磨损，意味该车保养不够。日常保养检查时，液面应在min和max之间。以奥迪A6为例，如果冷却液过少，应根据要求添加冷却液。

2）检查防冻剂抗冻能力。通过测量冷却液冰点来判断防冻剂抗冻能力如何，如果抗冻能力低，可以补充防冻添加剂。以奥迪车为例，如果防冻剂过少，则根据表2-6中数值进行补加冷却液添加剂G012A8D。

例如：某奥迪A6实际测量冷却液冰点为－5℃，而规定值为－25℃，则应补加4.5L G012A8D防冻添加剂，即可满足要求。

表2-6　奥迪车型防冻剂补加量差

抗冻能力/℃		量差/L	
实际值	规定值	4缸发动机	6缸发动机
0	－25	3.5	5.0
	－35	4.0	6.0
－5	－25	3.0	4.5
	－35	3.5	5.5
－10	－25	2.0	3.5
	－35	3.0	4.5
－15	－25	1.5	2.5
	－35	2.0	3.5
－20	－25	1.0	1.5
	－35	1.5	2.5
－25	－35	1.0	1.5
－30	－35	0.5	1.0
－35	－40	0.5	0.5

3）冷却液品质检查。检查冷却液的外观，如果有“油花”意味该车冷却系统与机油散热器、ATF冷却器有泄漏的迹象，应进一步检查发动机机油、自动变速器油。

（2）散热器外观检查　汽车长时期行驶在泥泞、多尘、多杂草等路面上，散热器被尘土、草叶、昆虫等塞满，造成散热不良。遇到此类情况，可在发动机熄火后，从散热器后面用压缩空气吹或用低压水流冲洗，以除去杂物，然后再用软毛刷清理芯部。

（3）冷却系统密封性检测　冷却系统密封性检测的目的是检查散热器、水泵、水管、水套等部位是否有泄漏。方法是首先应进行外观检查，看是否有泄漏部位；对于不明原因缺水的可以使用系统压力检测仪或废气分析仪来确定泄漏部位。可以根据实际情况选择检测仪类型。

8. 点火系统检查

点火系统性能的好坏直接影响发动机的动力性和经济件，通过对点火系外观检查，可简单了解发动机及点火系统工作状况。对点火系外观检查包括点火线圈、高压线、分电器、火花塞等零件的外观检查。

（1）检查高压线　查看点火线圈与分电器之间的高压线及分电器与火花塞之间的高压线，高压线应清洁、布线整齐，无切割口、无擦伤部位、无裂纹或无排气烧焦处，否则会造成高压线漏电，需要更换高压线。

（2）检查火花塞　用火花塞套筒扳手任意拆下一个火花塞，检查火花塞的工作状况，火花塞电极的颜色可直接反映发动机的燃烧情况。若火花塞电极呈现灰色，且没有积炭，则表明火花塞工作正常，燃烧良好。若火花塞严重积炭、电极严重烧蚀、绝缘体破裂、漏气、侧电极开裂，均使点火性能下降，造成发动机动力不足，则需要更换火花塞，一般更换需成组更换，否则会影响发动机怠速平稳性。

（3）检查点火线圈　观察点火线圈外壳有无破裂、漏油、发热等状况。若点火线圈外壳破裂、漏油，会使点火线圈容易受潮而使点火性能下降，影响发动机的动力性。

9. 电源系统检查

（1）检查蓄电池外观　检查蓄电池表面是否清洁亦可以看出车主对汽车的保养情况。检查蓄电池盖有无电解液、尘土等异物。检查蓄电池接线柱处有无严重铜锈或堆满腐蚀物。

（2）检查蓄电池标牌　检查蓄电池标牌，看蓄电池是不是原装的。通常标牌固定在蓄电池上部，标牌上有首次售出日期、品牌、型号等信息。售出日期以编号打点的形式标注，前面部分表示年，后面部分表示卖出的月份。将卖出的日期与电池寿命（一般为2～3年）进行比较，可算出蓄电池剩余寿命。如果蓄电池的有效寿命快接近极限，则需要考虑更换蓄电池所需成本。

（3）检查蓄电池电解液面高度　对于透明壳体的蓄电池，可以观察到蓄电池内电解液液面与上、下刻线的关系，如图2-12所示。标准值应在上、下刻线之间。若液面过低，这表明车主维护不及时，一般情况下可以直接加入蒸馏水。

（4）免维护蓄电池的检查　可以直接通过观察窗观看孔中颜色，如图2-13所示。当看到的为黄颜色时，说明电解液过少；当看到的为绿颜色时，说明电解液合适，且电量充足；当看到的为黑颜色时，说明电解液合适，但电量不足，需充电。注释说明一般写在蓄电池盖上。

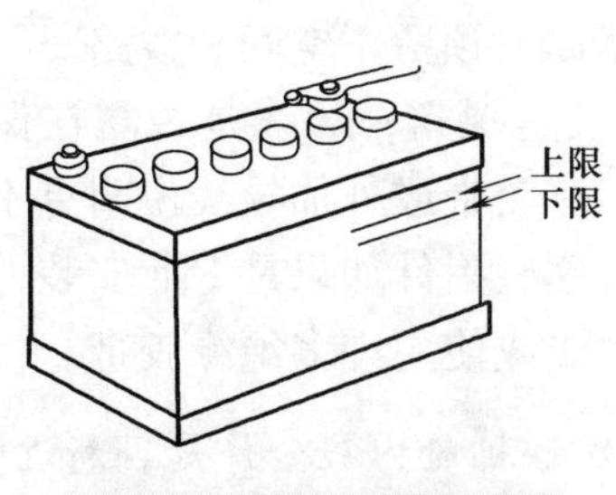

图 2-12 液面高度指示线

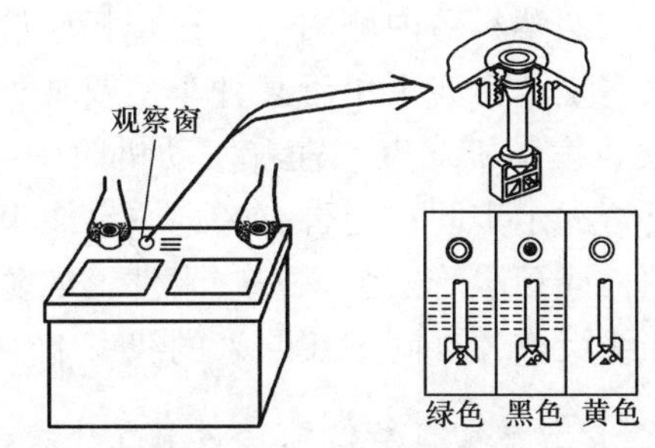

图 2-13 从观察孔图形法确认蓄电池状态

10. 供给系统检查

(1) 供油系统的检查　供油系统主要检查如下:

1) 检查喷油器安装状况。检查喷油器插头安装是否良好，检查喷油器密封圈是否良好，检查油压调节器及真空管是否良好。燃油泄漏并不常见，但必须对燃油泄漏仔细检查，电控燃油喷射汽车，有很高的燃油系统压力，一旦引起泄漏会造成严重后果。

2) 检查汽油管路。检查发动机供油管路是否老化或龟裂等。

3) 检查燃油滤清器。燃油滤清器一般在汽车行驶 5000km 左右更换，举升车辆检查燃油滤清器油管接头是否漏油，检查滤清器的使用时间是否过长。

(2) 进气系统的检查　发动机进气系统性能的好坏，对发动机了作性能有很大影响，尤其是混合气浓度的控制，因此应仔细检查发动机进气系统。

1) 检查进气软管。进气软管一般采用波纹管，检查进气软管是否老化变形，是否变硬，是否有损坏或烧坏处，这些现象表明进气软管需要更换。

如果进气软管上表面比较光亮，可能喷过防护剂喷射液，是卖车前进行了仔细伪装，并不能代表实际的新旧程度。

2) 检查进气软管内壁。如果进气软管内壁有大量的机油，表明发动机下排气过大，即表明发动机磨损过大。

3) 检查空气滤清器。空气滤清器用于清除空气中的灰尘等杂物，若空气滤清器滤芯过脏，会降低发动机进气量，影响发动机的动力。所以应拆开空气滤清器，检查空气滤芯，观察其清洁情况，若空气滤清器脏污，说明此车可能经常行驶在灰尘较多的地方，保养差、车况较差。

4) 检查节气门拉线。检查节气门拉线是否阻滞，是否有毛刺等现象。

注意: 涡轮增压车型如果中冷器内有大量机油，表面涡轮增压器油封有泄漏。

11. 其他部件检查

(1) 检查发动机减振支座　检查发动机减振支座胶垫是否有裂纹，如有损坏，则发动机振动会加大。

(2) 检查制动液及离合器液　对于使用透明塑料制成的制动主缸的汽车，液位和油液颜色是很明显的，如果液位正常，滴一些制动液在一张白纸上时，如果看到颜色深，说明油液使用时间过长或已被污染，说明该车保养不好，应该进行更换。

(3) 检查继电器盒　许多汽车在发动机舱内有电器系统的总继电器盒，打开继电器盒

的塑料盖，按照塑料盖内侧图表，检查相应位置元件是否齐全有效，如果有一个或两个继电器遗漏，大多是厂家为了用于某种车型或某种选项的继电器提前预留了空间和线路。

（4）检查发动机线束　查看发动机舱中导线是否擦破或是裸露；导线是否露在保护层外；导线是否固定牢固；是否有旁通原有线束的外加导线；有胶带或外加导线说明有不正规的维修问题，或预示着安装了一些附件，如防盗报警器等。这些附件如果是专业安装，通常导线线路和线束整齐，固定在原来的线束卡中，而不是走明线或使用许多绝缘胶带。

注意：查看发动机舱线束是否有整体更换迹象，检查发动机舱内钣金件是否新近喷涂迹象，如果有上述迹象，可能为火灾翻新车辆。

（三）驾驶舱/行李舱检查

按附录 B 表 8 要求检查 15 个项目。程度及扣分标准请参照附录 B。检查应目测法对驾驶舱进行检测。

如检查第 60 项时发现安全带结构不完整或者功能不正常，则应在《二手车鉴定评估报告》或《二手车技术状况鉴定书》的技术状况缺陷描述中予以注明，并提示修复或更换前不宜使用。

1. 驾驶操纵机构间隙检查

（1）转向盘检查　检查转向盘时，将汽车处于直线行驶的位置，左右转动转向盘，最大游动间隙应不超过标准。如果游动间隙超过标准，说明转向系统的各部分隙过大，转向系统需要保养维修。

两手握住转向盘，将转向盘向上下、前后、左右方向摇动推拉，应无松旷的感觉。如有松旷的感觉，说明转向机内轴承松旷或紧固部件松动，需要紧固调整。

（2）加速踏板检查　观察加速踏板是否磨损过度发亮，若磨损严重，说明此车行驶里程已很长。踩下加速踏板，试试踏板有无弹性，踏下或松开踏板，踏板应回位自如。若踩下很轻松，说明节气门拉线松弛，需要调整；若踩下加速踏板较费劲，说明节气门拉线有阻滞、破损，可能需要润滑或更换。

（3）制动踏板检查　检查制动踏板的踏板胶皮是否磨损过度，检查制动系主要技术参数是否正常。

（4）检查离合器踏板　轻轻踩下或用手推下离合器踏板，试一试踏板有没有自由行程，离合器踏板的自由行程一般在 30～45mm 之间。如果没有自由行程或自由行程小，会引起离合器打滑。如果踩下离合器踏板几乎接触到底板时才能分离离合器，说明离合器踏板自由行程过大，可能是由于离合器摩擦片或分离轴承磨损严重，需要检修离合器及其操纵机构。

注意：踩下或松开离合器踏板时应无卡滞、异响，否者离合器有故障。

（5）检查驻车制动操纵杆　放松驻车制动操纵杆，再拉紧驻车制动操纵杆，检查驻车制动操纵杆是否灵活有效，棘轮机构锁止是否正常。电子驻车系统，检查驻车操纵时应有电动机驱动噪声及制动踏板随动现象。

（6）检查变速杆　用手握住变速杆球头，根据档位规律，逐一将变速杆换至各个档位，检查变速器换档操纵机构是否灵活，检查变速器操纵机构防护罩是否破损，若有破损，会影响车厢密封性。

2. 座椅的检查

随着使用里程的增加座椅调节机构极易出现故障。常见座椅方向的调节是由以下几种调节机构来完成的，它们是座椅调角器、座椅导轨和座椅升降机构。在每种调节机构上，座椅都能完成两个或两个以上方向的调节。

(1) 座椅调角器的检查　座椅调角器用于连接汽车座椅椅座和椅背，对乘员提供安全保护和增强座椅舒适性。乘客可以通过座椅调角器调节椅背的角度。在一些中高档车内，设计师对调角器进行了改进，并在椅背内添加了机械装置用于减少追尾事故对颈椎造成的伤害。二手车检查时，可调节座椅调角器观察椅背的调节是否有效、可调节安全头枕的调节是否有效。

(2) 座椅导轨的检查　座椅导轨连接汽车座椅与车身底板，起调节座椅前后位置以及保护乘员安全的作用。在座椅导轨上，座椅可进行前后方向的调节。在这个方向上，驾驶人可以选择合适的位置，调整身体与转向盘之间的距离。使双手能够灵活地操控转向盘，双脚能够舒服地踩到踏板上，从而对车辆进行有效的控制。

二手车评估检查时，要检查前后调节是否灵活，检查调节后是否能有效定位，晃动座椅时是否有异响。

(3) 座椅升降机构的检查　座椅升降机构用来调节汽车座椅高度和角度，能提高乘员舒适性并给驾驶人提供最佳视线，让不同身材的人都能清楚的看清前方路况，保证行车安全。

二手车评估检查时要检查座椅升降机构是否灵活，检查调节后是否能有效定位，晃动座椅时是否有异响。

对于多方向调整功能的座椅，驾驶人就能更好地找到适合自己的驾驶姿态，减轻驾驶疲劳，提高行车安全性。如今汽车的驾驶席座椅，可以具有前后、上下、椅面倾角、椅背倾角8个方向的调节。在一些多功能商务车型上，乘客座椅可以进行360°的旋转，靠背还具有折叠功能，使车内空间的利用效率大大提高，检查时要逐一检查。

(4) 电动座椅调节性能检查　电动座椅是常见的配置，座椅及附件因长期使用或撞击会造成损坏，常见的损伤有个别调节功能失效、骨架、导轨变形，棘轮、齿轮根切等现象。骨架、导轨轻微变形常可以校正，棘轮、齿轮根切通常必须更换棘轮、齿轮机构，但若配件缺少，必须更换座椅总成。在二手车检查当中要注意电动座椅功能检查及外观检查。

(5) 座椅塌陷程度检查　检查座椅塌陷程度是否与行驶里程相符，方法是用手掌按压座椅表面，观察下陷程度是否过大，是否有异响等。

3. 安全装置检查

(1) 安全气囊检查　事故车辆的气囊外表检查很重要，过大的色差意味该车更换过气囊组件，要对车身进行详细检查。

(2) 安全带检查　检查安全带是否出现如图2-14所示损伤情况之一，事故会导致安全带开裂变形，严重事故会导致安全带收紧装置起爆，起爆后要更换安全带，可通过检查安全带标签的生产年限加以判断。标签如图2-15所示。无上述损伤，还要将安全带完全拉出，观察是否有水损留下的痕迹。

a) 安全带织物割断或损坏

b) 安全带边缘割断松散
(由车门引起的损坏)

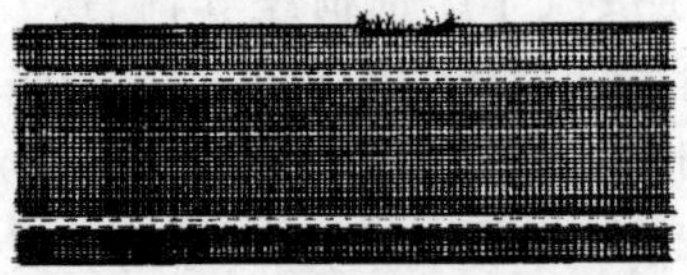

c) 安全带边缘割坏松散

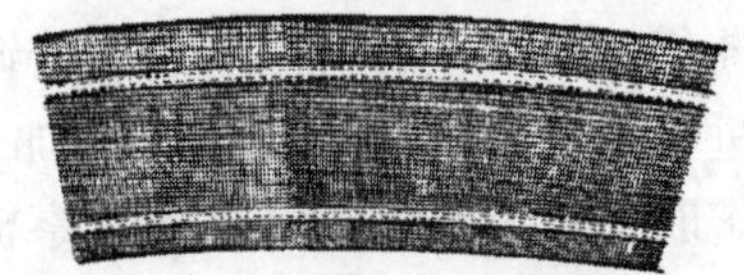

d) 安全带弓形

图 2-14 安全带损伤类型

4. 内饰的检查

通过内饰的清洁度可以了解车主的养护状况，其实无论是对于车辆的美观还是车主的健康，简单内饰的清洁、去污、除臭、消毒对买卖双方都是至关重要的。

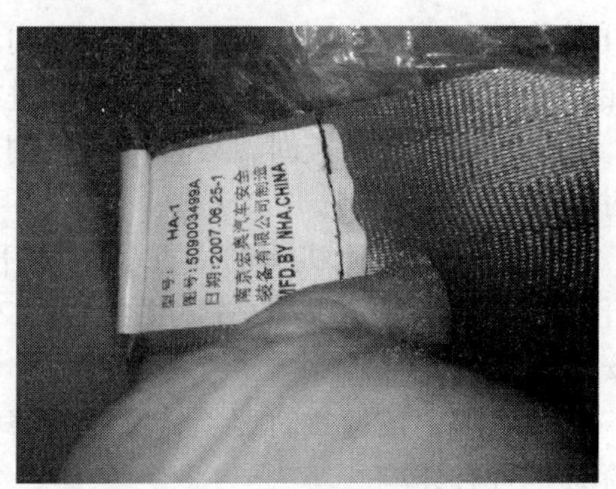

图 2-15 安全带标签

对于二手车，除了内饰脏污之外，还会有一些细菌存留在车的顶棚、座套、皮椅和出风口等部位，果汁、烟气、食品残渣、儿童和宠物的尿液、粪便、毛发等遗留物，久之会散出异味，同时也危害着驾乘人员的健康。这些污物和杂质潜藏在车内的每一个角落，普通的吸尘设备很难将它们除去，做一次专业的内饰清洁不但可以去污，更重要的是可以起到杀菌除臭的功效；对全面提升二手车品质非常重要。

注意： 对于内饰安装检查，要重点检查 A、B、C 柱饰板的安装是否正常，按压时有异响，意味该侧有过钣金维修经历。

5. 开关及仪表检测

(1) 检查开关　检查点火开关、转向灯开关、车灯总开关、变光开关、刮水器开关、电喇叭开关，分别操纵这些开关，检查这些开关是否完好，控制元件能否正常工作。

(2) 检查仪表　一般汽车设有气压表、车速里程表、燃油表、机油压力表、冷却液温度表、电流表等仪表。应分别检查这些仪表是否能正常工作，有无缺失损坏。

(3) 检查指示灯或警告灯　汽车上有很多指示灯或警告灯，如制动警告灯、机油压力警告灯、充电指示灯、远光指示灯、转向指示灯、燃油报警指示灯、驻车制动指示灯等，应分别观察检查这些警告灯是否能正常工作。故障灯有发动机故障灯、自动变速器故障灯、气囊故障灯、ABS 故障灯、电控悬架故障灯等。

电控系统的故障灯一般在仪表板上。当打开点火开关，故障灯是应亮 3s 后，自动熄灭。若在 3s 内自动熄灭，则表明此电子控制系统通过电脑自动检查，系统正常；若在 3s 内没有熄灭，或根本就不点亮，说明此电子控制系统自检不通过，系统有故障。常见警告灯及电控系统的故障灯图标如图 2-16 所示。

Symbol	Warning lamp
	气囊
ABS	ABS
	制动蹄片磨损
	制动液
EPC	发动机预热 EPC灯
	机油压力
	柴油颗粒净化
	助力转向
	制动压力分配

	制动
	电子驻车 制动故障
	ESP/TCS
	左转向
	右转向
	拖车转向
	前照灯
	巡航
	灯光故障
	行李舱盖
	车门开启
	油量报警

	冷却液面或过热
	发电机
	EOBD
	发动机舱盖
	后雾灯
	机油液面
	轮胎压力
	制动踏板
	安全带
	日间照明
	油箱盖开启
	清洗液

图 2-16 故障灯图标

注意：部分车主在转让车辆时，对于仪表报警采取非常规维修，如拆掉警告灯泡等方法，以蒙蔽购车人，打开点火开关后要观察仪表警告灯的亮起状况，发动机运行后再观察警告灯熄灭情况。

6. 行李舱的检查

（1）检查行李舱锁　检查行李舱锁的开闭功能，观察行李舱锁安装是否牢固。

（2）检查行李舱及后部钣金　检查行李舱盖钣金是否有维修痕迹，重点检查密封胶是否均匀等，检查行李舱底板及后翼子板是否有钣金喷漆痕迹。

（3）检查行李舱开关拉索或电动开关　操纵乘客舱内部行李舱开启拉索或电动开关，观察行李舱盖是否正常打开。

（4）检查防水密封条　行李舱防水密封条对行李舱内部储物和地板车身的防护十分重要，所以应仔细检查防水密封条有无划痕、损坏、脱落等。

（5）检查行李舱内外油漆状况　检查行李舱内外油漆是否相配。内外漆面相差较大则意味后部行李舱有过较大碰撞，仔细检查行李舱盖底部的颜色是否与外部的颜色相同，检查看行李舱盖金属构件、地板垫、后排座椅后的纸板、防腐胶、电器线路等这些地方是否完好。

（6）检查备用轮胎　检查备用轮胎是否完好，气压是否正常。

（7）检查随车工具　检查千斤顶、千斤顶手柄、轮胎螺母拆卸工具、三角牌、灭火器、原车随车工具等是否齐全有效。

（8）检查门控灯　行李舱上有一门控灯，当行李舱盖打开时，门控灯应点亮，否则，门控灯或门控灯控制开关损坏。

（9）检查行李舱盖的对中性和闭合质量　轻轻按下行李舱盖，不用很大力气就应能关上行李舱盖。行李舱盖关闭后，检查行李舱盖与车身其他部分的缝隙应均匀，不能有明显的

偏斜现象。

（四）底盘外观检查评估

1. 减振器检查

（1）检查方法　减振器是极易损坏的部件，减振器漏油、控制阀损坏、托架松动或胶垫损坏均可导致减振器异响。在路况不好的路上行驶会出现“咔呲咔呲”的声音。简单检查方法是进行静态检查，很多有经验的驾驶人在检查二手轿车的悬架系统时，都会采取按压的方式，对于四轮独立悬架系统，分别进行按压，即用力按下后松开，观察回弹次数，如果超过两次，则表明液压减振器性能不良，可能是油液渗漏造成的。进而可以观察减振器表面是否有油液渗漏迹象。

（2）常见损伤　常见损伤有渗油和异响。

1）渗油。连杆镀层表面有微裂纹，活塞杆上的微裂纹储存到一定的阻尼油而形成油膜，属正常现象，一般渗油的油迹不超过弹簧盘，油迹局限于减振器油封到下部的弹簧盘处可正常使用。图 2-17 为轻微渗油。

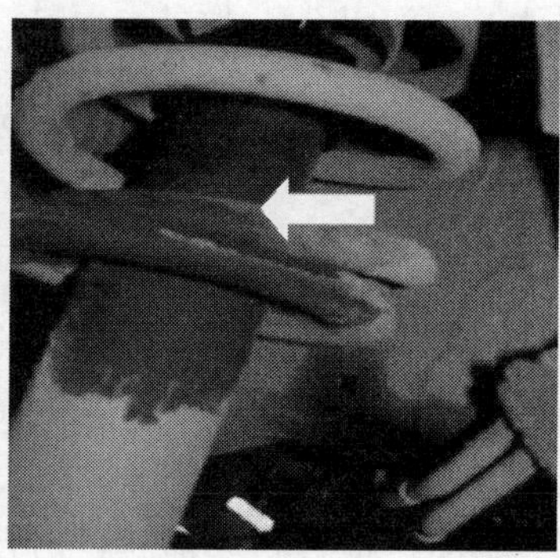

图 2-17　轻微渗油

2）异响。油封润滑脂干枯。这种情况容易误将减振器相邻部位的响声判为减振器异响，如：悬架装配不佳或悬架其他零件导致的异响。

检查方法：油封处干枯的可在油封处滴入润滑剂；检查上端车架固定螺母，检查悬架系统的拧紧力矩，包括减振支柱总成上端螺母的拧紧力矩、与车身的拧紧力矩等。也可通过左右减振器互换判断异响来源。

2. 车轮及轮胎检查

使用轮胎花纹深度尺，可以测出轮胎是否超出安全的花纹深度。当测量轮胎的胎纹深度减小到 1.6mm 或更小时，将显示出磨损标记，表示应该马上更换轮胎。否则，行驶时轻则轮胎会出现打滑现象，延长制动距离；严重时，当轮胎在湿滑路面上行驶，易产生“浮滑现象”，造成转向盘及制动失灵，引发安全事故，同时也易引发爆胎事故。

（1）轮胎花纹深度的检测　使用轮胎花纹深度尺可以测出轮胎的花纹深度是否超出安全范围。当轮胎的胎纹深度减小到 1.6mm 或更小时，将显示出磨损标记，表示应该马上更换轮胎。否则，行驶时轻则轮胎会出现打滑现象，延长制动距离；严重时，当轮胎在湿滑路面上行驶，易产生“浮滑现象”，造成转向及制动失灵，引发安全事故，同时也易引发爆胎事故。轮胎花纹深度的检测工具为轮胎花纹深度尺和深度测量器，如图 2-18a 和图 2-18b 所示。检测方法和步骤如下：

1）将轮胎花纹深度尺的尖端伸入轮胎胎面的同一横截面几个花纹沟中，如图 2-18c 所示。

2）测量并读出一组深度，得出平均数。

3）对照标准值，分析轮胎胎纹的深度是否符合要求。

轮胎花纹的深度磨损极限值为 1.6mm。当轮胎剩余花纹深度低于规定值时，必须尽快更换。

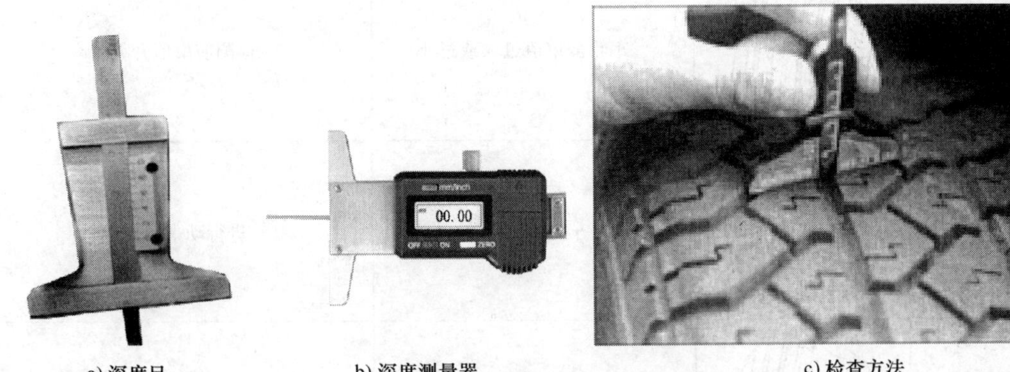

a) 深度尺　　b) 深度测量器　　c) 检查方法

图 2-18　轮胎花纹深度的检测

（2）常见轮胎磨损异常现象　常见轮胎磨损异常现象及可能原因见表 2-7。

表 2-7　常见轮胎磨损异常现象及可能原因

异常现象	图示	可能原因	维修方法
肩部磨损快	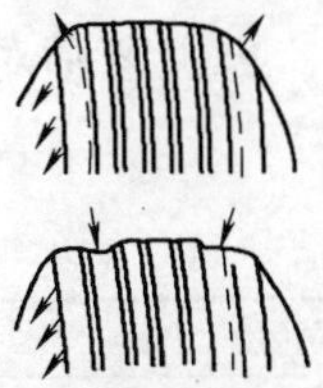	充气不足或换位不够	调整充气压力
胎冠磨损快	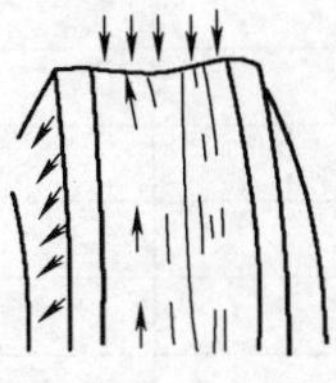	充气过足或换位不够	调整充气压力
胎面有裂纹		经常充气不足	调整充气压力

（续）

异常现象	图示	可能原因	维修方法
单侧磨损		车轮外倾角过大或过小	检测外倾角并调整
边缘呈羽毛状		车轮前束值过大或过小	检测前束值并调整
秃点		车轮动不平衡	进行动平衡调整
槽形磨损		轮胎换位不够或磨损 悬架定位不准	检查轮胎及前悬架定位

三、技能训练

由老师为学生提供一辆二手车，车型不限，要求学生在规定的时间内，完成车辆的静态检查，并将检查结果分别记录到表2-8至表2-12中。然后，再由老师对学生的检查结果进行总结，同时针对学生在检查中存在的问题进行分析。

表2-8　车身外观检查

检查部位	描述检查结果	检查部位	描述检查结果
发动机舱盖表面		后保险杠	
左前翼子板		左前轮	
左后翼子板		左后轮	
右前翼子板		右前轮	
右后翼子板		右后轮	
左前车门		前照灯	
右前车门		后尾灯	
左后车门		前风窗玻璃	
右后车门		后风窗玻璃	
行李舱盖		四门风窗玻璃	
行李舱内则		左后视镜	
车顶		右后视镜	
前保险杠		轮胎	

表 2-9 发动机舱检查

序　号	检 查 项 目	描述检查结果
1	机油有无冷却液混入	
2	缸盖外是否有机油渗漏	
3	前翼子板内缘、散热器框架、横拉梁有无凹凸或修复痕迹	
4	散热器格栅有无破损	
5	蓄电池电极桩柱有无腐蚀	
6	蓄电池电解液有无渗漏、缺少	
7	发动机带有无老化	
8	油管、水管有无老化、裂痕	
9	线束有无老化、破损	

表 2-10 驾驶舱检查

序　号	检 查 项 目	描述检查结果
1	车内是否无水泡痕迹	
2	车内后视镜、座椅是否完整、无破损、功能正常	
3	车内是否整洁、无异味	
4	转向盘自由行程转角是否小于 15°	
5	车顶及周边内饰是否无破损、松动及裂缝和污迹	
6	仪表台是否无划痕，配件是否无缺失	
7	变速杆及护罩是否完好、无破损	
8	储物盒是否无裂痕，配件是否无缺失	
9	天窗是否移动灵活、关闭正常	
10	门窗密封条是否良好、无老化	
11	安全带结构是否完整、功能是否正常	
12	驻车制动是否灵活有效	
13	玻璃窗升降器、门窗工作是否正常	
14	左、右后视镜折叠装置工作是否正常	

表 2-11 底盘检查

序　号	检 查 项 目	描述检查结果
1	发动机油底壳是否无渗漏	
2	变速器箱体是否无渗漏	
3	转向节臂球销是否无松动	
4	三角臂球销是否无松动	
5	传动轴十字轴是否无松框	
6	减振器是否无渗漏	
7	减振弹簧是否无损坏	

表 2-12 车辆功能性零部件检查

类别	零部件名称	描述检查结果
车身外部件	发动机舱盖锁止	
	发动机舱盖液压撑杆	
	后门/行李舱液压支撑杆	
	各车门锁止	
	前后刮水器	
	立柱密封胶条	
	排气管及消声器	
	车轮轮毂	
驾驶舱内部件	车内后视镜	
	座椅调节及加热	
	仪表板出风管道	
	中央集控	
随车附件	备胎	
	千斤顶	
	轮胎扳手及随车工具	
	三角警示牌	
	灭火器	
其他	全套钥匙	
	遥控器及功能	
	喇叭高低音色	
	玻璃加热功能	

单元三 二手车动态检查

一、单元描述

异响

有些故障不能通过静态检查发现，而动态检查车辆可以更加准确了解评估车辆的现时技术状况，对公正、科学确定委托评估车辆的成新率，全面、科学评估车辆价值非常必要。

二、相关知识

（一）汽车主要技术参数

1. 汽车的质量参数

（1）整车装备质量　整车装备质量又称为整车整备质量，是指汽车全装备好时的质量，包括燃油（燃油箱至少要加注至制造厂家设计容量的90%）、润滑剂、冷却液（如果需要时）、清洗液、备胎、灭火器、标准备件、标准工具箱和三角垫木等。

（2）最大装载质量　最大装载质量又称为满载质量，是指汽车在硬质良好路面上行驶时的额定装载质量。最大装载质量又分为最大设计装载质量和最大允许装载质量。当汽车在碎石路面上行驶时，最大装载质量应有所减少（为良好路面时的75%～80%）。轿车的装载质量用座位数表示。城市客车的装载质量以座位数与站立乘客（员）数之和表示。

（3）最大总质量　最大总质量是指汽车满载时的总质量，等于整车装备质量与最大装载质量之和。最大总质量又分为最大设计总质量和最大允许总质量。最大设计总质量是指汽车制造厂家规定的最大汽车总质量，最大允许总质量是指行政主管部门根据道路运行条件规定的允许运行的最大汽车总质量，最大允许总质量一般比最大设计总质量稍小。乘用车的最大允许总质量不得大于4500kg，二轴货车的最大允许总质量不得大于16000kg。

（4）最大轴荷质量　最大轴荷质量是指汽车满载时各车轴所承受的最大垂直载荷质量。最大轴荷质量又分为最大设计轴荷质量和最大允许轴荷质量，最大允许轴荷质量一般比最大设计轴荷质量稍小。单个车轴最大轴荷质量除应满足轴荷分配的技术要求外，还应遵循国家对公路运输车辆及其总质量的法规限制。轴荷分配不当，会导致各轴车轮轮胎磨损不均匀，对汽车的操纵稳定性产生不利影响。

2. 汽车的尺寸参数

汽车的尺寸参数如图2-19所示。

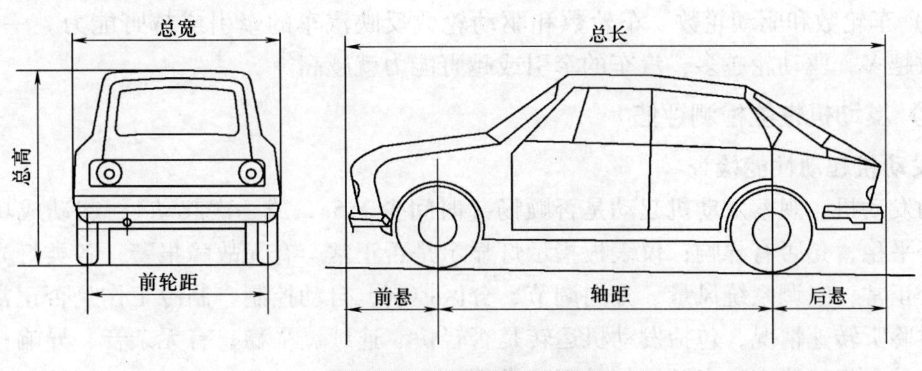

图2-19　汽车的尺寸参数

（1）车长　车长是指垂直于车辆纵向对称平面，并分别抵靠在汽车前、后最外端突出部位的两垂面之间的距离。

（2）车宽　车宽是指平行于车辆纵向对称平面，并分别抵靠车辆两侧固定突出部位

（除后视镜、侧面标志灯、转向指示灯、挠性挡泥板、折叠式踏板、防滑链及轮胎与地面接触部分的变形外）的两平面之间的距离。

（3）车高　车高是指车辆没有装载且处于可运行状态时，车辆支撑平面与车辆最高突出部位相抵靠的水平面之间的距离。

（4）轴距　轴距是指通过车辆同一侧相邻两车轮的中点，并垂直于车辆纵向对称平面的二垂线之间的距离。对于三轴以上的车辆，其轴距由从最前面至最后面的相邻两车轮之间的轴距分别表示。总轴距则为各轴距之和。

（5）轮距　汽车车轴的两端为单车轮时，轮距为车轮在车辆支撑平面上留下的轨迹中心线之间的距离。汽车车轴的两端为双车轮时，轮距为车轮中心平面（双轮车车轮中心平面为外车轮轮辋内缘和内车轮轮辋外缘等距的平面）之间的距离。

（6）前悬　前悬是指通过两前轮中心的垂面与抵靠在车辆最前端（包括前拖钩、车牌及任何固定在车辆前部的刚性件）并且垂直于车辆纵向对称平面的垂面之间的距离。

（7）后悬　后悬是指通过车辆最后车轮轴线的垂面与抵靠在车辆最后端（包括牵引装置、车牌及固定在车辆后部的任何刚性部件）并且垂直于车辆纵向对称平面的垂面之间的距离。

（8）最小离地间隙　最小离地间隙是指车辆支撑平面与车辆上的中间区域内最低点之间的距离。中间区域为平行于车辆纵向对称平面且与其等距离的两平面之间所包含的部分，两平面之间的距离为同一轴上两端车轮内缘最小距离的80%。

（9）接近角　接近角是指车辆静载时，水平面与相切于前轮轮胎外缘的平面之间的最大夹角。前轴前面任何固定在车辆上的刚性部件不得在此平面的下方。

（10）离去角　离去角是指车辆静载时，水平面与相切于车辆最后车轮轮胎外缘的平面之间的最大夹角。位于最后车轴后面的任何固定在车辆上的零部件不得在此平面的下方。

（11）转弯直径　转弯直径是指当转向盘转到极限位置时，内、外转向轮的中心平面在车辆支撑平面上的轨迹圆直径。由于转向轮的左右极限转角一般不相等，故有左转弯直径与右转弯直径的区别。

（12）车轮数和驱动轮数　车轮数和驱动轮数反映汽车的牵引或越野能力。一般来说，车轮总数越多，驱动轮越多，汽车的牵引或越野能力就越高。

（二）发动机性能检测评估

1. 发动机起动性能检查

起动发动机，观察发动机起动是否顺畅（时间少于5s，或一次起动）；起动成功后观察怠速是否平稳，是否有异响；仪表板指示灯显示是否正常，有无故障报警；各类灯光和调节功能是否正常；空调系统风量、方向调节、分区控制、自动控制、制冷工作是否正常；发动机加速时聆听转速情况，包括发动机运转是否轻快、连续、平稳；有无杂音、异响；连续加速后怠速是否仍然稳定；车辆排气是否正常等。

若发动机发出很大的霹雳声响，则表明未燃烧完的混合气进入了排气装置，可能是排气门密封不严或点火提前角度错误。若汽油机排气管大量冒蓝烟，则说明气门或活塞磨损严重，造成烧机油现象。若排气管冒黑烟，则说明燃烧不充分，其结果是油耗上升。排气管冒白烟说明缸垫渗水。

2. 发动机气缸磨损检查

通过目测检查发动机曲轴箱排气量，或用曲轴箱窜气量测量仪检查法检查曲轴箱排气量，或用气缸压力表检查气缸压力，均可以确定发动机技术状况是否良好。

如果上述检查均低于标准，将影响发动机动力性、经济性，进而大大影响二手车价值；而气缸压力过低、曲轴箱排气量过大，往往是由于发动机气缸磨损过度造成的。气缸磨损过度的发动机，其维修工时及费用都较大，因此在车辆评估核价时，应当重点考虑。表2-13列举了沈阳地区4S店几种车型的发动机大修费用。

表2-13 沈阳地区4S店发动机大修费用 (单位：元)

车型	工时费	材料费	费用合计
捷达	1500	6000	7500
帕萨特 B5	2200	9000	11200
奥迪 A6 1.8T	4500	17000	21500

(1) 简易检查法　打开发动机机油加注口盖，如图2-20所示，起动发动机，观察曲轴箱排气量是否过大。如果过大，则意味该车行驶里程较多，发动机磨损较大，已接近大修里程，二手车价值有较大贬值。在实际二手车评估中，车辆行驶里程仅仅作为参考，要通过技术检查，才能正确判断汽车行驶里程。

曲轴箱窜气量是指气缸内的气体从气缸与活塞间不密封处窜入曲轴箱的量。检测曲轴箱窜气量，也是检测气缸密封性的方法之一。曲轴箱窜气量测量仪可在发动机不解体状态下测定发动机曲轴箱窜气量，从而检测发动机气缸密封性能，并判断发动机磨损情况。

(2) 曲轴箱窜气量测量仪检查法　曲轴箱窜气量的检测一般采用专用气体流量计进行。曲轴箱窜气量检测仪（图2-21），一般由指示仪表、预测按钮、预调旋钮、档位开关、调零旋钮、电源开关等组成。

图2-20 机油加注口

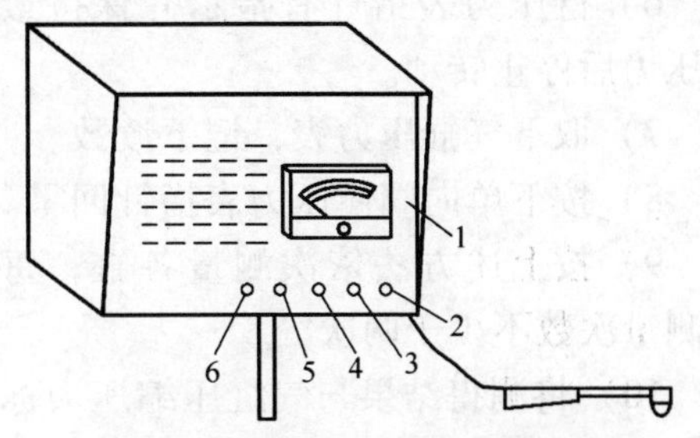

图2-21 曲轴箱窜气量检测仪

1—指示仪表 2—预测按钮 3—预调旋钮
4—档位开关 5—调零旋钮 6—电源开关

检测时，发动机应加载，节气门全开（或柴油机最大供油量），在最大转矩转速（此时

窜气量达最大值）下测试。发动机加载可在底盘测功机上实现，测功机的加载装置可方便地通过滚筒对发动机进行加载，以实现发动机在全负荷工况下从最大转矩转速至额定转速的任一转速下运转，因此，可用曲轴箱窜气量检测仪检测出各种工况下曲轴箱的窜气量。检测方法及步骤如下：

1）打开电源开关，按仪器使用说明书的要求对检测仪进行预调。

2）密封曲轴箱，即堵塞机油尺口、曲轴箱通风进出口等，将取样头插入机油加注口内。

3）起动发动机，待其运转平稳后，仪表的指示值即为发动机曲轴箱在该转速下的窜气量。由于曲轴箱窜气量还与缸径大小和缸数多少有关，因此不同车型的诊断参数标准也不同。有些国家以单缸平均窜气量作为诊断参数。综合国内外情况，单缸平均窜气量值可参考以下标准：

汽油机：新机 2 ~ 4L/min，达到 16 ~ 22L/min 时需大修。

柴油机：新机 3 ~ 8L/min，达到 18 ~ 28L/min 时需大修。

曲轴箱窜气量大，一般是因为气缸、活塞、活塞环磨损量大，使各部分间隙大；或由于活塞环对口、结胶、积炭、失去弹性、断裂或缸壁拉伤等原因造成，在评估核价时，应充分考虑这些因素。

（3）气缸压力表检查法　通过检查发动机气缸压力，也可以确定发动机技术状况是否良好。如果气缸压力过低，将影响发动机动力性和经济性，进而大大影响二手车价值。气缸压缩压力检查方法如下：

1）起动发动机，将冷却液提高到 80℃以上。

2）停机后，拆下空气滤清器，用压缩空气吹净火花塞或喷油器周围的灰尘和脏物。

3）卸下全部火花塞或喷油器（柴油机），并按气缸次序放置，汽油机应将喷油器插头拔下，以防大量汽油进入三元催化器。

4）把气缸压力表的橡胶接头插在被测缸的火花塞孔内，扶正压紧，如图 2-22 所示。

5）将节气门置于全开位置，用起动机转动曲轴 3 ~ 5s（不少于 4 个压缩行程）。

6）待压力表指针有指示并保持最大压力后停止转动。

7）取下气缸压力表，记下读数。

8）按下单向阀使压力表指针回零。

9）按上述方法依次测量各缸，每缸测量次数不少于两次。

10）将测得结果与气缸压缩压力标准值进行对照分析。

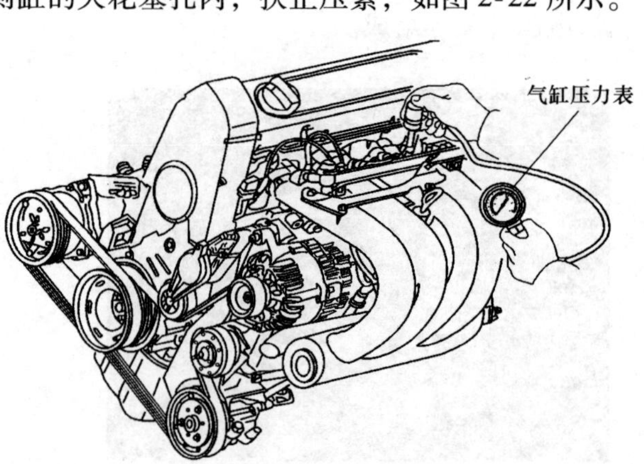

图 2-22　气缸压力检查

常见几种车型发动机气缸压缩压力的标准值见表 2-14。通常要求每缸压力与各缸平均压力的差，汽油机不超过 8%，柴油机不超过 10%。

表 2-14 常见车型发动机气缸压缩压力值

汽车型号	压缩比	气缸压缩压力标准值/kPa	测定转速/（r/min）
桑塔纳 2000 AJR	9.3	900～1100	200～250
奥迪 100	8.5	1000～1350	200～250
捷达 EA827	8.5	900～1100	200～250
富康 TU3	8.8	1200	200～250
本田雅阁	8.9	930～1230	200～250
切诺基	8.6	1068～1275	200～250

通过对比分析，若测量值超出标准值允许范围，则可向该缸火花塞或喷油器孔内注入适量机油，然后用气缸压力表重测气缸压力并记录。如果第二次测出的压力比第一次高，说明气缸、活塞环、活塞磨损过大或活塞环对口、卡死、断裂及缸壁拉伤等原因造成气缸不密封；如果第二次测出的压力与第一次相近，说明进、排气门或气缸衬垫不密封；如果两次检测某相邻两缸压力均较低，则说明该两缸相邻处的气缸衬垫烧损窜气。

3. 发动机常见异响检查

造成发动机常见异响的原因复杂，部分异响维修费用较大，如曲轴主轴承响、连杆轴承响等，二手车检查要仔细鉴别不同异响。

发动机的常见异响主要有曲轴主轴承响、连杆轴承响、活塞销响、活塞敲缸响、气门响、气缸漏气响、正时齿轮响、汽油机点火敲击响和柴油机着火敲击响等。

（1）曲轴主轴承异响　发动机突然加速时会发出沉重而有力的“咣、咣、咣”的金属敲击声，严重时机体发生很大振动。响声随发动机转速的提高而增大，随负荷的增加而增强。确认声响部位可利用听诊器进行检查，产生响声的部位是在缸体下部的曲轴箱内。单缸断火时响声无明显变化，相邻两缸同时断火时，响声会明显减弱。温度变化时响声不变化，机油压力明显降低。

另外，后道轴承发响，一般声音钝重发闷；前道轴承发响，声音较轻、较脆。曲轴轴向窜动出现的响声，在低速下采用微抖节气门的方法，可听到较沉重的“咯噔”“咯噔”的响声。当踩踏离合器踏板时发动机带轮会有前后摆动，或伴随离合器分离不彻底。曲轴主轴承出现异响的可能原因如下：

1）主轴承盖固定螺钉松动。

2）主轴承减磨合金烧毁或脱落。

3）主轴承和轴颈磨损过大、轴向止推装置磨损过大，造成径向和轴向间隙过大。

4）曲轴弯曲。

5）机油压力太低或机油变质。

6）曲轴轴向定位失效。

（2）连杆轴承异响　当发动机突然加速时，有“铛、铛、铛”连续明显的敲击声，是连杆轴承异响的主要特征。轴承严重松旷时，怠速运转也能听到明显的响声，且机油压力降低。发动机温度变化时，响声不变化；发动机负荷变化时，响声随负荷增加而加剧；单缸断火，响声明显减弱或消失。连杆轴承出现异响的可能原因如下：

1）连杆轴承盖的固定螺栓松动或折断。

2）连杆轴承减磨合金烧毁或脱落。

3）连杆轴承或轴颈磨损过甚，造成径向间隙太大。

4）机油压力太低或机油变质。

（3）活塞销异响　发动机在怠速、低速和从怠速向低速抖动节气门时，可听到明显而又清脆的“嗒、嗒、嗒”声好像两个钢球相碰的声音。响声严重时随转速的升高响声增大，但机油压力不降低。单缸断火时响声明显减弱或消失，复火瞬间，响声又出现或连续出现两个响声。可能原因如下：

1）活塞销与连杆小头衬套配合松旷。

2）活塞销与活塞上的销孔配合松旷。

（4）活塞敲缸异响　发动机在怠速或低速运转时，在气缸的上部发出清晰而明显的“嗒、嗒、嗒”的响声；发动机中速以上运转时，这种异响便会减弱或消失。该响声冷车时明显，热车时减弱或消失；单缸断火，响声 减弱或消失；响声严重时，负荷愈大响声也愈大，但机油压力不降低。活塞敲缸响与活塞销响较为相近。可能原因如下：

1）活塞与气缸壁配合间隙太大。

2）活塞与气缸壁间润滑条件太差。

3）活塞在常温时反椭圆或椭圆度太小。

4）活塞销与活塞销座孔装配过紧。

5）活塞销与连杆小头衬套装配过紧。

6）连杆轴承装配过紧。

7）活塞圆柱度误差过大。

（5）气门异响　发动机怠速运转时发出连续不断的、有节奏的“嗒、嗒、嗒”（在气门脚处）或“啪、啪、啪”（在气门座处）的敲击声，转速增高时响声亦随之增大，温度变化和单缸断火时响声不减弱。若有数只气门响，则声音显得杂乱。气门脚响和气门落座响统称为气门响。可能原因如下：

1）气门间隙太大。

2）气门间隙调整螺钉松动或该间隙处两接触面不平。

3）配气凸轮外形不准或磨损过大，造成缓冲段效能下降，加重了挺杆对气门脚的冲击。

4）气门脚处润滑不良。

5）气门杆与其导管配合间隙太大。

6）气门头部与其座圈接触不良。

7）气门座圈松动。

8）气门脚间隙太大。

9）液压挺杆损坏。

（6）气缸漏气异响　发动机运转时可从加机油口处听到曲轴箱内发出“嘣、嘣、嘣”的漏气声，负荷、转速越高时响声越大。当收回节气门或单缸断火时，响声减弱或消失。此外，随着响声的出现，可看到加机油口处脉动地向外冒烟，脉动次数与发响次数相同。可能原因如下：

1）新换活塞环与气缸壁的漏光度太大。

2）活塞环和气缸壁严重磨损。

3）活塞环开口间隙太大或各环开口重合。

4）活塞环弹力太弱或因其侧隙、背隙太小而使背压力建立不起来。

5）活塞环卡死在环槽内。

6）活塞环或活塞环岸折断。

7）气缸壁拉伤，出现沟槽。

（7）正时齿轮异响检测　发动机运转时，在其前部发出一种连续的或节奏明显的响声。在有节奏的响声中，有的属于间歇响，有的属于连响。转速越高，响声往往越大，温度变化时响声不变化；使用单缸断火，响声不减弱。可能原因如下：

1）齿轮啮合间隙过大或过小。

2）曲轴主轴承孔与凸轮轴轴承孔的中心距在使用或修理中发生变化。

3）齿轮的齿形不符合要求或齿面磨损过大。

4）齿轮转动一周中啮合间隙松紧不一或发生根切。

5）齿面有伤痕、脱层或轮齿断裂；齿轮在曲轴或凸轮轴上松动或脱出。

6）齿轮端面圆跳动或径向圆跳动太大。

7）曲轴或凸轮轴轴向间隙太大。

8）未成对更换齿轮。

（8）正时带异响检测　发动机运转时，在其前部发出一种连续的或节奏明显的响声。转速越高，响声往往越大，温度变化时响声不变化；使用单缸断火，响声不减弱，加减速时声音变化。可能原因如下：

1）正时带预紧度过大或过小。

2）正时带与防护盖干涉。

3）链条张紧器过松或过紧，链条磨损过大。

（9）汽油机点火异响检测　汽车运行中，当在最高档由较低车速急加速运行时，可听到发动机发出类似金属敲击“嘎、嘎、嘎”的响声，此时如果稍抬加速踏板，响声便减弱或消失，再踩加速踏板时，响声又重新出现。发动机温度越高、负荷越大时，响声越强烈。可能原因如下：

1）汽油的品质差，特别是辛烷值太低。

2）在使用、维修和改机中造成压缩比太高（如经过缸盖过度磨削）。

3）发动机过热或负荷太大。

4）燃烧室积炭。

5）点火正时过早、分电器离心弹簧过软或折断、点火控制 ECU 故障。

6）混合气太稀。

7）发动机在燃烧室形状、火花塞位置等结构上存在问题，造成火焰传播距离太长。

8）火花塞型号错误。

（10）柴油机着火异响检测　柴油发动机在低速、无负荷运转时，有时可听到尖锐、清脆和连续的“嘎啦、嘎啦”或“咣当、咣当”的敲击声，冷起动时响声尤其明显；发动机温度上升、转速升高和负荷增大时，响声减弱或消失，但发动机过热和超负荷运转时响声又增大；微抖供油拉杆时，抖得越急，响声越大。可能原因如下：

1）柴油品质差，其中特别是自燃性能不好。

2）喷油泵供油时间太早。

3）发动机超负荷运转。

4）发动机过冷或过热。

5）在燃烧室的型式、气缸内的涡流运动、压缩终了的温度和压力、供油规律和喷射质量等方面存在问题。

6）空气滤清器严重阻塞，使进气量不足。

7）个别缸供油时间太早，亦即供油间隔不均匀。

8）个别缸供油量大，亦即供油不均匀度超过标准。

9）个别缸喷射质量不佳。

10）个别缸密封性不佳，压缩终了的温度和压力太低。

（三）整车性能检测评估

随着汽车行驶里程的增加，汽车动力性会降低，耗油量会增加，制动性能会下降，四轮定位会失准等。二手车动态路试就是要准确判断汽车动力性、经济性、制动性等方面的问题，如果检查时发现制动系统出现制动距离长、跑偏等不正常现象，则应在《二手车鉴定评估报告》或《二手车技术状况表》的技术缺陷描述中予以注明，并提示修复前不宜使用。

1. 动力性能评价

（1）动力性能评价指标　汽车的动力性是指汽车在良好路面上直线行驶时，由汽车受到的纵向外力决定的、所能达到的平均行驶速度。它表示了汽车以最大可能的平均行驶速度运送货物或乘客的能力。汽车的动力性是各种使用性能中最重要、最基本的性能。

汽车的动力性可由下面三个指标来评定，即：汽车的最高车速 v_{max}，单位为 km/h；汽车的加速时间 t，单位为 s；汽车能爬上的最大坡度，简称最大爬坡度 i_{max}，以%表示。

1）汽车的最高车速。汽车的最高车速是指在水平良好的路面（混凝土或沥青路）上汽车能达到的最高行驶车速。

2）加速时间。加速时间表示汽车的加速能力，一般分为两种：原地起步加速时间和超车加速时间。

① 原地起步加速时间指汽车由 1 档或 2 档起步，并以最大的加速强度（包括选择恰当的换档时机）逐步换至最高档后达到某一预定的距离或车速所需要的时间。

② 超速加速时间指用最高档或次高档，由某一较低车速全力加速至某一高速所需的时间。

3）爬坡能力。汽车的爬坡能力是用满载时汽车在良好路面上的最大爬坡度来表示的。

（2）动力性能评价方法　评价二手车的动力性能，一是通过检车线进行检查；二是通过路试进行检查。在实际评估中大多以路试检查法为主，检车线检查法因操作复杂、时间长等原因仅仅在车辆安检时进行。

1）检车线检查法。通过底盘测功机，检测发动机功率及驱动轮输出功率来评价汽车的动力性。

通过底盘测功机可以获得驱动车轮的输出功率或驱动力，以便评价汽车的动力性；同时用获得的驱动车轮输出功率与发动机飞轮输出功率进行对比，求出传动效率，以便判定底盘

传动系的技术状况。根据 GB/T 18276—2000《汽车动力性台架试验方法和评价指标》，采用校正驱动轮输出功率与额定功率的比值或校正驱动轮输出功率与额定转矩功率的比值来表示，动力性合格的条件就是这两个比值不小于 GB/T 18276—2000 中给出的限值。

2）路试检查法。检验二手车加速性能时，路试是必不可少的环节，通过对发动机起动、怠速及车辆起步、加速、匀速、滑行，检验车辆的加速性能、滑行性能等。下面介绍一些实用方法：

① 路试道路最好选在旧车市场以外的宽阔道路。路试时间大约 15min，驾驶车辆在不同工况下行驶，以检验车辆性能。

② 原地起步加速行驶，猛踩加速踏板看提速是否敏感。也可在坡路上检查车辆的加速性能。如果加速无力，则说明发动机功率不足。车辆使用时间长、磨损过度、电控系统故障都会损失功率，都是加速无力的原因。

③ 选择宽阔路面，检验车辆高速性能，检验高速行驶能力及高速时的车辆稳定性。

2. 经济性能评价

（1）经济性能评价指标　汽车的使用经济性是指汽车以最低的消耗费用完成运输工作的能力。通常用单位行驶里程的燃料消耗量、单位运输工作量的燃料消耗量或消耗单位量的燃料所行驶的里程来评价燃料经济性。

1）单位行驶里程的燃料消耗量。当燃料按质量计算时，用符号 Q_M 表示单位行驶里程的燃料消耗量，单位为 kg/100km。

当燃料按容积计算时，用符号 Q_V 表示单位行驶里程的燃料消耗量，单位为 L/100km。

2）单位运输工作量的燃料消耗量。当燃料按质量计算时，用符号 Q_{MG} 表示单位运输工作量的燃料消耗量，载货汽车和客车的单位分别为 kg/(100t · km) 和 kg/(1000 人 · km)。

当燃料按容积计算时，用符号 Q_{VG} 表示单位运输工作量的燃料消耗量，载货汽车和客车的单位分别为 L/(100t · km) 和 L/(1000 人 · km)。

3）消耗单位量的燃料所行驶的里程。它是指汽车消耗单位质量或单位容积的燃料所能行驶的里程。该指标主要在美国等少数国家采用，常用单位是 mile/USgal（1mile = 1. 61km，1USgal = 4. 55L），即消耗 1USgal 燃料所能行驶的英里数。

（2）经济性能评价方法　在实际评估中大多以路试进行耗油量检查为主，检车线检查法因操作复杂、时间长等原因仅仅在车辆综合性能检查时进行。

1）影响耗油量的因素

① 使用条件。理论油耗是在理想状态下，在试验室内模拟汽车实际道路行驶状态进行的油耗评价试验；而车辆实际使用条件千差万别，实测油耗可能相差很大。影响油耗的使用条件有环境条件、路面条件、行驶工况、空调状态、乘员数量或货物质量、轮胎及轮胎气压等。

② 驾驶技术。理论油耗试验是在熟练驾驶人按照正常的加速、减速来操作车辆情况下进行的，实际使用中驾驶人驾驶技术会影响车辆油耗。急加速和紧急制动、长时间怠速运转、超速行驶均会增加车辆油耗。

③ 车辆保养。车辆不正常保养会导致油耗增加，比如前轮定位不准，空气滤清器太脏，机油变质，自动变速器换档不正常，传动系统如传动轴、差速器、半轴、轮毂轴承等部件旋转阻力过大，制动系统有拖滞现象等。

④ 燃油差异。燃料的热值不尽相同，比如乙醇比汽油的热值低，使用乙醇汽油的油耗会比汽油增加1%~3%。使用劣质燃油，比如汽油辛烷值不达标、杂质含量较高的燃油，不仅会恶化车辆驾驶性能，也会导致油耗上升。

⑤ 车辆磨合。车辆磨合好了才能获得最佳油耗，一般车辆的磨合需要行驶5000km左右。新车需要3~6个月的磨合期。制动、传动系统磨合不够理想的状态下，油耗要比磨合后的大。

2）耗油量的简易检测方法。进行测试前将油箱加满油（注意，是指加到能从加油口处看到油），将里程表中的短程里程表清零后上路；当短程里程表的指示数到达100km左右时，再找一个加油站将油加到上次能看到油的那个位置并记录加了多少升油。记录下的加油量除以短程里程表上的公里数再乘以100，就可以计算出百公里油耗了。

进行测试时要考虑上述影响耗油量的因素，以便更合理地测试出被评估车辆的实际耗油量。为提高测试的准确性，进行2~3次测试后取平均值。

3. 制动性能评价

（1）制动性能评价指标　汽车的制动性是指汽车在行驶中，强制地降低车速以至停车并维持方向稳定的能力，以及下长坡时维持一定车速的能力。制动性能评价指标有制动效能、制动效能恒定性和方向稳定性。

1）制动效能。汽车的制动效能是指汽车迅速减速直至停车的能力。可以用制动时间、制动减速度、制动力或制动距离来表示。

① 制动时间。指行驶中的汽车从开始制动到汽车完全停下来所用的时间。

② 制动距离。我国《机动车制动检验规范》中规定的制动距离，是指从驾驶人踩着制动踏板起到完全停车为止汽车行驶过的距离，也就是在制动系统协调时间和持续制动时间内汽车行驶过的距离之和。

③ 制动力。制动力必须在制动试验台上进行检验。在用车辆的制动力应不低于原厂设计标准的90%，且前轴左、右轮制动力之差不得大于5%，后轴左、右轮制动力之差不得大于10%。

2）制动效能的恒定性。当汽车下长坡时，为控制车速，保证行车安全，经常需要连续地较长时间进行较大强度的制动，制动器温度常在300℃以上，甚至高达600~700℃。制动器温度升高后，制动器摩擦副的摩擦系数减小，摩擦力矩下降，汽车的制动效能衰退，这种现象称为制动器的热衰退。

制动器的抗热衰退性一般用一系列连续制动时制动效能的保持程度来衡量。国际标准草案ISO/DIS 6597推荐：汽车以一定车速连续制动15次，每次的制动减速度为$3m/s^2$，在制动踏板力相同时的制动效能应不低于规定冷状态制动效能（$5.8m/s^2$）的60%。

3）制动时的方向稳定性。制动时的方向稳定性是指在制动过程中，汽车按驾驶人给定轨迹行驶的能力，即制动时不跑偏、不侧滑和不失去转向能力。

① 制动跑偏。在汽车制动时，驾驶人本期望按直线方向减速停车，但有时会出现汽车自动向左或向右偏驶的现象，称为制动跑偏。

② 制动侧滑。制动侧滑是指制动时，汽车的某一轴车轮或全部车轮发生横向滑动的现象。汽车制动时，如果前轴车轮发生侧滑，而后轴车轮不侧滑，则汽车前轴中点的速度方向偏离汽车的纵向轴线，后轴中点的速度方向仍与汽车的纵向轴线一致。

③ 失去转向能力。失去转向能力是指汽车在弯道上制动时，转动转向盘也无法使汽车转向沿预定弯道制动停车的现象。

（2）制动性能评价方法　在实际评估中大多以路试检查法为主，检车线检查法因操作复杂、时间长等原因，仅仅在车辆安检时进行。路试检查汽车的制动性能是较为危险的工作，要选择平坦、宽阔的路面，在车辆行人稀少时进行。

1）检查汽车的制动效能。测量制动距离是最简易的方法，将车速提高到40km/h，进行紧急制动，测量制动印痕的长度。

2）检查汽车制动效能的恒定性。选择长坡路段，连续地较长时间进行较大强度的制动，制动器温度升高后，制动器摩擦副的摩擦系数减小，摩擦力矩下降，检查汽车的制动效能衰退状况。

3）检查汽车制动时的方向稳定性。在紧急制动过程中，检查汽车制动时不跑偏、不侧滑和不失去转向的能力。一般以20km/h车速行驶，急踩制动然后松开，不应出现跑偏迹象。50km/h车速时紧急制动，车辆应能立即减速，不应有跑偏迹象。

4）驻车制动检查。检查驻车制动是否拉紧，若驻车制动拉紧状态时，车辆应无法起步。

5）制动系统拖滞检查。检查制动系统是否拖滞，即滑行性能检查，可以30km/h速度行驶，摘空档后，检查滑行距离，一般轿车不应少于150m。

6）制动元件检查

① 检查制动摩擦元件。目测检查制动摩擦片厚度、制动盘厚度、制动鼓和制动蹄厚度。

② 检查制动主缸和真空助力器。发动机熄火后，用力踩动制动器踏板若干次，这样可消除助力器中残留的真空度。用适中的力踩动制动踏板，使它停留在制动位置上，然后起动发动机，进气管中重新产生真空度，如果助力器性能良好，则制动踏板有下降趋势，表明助力器起作用。

③ 制动液检查。长期使用的制动液，其储液罐内壁会有较多的沉淀物，制动液的透明度降低、混浊。一般每隔两年应更换一次制动液；如果不到两年，但汽车行驶已超过50000km时，也应更换制动液。制动液应保持在正常位置，如图2-23所示。

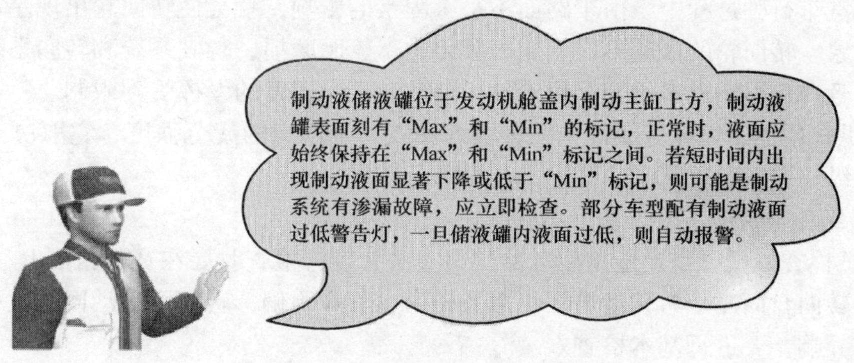

图2-23　制动液应保持在正常位置

7）ABS检查。ABS采用电子液压控制，在紧急制动时制动踏板会有反弹感觉并伴有异响，在ABS正常工作情况下有时会出现表2-15所列现象，并不是故障。

表 2-15 ABS 的正常工作情况

现 象	现象说明
系统自检声音	起动发动机后，有时候会从发动机室中传出类似碰击的声音，这是 ABS 进行自检的声音，并非不正常
ABS 起作用时的声音	1. ABS 液压单元内电动机的声音 2. 与制动踏板振动一起产生的声音 3. ABS 工作时，因制动而引起悬架碰击声或轮胎与地面接触发出“吱嘎”声
ABS 起作用，但制动距离长	在积雪或是砂石路面上，有 ABS 的车辆制动距离有时候会比没有 ABS 的车辆制动距离长

4. 操纵稳定性评价

（1）操纵稳定性评价指标 汽车的操纵性和稳定性紧密相关，稳定性的好坏直接影响操纵性的好坏，通常将两者统称为操纵稳定性。操纵性是指汽车确切地响应驾驶人操纵指令的能力。稳定性是指汽车抵抗外界干扰而保持稳定行驶的能力。评价指标有汽车的极限稳定性、侧向极限稳定性、转向操纵稳定性及操纵轻便性。

1）汽车的极限稳定性。汽车的极限稳定性是指汽车抵抗外界干扰而不发生翻车事故的能力。汽车的翻倒可分为纵向翻倒和横向翻倒，汽车的极限稳定性也分纵向极限稳定性和横向极限稳定性。

2）侧向极限稳定性。汽车高速转弯时，由于受到较大的离心力，最容易发生侧向翻倒。在道路转弯处，一般都有外高内低的横向坡度设计，汽车在结构上也有提高侧向极限稳定性的设计，如横向稳定器、电控悬架等。

汽车转弯行驶时，随车速提高，汽车所受的侧向力增大，当侧向力超过侧向附着力时，汽车就会沿侧向方向侧滑。

3）汽车转向时的操纵稳定性。汽车上装用的轮胎都是有弹性的充气轮胎，当车轮受到侧向力作用时，轮胎就会发生侧向变形。

汽车的转向轮通过悬架和转向传动机构与车架相连，这些相互联系的机件组成了弹性振动系统。在汽车行驶过程中，由于路面不平等因素的影响，就会使转向轮出现左右摆动或上下跳动的现象。转向轮的振动不仅会使行驶阻力、轮胎磨损、行驶系统和转向系统零件动载荷增加，而且严重影响汽车的操纵稳定性，使汽车行驶速度的发挥受到限制。

4）操纵轻便性。操纵轻便性主要影响驾驶人在工作中的疲劳强度，它取决于单位行驶里程内的操纵作业次数、所需的操纵力和操纵行程。

（2）操纵稳定性能评价方法

1）路试检查。操纵稳定性主要以路试检查法为主，检查时要在宽敞路面上，以 15km/h 速度行驶，转向盘向左、右转动灵活，撒开转向盘不应跑偏，转弯后自动回正良好。如果转向沉重、有异响，要进行基本检查。

2）基本检查。检查项目包括系统密封性、传动带松紧度、转向油泵压力等。

5. 换档性能检查

（1）手动变速器换档检查 如果路试当中发现汽车挂档困难等与离合器相关时，应进行离合器专项检查：发动机怠速运转时，离合器踏板虽已踩到底，但挂档困难，变速齿轮有撞击声。勉强挂上后，尚未放松离合器踏板，汽车已行驶或熄火。当出现上述现象时，应进行下述检查：

1）离合器检查。以桑塔纳2000GSi车型为例，离合器的检查内容和方法见表2-16。

表2-16 离合器的检查内容和方法

检查内容	检查方法
自由行程检查	检查离合器踏板自由行程是否过大，如果过大应调整
	检查分离杠杆高度，如果不一致或过低，应调整
	检查离合器分离情况，如果分离不彻底，应检查分离杠杆高度
	检查从动盘是否装反、轴向移动是否困难、主从动盘有无翘曲、分离杠杆螺钉是否松动、浮动销是否脱落
	对于新换摩擦片的离合器，要检查从动盘和摩擦片是否过厚
	对于液压传动的离合器，还应检查制动液是否缺少，系统内是否有空气
接合性能检查	离合器接合性能检查应在驾驶状态下进行，首先，在停车状态下踩下离合器，应无噪声、卡滞现象。其次，挂档缓抬离合器踏板，要求起步柔顺、无起步冲击。最后，在离合器完全接合的状态下加速，观察有无打滑现象

2）变速器检查。变速器的检查内容和方法见表2-17。

表2-17 变速器的检查内容和方法

检查内容	检查方法
异响及换档检查	变速器异响检查应在怠速情况下进行，踩下离合器后噪声消失，则说明噪声来源是变速器出现故障而引起的。变速器异响常因变速器轴承或齿轮磨损、轴承斑点、齿轮油泄漏、黏度型号不对、轴变形导致。汽车在行驶中因其他噪声加大，难以听到从变速器发出的噪声。一般齿轮发出“咔咔”的响声，轴承故障这时会发出“沙沙”的声音，严重时会变成“嘎嘎”响或“咻咻”的声音。变速器维修费用较高，因此，二手车检查时一定要仔细检查变速器技术状况
	变速器换档检查应在驾驶状态下进行。首先，在停车状态下踩下离合器将所有档位挂一遍，要求各个档位进档柔顺，无卡滞现象。其次，在运动状态下进行之前的操作，变速器应换档柔顺，各档位运转平稳、无噪声、不掉档，则说明变速器良好
油位及油质检查	如果变速器有异响、换档困难、泄漏等现象时，应对变速器油位进行检查
	检查油质情况，如果油已变脏或黏度明显偏差时，必须更换新油

（2）自动变速器换档检查

1）油面高度和油质的检查。自动变速器油面高度和油质检查是自动变速器最基本的检查项目，也是确定自动变速器是否进行拆检的主要依据之一。自动变速器每行驶4万km或6个月以后，应检查一次油面高度和自动变速器油质，以此来判断自动变速器的工作是否正常。

各种型号自动变速器的加油量都有明确的规定，原则上加油量的标准如下：在液力变矩器及各换档执行元件的活塞都充满油之后，油底壳的油面高度应在行星排等旋转零件的最低位置之下（以免在运行中自动变速器油被剧烈的搅动而产生泡沫），但必须高于阀体总成与

自动变速器壳体的安装接合面，以免在工作中渗入空气，影响各个控制阀的正常工作。

① 自动变速器油面高度的检查方法见表2-17。自动变速器油面应位于油尺两刻线之间，如图2-24所示。

图2-24 油面应在油尺刻线

② 自动变速器油质的检查。一般轿车自动变速器每正常行驶10万~20万km（换油间隔里程各汽车公司有不同的规定）必须换一次油；即便不行驶，若放置一年以上，也必须将自动变速器油全部更换。自动变速器油面高度及油质的检查方法见表2-18。

表2-18 自动变速器油面高度及油质的检查方法

检查内容	检查方法
油面高度的检查	将汽车停放在水平路面上，并拉紧驻车制动操纵杆
	发动机怠速运转
	踩住制动踏板，将变速杆分别拨至P、R、N、D、2、L等位置，并在每个位置上停留几秒钟，使液力变矩器和所有换档执行元件中都充满自动变速器油
	再将变速杆拨至P位
	拔出油尺并擦干净，将擦干后的油尺全部插入加油管后再拔出，检查油面高度，应符合要求
油质的检查	用油尺取出自动变速器油
	将油滴在干净的白纸上，检查自动变速器油的颜色及气味
	观察自动变速器油的颜色，若为粉红色，且无异味，表明自动变速器油正常；若为褐色或有焦味，表明油已变质或变速器存在故障，应进一步检查

2）自动变速器路试检查

① 升档检查。将变速杆拨至前进档位置，踩下加速踏板，使节气门保持在1/2开度左右，让汽车起步加速，检查自动变速器的升档情况。正常情况下，汽车起步后随着车速的升高，试车者应能感觉到自动变速器能顺利地由1档升入2档，随后由2档升入3档，最后升入超速档。否则，说明控制系统或换档执行元件有故障。

② 升档车速的检查。将变速杆拨至前进档位置，踩下加速踏板，并使节气门保持某一固定开度，让汽车起步并加速。当觉察到自动变速器升档时，记下升档车速。一般4档自动变速器在节气门开度保持在1/2时，由1档升至2档的车速为25~35km/h，由2档升至3档的车速为55~70km/h，由3档升至4档的车速为90~120km/h。由于升档车速和节气门开度有很大的关系，即节气门开度不同时，升档车速也不同，而且不同车型的自动变速器各档传动比的大小都不同，其升档车速也不完全一样，因此，只要升档车速基本上保持在上述

范围内，而且汽车行驶中加速良好，无明显的换档冲击，都可认为升档车速正常。若汽车行驶中加速无力，升档车速明显低于上述范围，说明升档车速过低（即升档过早）；若汽车行驶中有明显的换档冲出，升档车速明显高于上述范围，说明升档车速过高（即升档太迟）。

③ 升档时检查发动机转速。有发动机转速表的汽车在进行自动变速器道路试验时，应注意观察汽车在行驶中发动机转速的变化情况，它是判断自动变速器工作是否正常的重要依据之一。在正常情况下，若自动变速器处于经济模式或标准模式，节气门保持在低于1/2开度范用内，则在汽车由起步加速直至升入高速档的整个过程中，发动机的转速都将低于3000r/min。通常在加速至即将升档时发动机转速可达到2500～3000r/min，在刚刚升档后的短时间内发动机转速下降至2000r/min左右。如果在整个行驶过程中发动机转速始终过低，加速至升档时仍低于2000r/min，说明升档时间过早或发动机动力不足；如果在行驶过程中发动机转速始终偏高，升档前后的转速在2000～3000r/min之间，而且换档冲击明显，说明升档时间过迟；如果在行驶过程中发动机转速过高，经常高于3000r/min，在加速时达到4000～5000r/min，甚至更高，则说明自动变速器换档执行元件打滑（抽出自动变速器油尺能闻到严重焦糊味），应拆修自动变速器。

④ 换档质量的检查。换档质量的检查主要是检查有无换档冲击。正常的电控自动变速器的换档冲击应十分微弱。若换档冲击过大，说明自动变速器的控制系统或换档执行元件有故障，其原因可能是主油路油压过高或换档执行元件打滑，如果所有档位都有换档冲击，检查油泵油压是否过高；如果个别档出现换档冲击则应检查该档执行元件（如改善换档品质的蓄能器背压控制油路等）。

⑤ 锁止离合器工作状况检查。自动变速器变矩器的锁止离合器工作是否正常，也可通过道路试验进行检查。试验中，可利用检测仪的数据流功能，检查锁止离合器的接合及断开功能。可在升降档时观察锁止离合器的接合及断开功能。01M型自动变速器具有锁止离合器按载荷和车速的变化来接合的功能，接合后无打滑现象，且1、2、3、4档均可实现刚性传动。

老旧车型可让汽车加速至超速档，以高于80km/h的车速行驶，并让节气门开度保持在低于1/2的位置，使变矩器进入锁止状态（车型不同变矩器进入锁止条件有差异，如丰田LS400，3档50km/h就进入锁止状态）。此时，加速踏板不动，同时轻踏制动踏板（让制动灯亮）观察发动机转速的变化情况；若发动机转速没有变化，说明锁止离合器处于断开状态，其原因通常是锁止控制系统有故障；反之，若发动机转速升高100～200r/min又迅速下降，则表明锁止离合器接合、断开正常。

⑥ 发动机制动作用检查。检查自动变速器有无发动机制动作用时，应将变速杆拨至前进低档位置，在汽车以2档或1档行驶时，突然松开加速踏板，检查发动机是否有制动作用。若松开加速踏板后车速立即随之下降，说明有发动机制动作用；否则说明控制系统或低档制动器、2档跟踪惯性制动器（如丰田A341E中B1）有故障。

⑦ 强制降档功能检查。检查自动变速器强制降档功能时应将变速杆拨至前进档位置，保持节气门开度为1/3左右，在以2档、3档或超速档行驶时突然将加速踏板完全踩到底，检查自动变速器是否被强制降低一个档位。在强制降档时，发动机转速会突然上升至4000r/min左右，并随着加速升档转速逐渐下降。若踩下加速踏板后没有出现强制降档现象，说明强制降档功能失效。若在强制降档时发动机转速上升过高，达到5000～6000r/min，并在升档时出现换档冲击，则说明执行元件打滑，应拆修自动变速器。

⑧ 变速杆检查。检查变速杆时，应将变速杆拨至各个位置，观察档位指示灯和变速杆位置是否一致。P 位和 N 位时发动机能否起动、R 位时倒档灯是否亮起等。其正确位置应为变速杆应在 P 位或 N 位时发动机才能起动，在 R、D、2、L 位均不能起动。

⑨ 空档起动开关检查。发动机应只能在空档（N 位）和停车档（P 位）起动，其他档位不能起动。若有异常，应调整空档起动开关紧固螺栓和档位开关电路。

⑩ 超速档控制开关的检查。这项检验用于确认自动变速器的超速档电控系统是否工作正常。

检查时，自动变速器油的温度应处于正常状态（70～80℃），然后将发动机熄火，打开点火开关，按动超速档（O/D）控制开关，倾听位于变速器内的相应电磁阀有无动作时发出的“咔嗒”声，如无“咔嗒”声，检查自动变速器的超速档电控系统工作状况。

在按下超速档（O/D）控制开关的情况下，将节气门开度和汽车行驶速度提高到适宜产生由 3 档升为 4 档（超速档）的换档点，以及从 4 档降为 3 档的降档点，观察自动变速器能否顺利升降档。

如果有坡路，可检查 P 位制动效果。将汽车停在坡度大于 9% 的斜坡上，变速杆拨入 P 位，松开驻车制动，检查机械闭锁爪的锁止效果。

3）自动变速器失速检查。失速试验是检查发动机、液力变矩器及自动变速器中有关的换档执行元件的工作是否正常的一种常用方法。进行失速试验应在发动机和自动变速器均达到正常工作温度及自动变速器的油面高度正常的情况下进行。检查方法和步骤如图 2-25 所示。

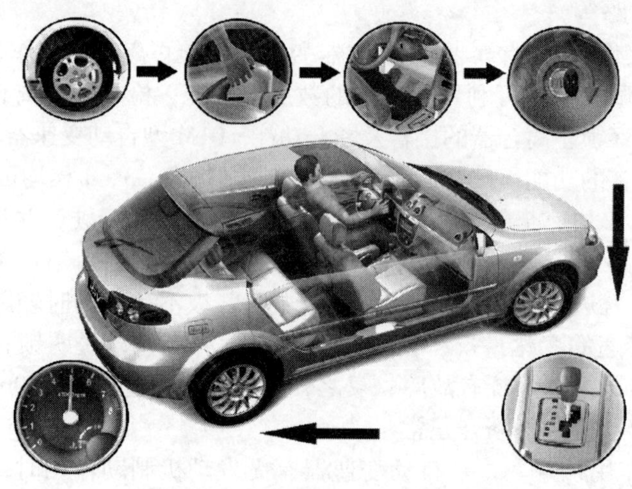

图 2-25 自动变速器失速试验检查

4）自动变速器时滞检查。自动变速器时滞检查应根据迟滞时间的长短来判断主油路油压及换档执行元件的工作是否正常。检查方法和步骤如图 2-26 所示。

5）自动变速器的油压检查。自动变速器油压正常是自动变速器正常工作的先决条件。如果油压过低，会造成换档执行元件打滑，加剧其摩擦片的磨损，甚至使换档执行元件烧毁；如果油压过高，会使自动变速器出现严重的换档冲击，甚至损坏控制系统。进行该项试验时，为安全起见，测量油路压力时，一定要有两人配合，即一人进行测量，另一人站在车外观察车轮或车轮垫木的情况。检查方法和步骤如图 2-27 所示。

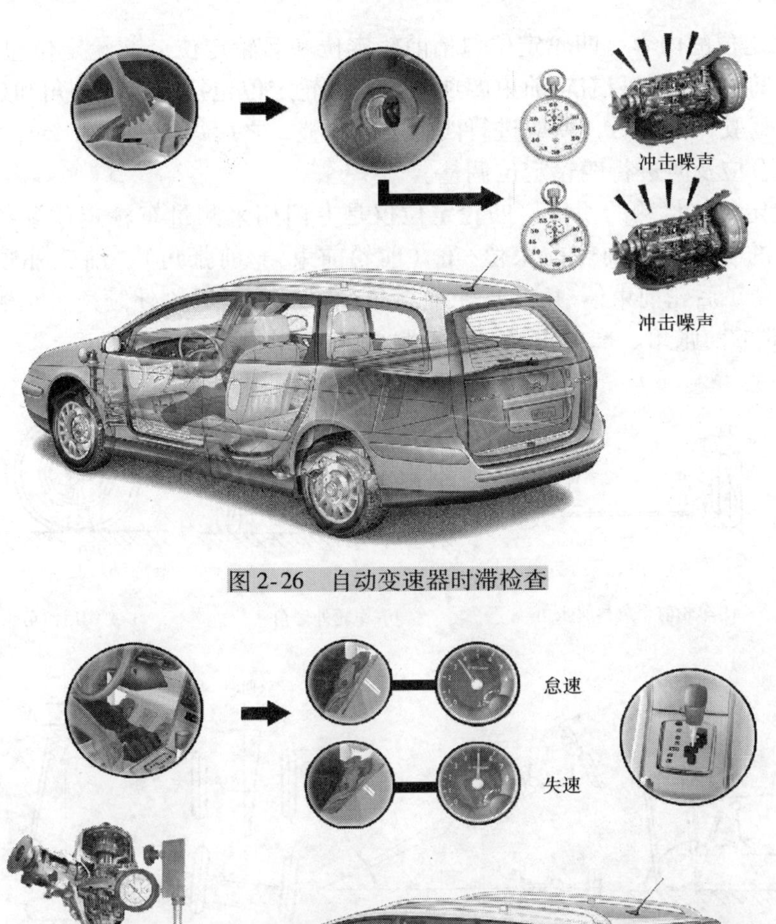

图 2-26 自动变速器时滞检查

图 2-27 自动变速器油压检查

6. 轮胎动平衡检测

车轮不平衡对汽车性能的影响很大，一方面使整车有上、下跳动的趋势，引起垂直方向的振动，影响汽车行驶平顺性；另一方面引起转向轮横向摆动，影响汽车操纵稳定性和行驶安全。车轮不平衡还会加剧轮胎、转向机构、行驶系统及传动系统零部件的冲击和磨损，缩短其使用寿命。因此，在二手车鉴定评估时，如果路试有方向发抖等现象时，应对车轮进行动平衡检测及四轮定位检测。

7. 四轮定位检测

四轮定位对汽车的正常行驶稳定性起着十分重要的作用。当汽车行驶一段时间后，四轮定位出现异常，可能会造成轮胎异常磨损、零件磨损加快、转向盘发沉、车辆跑偏、油耗增加等现象。在二手车检查中，如有轮胎异常磨损、车辆跑偏等现象，应进行四轮定位检查。

（1）四轮定位的内容　四轮定位包括前轮定位和后轮定位，前轮定位包括主销后倾角、主销内倾角、前轮外倾角和前轮前束四项内容，后轮定位包括车轮外倾角和后轮前束。一般情况下，新车驾驶 3 个月后，就应进行四轮定位调整，之后每行驶 1 万 km，就应轮胎换位。如果发生碰撞，应及时进行四轮定位调整。

（2）四轮定位仪检测的项目　四轮定位仪是专门用来测量车轮定位参数的设备。四轮定位仪可检测的项目包括前轮前束值/角（前轮前束角/前张角）、前轮外倾角、主销后倾角、主销内倾角、后轮前束值/角（后轮前束角/前张角）、后轮外倾角、车辆轮距、车辆轴距、转向 20°时的前张角、推力角和左右轴距差等，如图 2-28 所示。

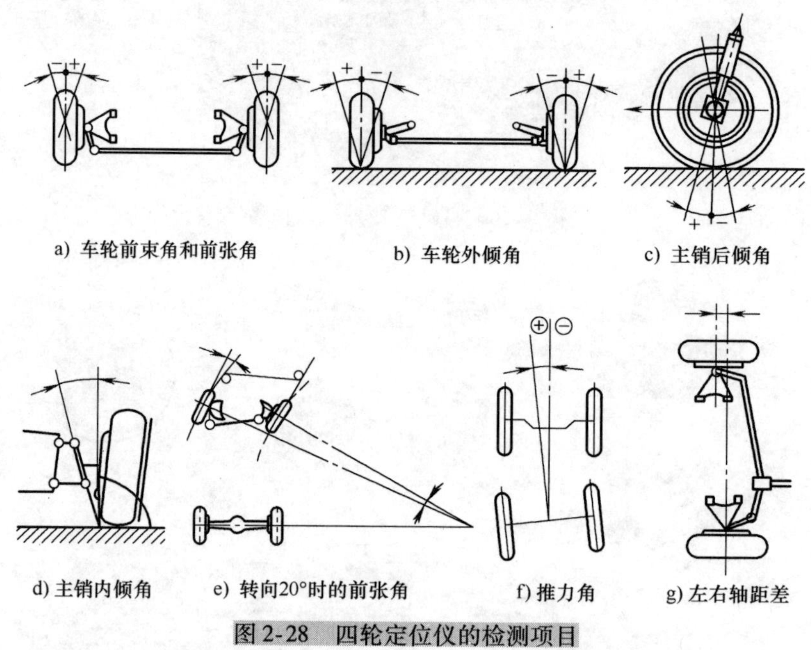

a) 车轮前束角和前张角　b) 车轮外倾角　c) 主销后倾角

d) 主销内倾角　e) 转向20°时的前张角　f) 推力角　g) 左右轴距差

图 2-28　四轮定位仪的检测项目

（3）典型四轮定位仪测试过程　电脑拉线式四轮定位仪如图 2-29 所示，其主要结构由带微处理器的主机柜及彩色监视器、键盘、80 列 A4 打印机、红外电子测量尺（用来检测轮距）、红外遥控器、标准转盘或电子转盘、自定心卡盘、传感器、接线盒、电缆、传感器拉线、转向盘锁定杆和制动杆等组成。检测方法和步骤如下：

1）把传感器支架安装在轮辋上，再把传感器（定位校正头）安装到支架上，并按使用说明书的规定调整。

2）开电脑主机进入测试程序，输入被测汽车的车型和生产年份。

3）进行轮辋变形补偿，转向盘位于中间位置，使每个车轮旋转一周，即可把轮辋变形误差输入电脑。

4）降下第二次举升量，使车轮落到平台上，把汽车前部和后部向下压动 4 ~ 5 次，使各部位落到实处。

5）用制动锁压下制动踏板，使汽车处于制动状态。

6）将转向盘左转至电脑显示“OK”，输入左转角度数；然后将转向盘右转至电脑显示“OK”，输入右转角度数。

7）将转向盘回正，电脑显示出后轮的前束及外倾角数值。

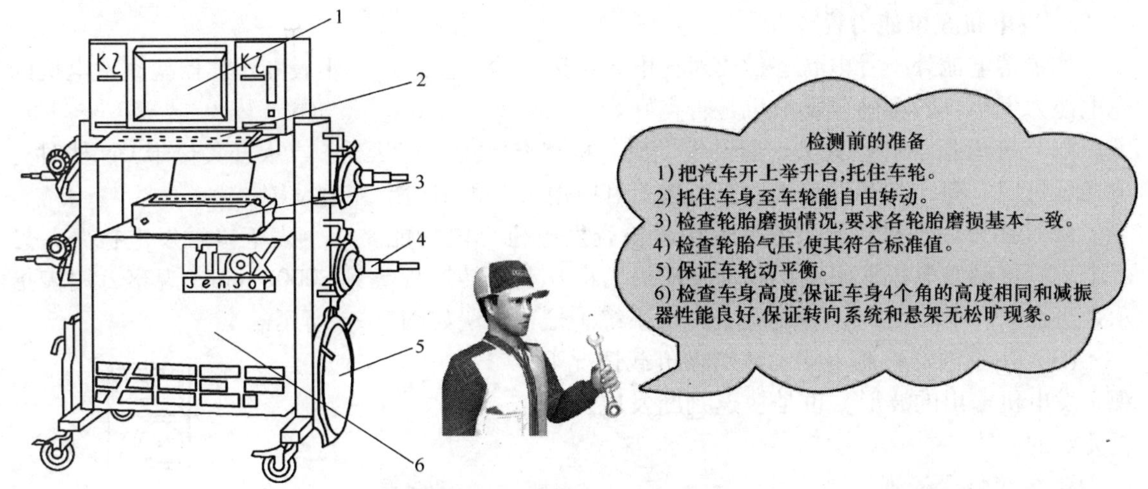

图 2-29 电脑拉线式四轮定位仪

1—彩色监视器 2—键盘 3—打印机 4—自定心卡盘 5—转盘 6—主机柜

8）调正转向盘，并用转向盘锁锁止转向盘，使之不能转动。

9）将安装在四个车轮上的定位校正头的水平仪调到水平线上，此时电脑显示出转向轮的主销后倾角、主销内倾角、转向轮外倾角和前束的数值。电脑将比较各测量数值，得出“无偏差”“在允许范围内”或“超出允许范围”的结论。

10）若“超出允许范围”，按电脑提示的调整方法进行针对性调整。调整后仍不能解决问题，则应更换有关零部件。

11）再次压试汽车，将转向轮左右转动，看屏幕上数值有无变化，若有变化应重新调整。

12）拆下定位校正头和支架，进行路试，检查四轮定位调整的效果。

（四）汽车电器检测评估

1. 蓄电池起动能力检查

操作点火开关，起动发动机，检查起动机运转是否有力。如果运转无力，在起动机工作时，检测蓄电池正、负电极极柱与导线间的电压降，检查方法如图 2-30 所示。如果电压降大于 0.2V 左右，表示极桩与蓄电池线间电阻过大，检查极桩是否松动、氧化。起动困难的原因与此有关，必须对连接部位进行清理。

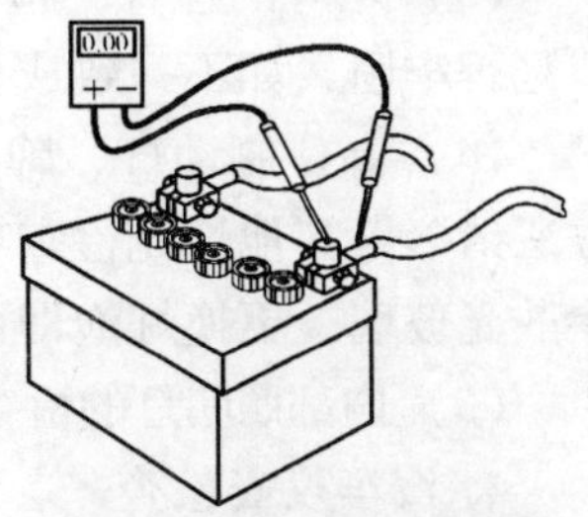

图 2-30 蓄电池电极极柱电压降的检测

还可以用万用表对蓄电池进行开路电压检测，要求蓄电池必须处于稳定状态，10min 内没有承受负载。如果刚充完电的蓄电池，应以 20A 的电流放电 2min，再断开负载 5min 后进行电压检测。检测数据可参照蓄电池电压与放电程度的对应关系（表 2-19），并分析蓄电池的性能如何，即可判断起动困难的原因是否与此有关。

表 2-19 蓄电池电压与放电程度的对应关系

开路电压/V	电量状态/(%)	电解液密度/(g/cm^3)	开路电压/V	电量状态/(%)	电解液密度/(g/cm^3)
≥12.6	100	1.260	12.0	25	1.155
12.4	75	1.225	11.9	完全放电	1.100
12.2	50	1.190			

2. 发电机充电能力检查

如果蓄电池处于亏电状态，要对充电系统进行检查。通过万用表和示波器检查发电机的充电能力大小，即可确定发电机是否完好。

（1）充电指示灯检查法　起动发动机，检查充电指示灯状况，点火开关位于 ON 档时充电指示灯应点亮，起动发动机后充电指示灯应熄灭，否则检查充电系统。

（2）用万用表检测　用数字万用表检查发电机充电功能，一个表笔接触发电机壳，另一个表笔接触发电机输出端，起动发动机，将发动机转速提高到 2000r/min，观察万用表指示是否在 13～14V 之间，否则检查充电系统。检查方法如图 2-31 所示。

（3）用示波器检测　用示波器在负载情况下观察发电机输出的波形，也是快速判断发电机是否完好的方法。

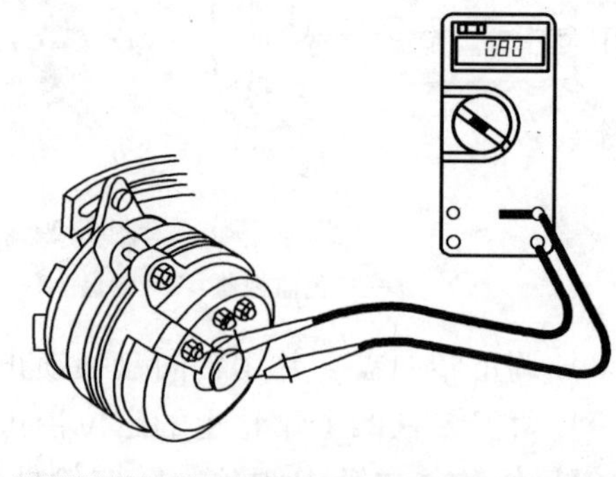

图 2-31　用数字万用表测试发电机的性能

3. 全车灯光检查

汽车灯光在长期使用过程中，由于灯泡的逐渐老化，外部环境的污染，可能使发光强度降低；同时汽车在行驶中受到的振动，又可能引起灯光正常安装位置的改变，从而改变了其正常使用功能。

（1）前照灯的检验　为了保证夜间行驶安全，前照灯发光强度和照射方向必须符合国家标准的有关规定，因而有必要对前照灯亮度、照射位置进行检测。

（2）转向信号灯的检查　打开左右转向信号灯，观察信号灯闪烁的频率是否正常，检查转向开关自动回位功能是否正常。当单侧的信号灯闪烁的频率不正常时要检查该侧的转向灯泡是否损坏，待售的二手车要将损坏的灯泡更换。

（3）尾灯的检查　检查尾灯的安装位置，确保尾灯的安装缝隙均匀一致，检查尾灯安装是否牢固，如不一致或松动则必须进行调整或紧固。

（4）高位制动灯、牌照灯的检查　高位制动灯是直接安装在汽车尾部玻璃上的，检查方法请参考其他灯光检查项目。牌照灯的拆装较为简单，将牌照灯的固定螺钉旋转出来，拆除散光玻璃，更换灯泡即可。

（5）内部照明灯的检查　检查内部照明灯在门控状态及阅读状态的功能，损坏则更换灯泡。

4. 汽车仪表检查

汽车仪表板上主要有车速里程表、转速表、冷却液温度表、燃油表、时钟、机油压力警告灯、冷却液液位警告灯、冷却液高温警告灯、燃油不足警告灯、充电指示灯、后窗玻璃加热除霜、远光指示、ABS 警告灯等二十几种仪表或显示装置。其中采用电子仪表或电子控制的装置有十几种。仪表台上还布置收放机、点烟器、杂物箱以及空调出风口等。桑塔纳 2000 型轿车仪表台如图 2-32 所示。

桑塔纳 2000 型轿车仪表布置如图 2-33 所示。其中燃油量表、冷却液温度表、车速表、发动机转速表采用指针式仪表。

（1）燃油表和冷却液温度表检查

1）燃油表的检查。检查燃油表显示值与实际油量是否相符，可将油箱加满，观察油表

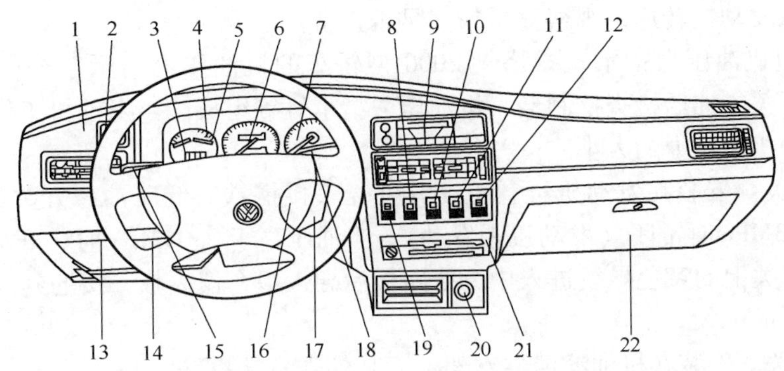

图 2-32 桑塔纳 2000 型轿车仪表台外观

1—出风口 2—灯光开关和仪表板照明亮度调节器 3—电子钟 4—冷却液温度表和燃油油量表 5—信号灯/警告灯 6—车速里程表 7—发动机转速表 8—后窗除霜开关（GSi）/备用 9—收放机 10—雾灯开关/紧急闪光灯开关（GSi） 11—防盗系统指示灯（GSi）/后窗除霜开关 12—紧急闪光灯开关/ABS 指示灯（GSi 和加装 ABS 的车辆上） 13—熔丝盖板 14—阻风门拉手（仅 GLS） 15—转向信号灯及变光拨杆开关 16—喇叭按钮 17—点火开关及转向盘锁 18—风窗刮水器及洗涤剂喷射装置拨杆开关 19—空调开关 20—点烟器 21—空调控制面板 22—杂物箱

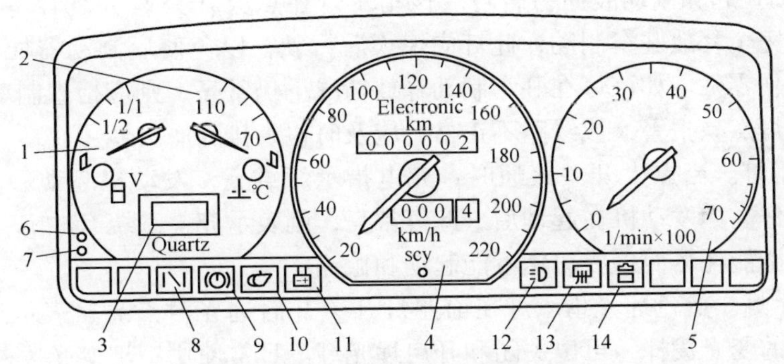

图 2-33 桑塔纳 2000 型轿车仪表板

1—燃油表 2—冷却液温度表 3—电子液晶钟 4—电子车速里程表 5—电子发动机转速表 6—电子钟分钟调节钮 7—电子钟时钟调节钮 8—阻风门拉起指示灯（仅 GLS） 9—驻车制动拉起和制动液面警告灯 10—机油压力警告灯 11—充电指示灯 12—远光指示灯 13—后窗除霜加热指示灯 14—冷却液液面警告灯

指示是否为满箱，燃油耗尽时检查油表警告灯是否能点亮。

2）冷却液温度表的检查。冷却液温度表显示发动机冷却液的工作温度，检查内容如下：

① 检查冷却液温度表显示值与实际发动机温度是否相符。

② 观察冷却液温度表指示是否与测温计相符。

③ 检查冷却液温度表警告灯是否能点亮。

（2）发动机转速表和车速里程表的检查

1）车速里程表的检查。检查车速里程表显示值与实际车速是否相符，可与其他正常车辆对比，观察显示精度是否正常；检查短程里程表记录复位功能是否完好有效。

2）发动机转速表的检查。检查发动机转速表显示值与实际转速是否相符，可用解码器

数据流功能读取发动机转速，观察显示精度是否正常。

（3）发动机机油压力指示　桑塔纳2000型轿车的机油压力指示系统，由低压油压开关、高压油压开关、油压检查控制器、机油压力指示灯等组成。当发动机工作时，用来检测发动机主油道中机油压力的大小。

1）低压开关。安装在发动机缸盖上，其外壳直接搭铁。低压油压开关为常闭型开关，当油压低于0.03MPa时常闭（发动机未发动）。当油压高于0.03MPa时，开关打开。

低压油压开关上的黄色导线进入中央线路板后导入组合仪表板，接通到油压控制器，送入低油压信号。

2）高压开关。安装在机油滤清器支架上，其外壳直接搭铁。高压油压开关为常开型开关，当油压低于0.18MPa时，开关常开；当油压高于0.18MPa时开关闭合。

高压油压开关上的蓝/黑色导线进入中央线路板后导入组合仪表板，接通到油压控制器，送入高油压信号。

3）机油警告灯。油压检查控制器安装在车速里程表的框架上。红色机油压力指示灯位于仪表板上。检查发动机机油压力指示系统是否正常。打开点火开关，观察机油压力警告灯应点亮，起动发动机，警告灯应熄灭。发动机转速提高到2200r/min以上，观察警告灯应不报警。

（4）其他指示灯

1）驻车制动拉起和制动液面警告灯。该指示灯在点火开关置于ON，驻车制动拉起时点亮，起步时应完全释放驻车制动，此灯应熄灭后行驶，以免使后制动器处于常摩擦状态，既影响动力又损伤零件。如该灯在驻车制动释放情况下仍常亮，则应检查制动液液面是否过低。如发生警告灯点亮报警，或线路不正常，应及时检查排除后再使用。

2）充电指示灯。当点火开关接通时，充电指示灯点亮，发动机起动后，该灯应熄灭，表示充电系统工作。如发动机在起动后，此灯常亮，则表示充电系统有故障，应及时送修检查，以免蓄电池电能耗尽而造成车辆不能起动和抛锚。

3）远光指示灯。蓝色远光指示灯在前照灯开关开启远光时点亮，表示远光灯已点亮，拨动转向盘左侧的变光拨杆，可以关闭和开启远光灯。日常使用中把变光拨杆向转向盘侧抬起，此指示灯点亮，以示远光灯瞬间点亮，用于提示前方车辆避让或需超越。

4）后窗除霜加热指示灯。后窗除霜加热指示灯在后窗加热开关开启时点亮，表示后窗加热器通电工作，从车内后视镜中观察到后窗除霜已达到效果时，应及时关闭后窗加热器，以免耗电和使后窗加热器过热，同时该灯应熄灭。此灯在关闭后窗加热器时常亮，或开启后窗加热器时不亮，均应送修检查相关线路和装置，及时排除故障。

5）冷却液液面警告灯。冷却液液面警告灯在冷却液膨胀罐中的冷却液面低于最低标线时点亮，指示冷却液液面不足，应及时添加冷却液。

5. 空调系统检查

汽车空调系统已经成为乘用车的标准配置，如何对汽车空调系统进行简易的检查是二手车评估人员必须掌握的技能。这里介绍几种不需任何专用工具，就可以对空调系统的工作状况作出基本判断的方法。

（1）制冷能力检查　用手感受蒸发器冷风出风情况，应该有冰凉的感觉，并且风速要足够大。在空调运行正常时，即使是在最炎热的夏天，也能保持车厢内外温差在7~8℃以上。否则，可能是汽车制冷量不足。

（2）空调泄漏情况检查　最简单的方法是目视检查。制冷剂常见泄漏部位可能是所有连接部位、冷凝器表面及蒸发器表面被损坏处、膨胀阀进出口连接处、压缩机轴封、前后盖密封垫等处。上述部位一旦出现油渍，一般说明此处有制冷剂泄漏（但压缩机前轴油封处漏油可能是轴承漏油），应尽快采取措施修理。

（3）制冷剂量的检查　通过观察窗来检查制冷剂量，如图 2-34 所示。玻璃观察窗位于储液干燥器的液态侧，即出口侧，或者位于液相管中的任何一个位置上。从玻璃观察窗很容易观察到制冷系统内的制冷剂状态。当系统工作正常时，从玻璃观察窗中可以观察到制冷剂液流稳定、无气泡。

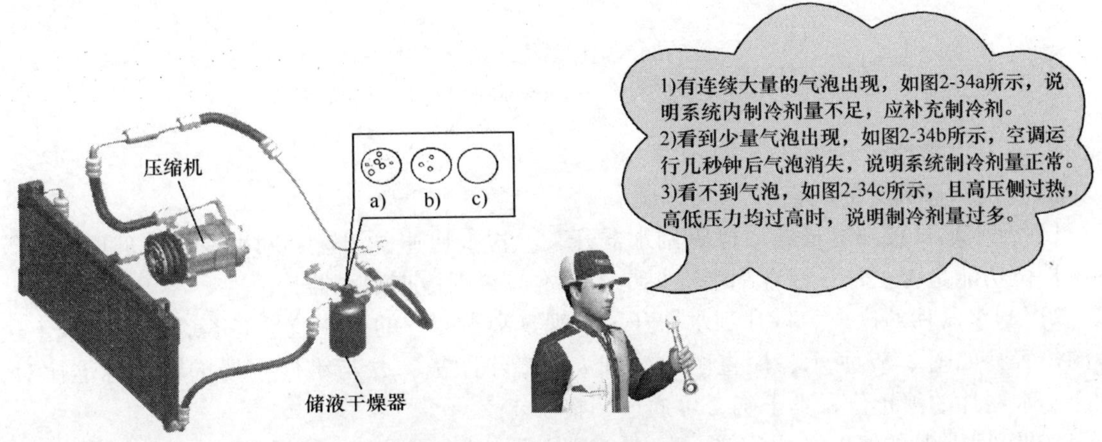

图 2-34　观察窗检查制冷剂量

（4）出风情况检查　以桑塔纳 2000 空调系统为例，其操纵装置及空调系统出风口如图 2-35和图 2-36 所示。当操纵鼓风机开关、气流分布拨杆、温度选择拨杆等时，通风位置、温度及风速应随之变化。否则，说明操纵装置不灵或出风口堵塞。

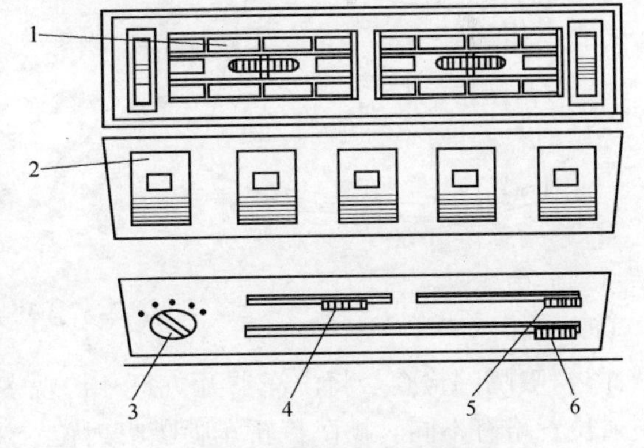

图 2-35　空调系统操纵装置

1—中央出风口　2—空调控制开关　3—自然风鼓风机开关
4、5—气流分布拨杆　6—温度选择拨杆

（5）供暖系统检查　汽车暖风装置是用来为车厢内取暖及风窗除霜用的，它是汽车空调的组成部分。现代轿车大多采用水暖式暖风机，包括暖风散热器、鼓风机及外壳。它与制冷系统的蒸发器组成一体，与冷风共用鼓风机及壳体。暖风散热器的进水管上设置调节水阀以实现冷却液从发动机分流到暖风水箱，并可调节冷却液流量的大小。

1）水阀开度的检查。采暖量可用改变水阀的开度来调节，也可用改变鼓风机转速来调节，水阀的开度通过绳索、真空等操纵装置控制。操控温度选择拨杆，出风口温度应相应变化，否则检查相关部件。

2）风量及出风方向的检查。除前风窗的热风除霜口外，在左右两侧还有侧窗除霜口，以提高行车安全性。通过调节风向调节旋钮及风速调节旋钮来检查风向调节及风速、风向是否正常。

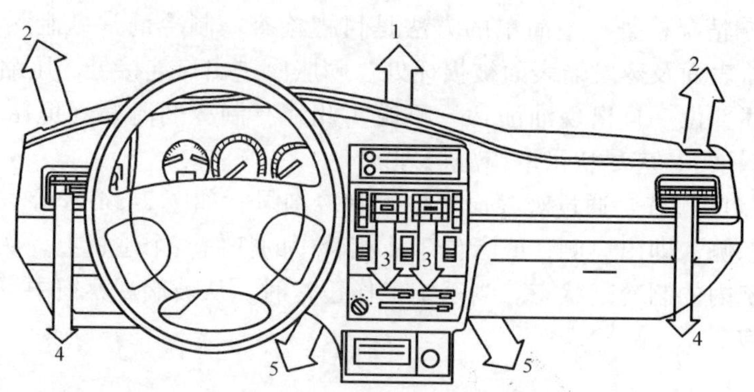

图 2-36　空调系统出风口布置

1、2—风窗玻璃出风口　3、4—乘员头部出风口　5—乘员脚部出风口

6. 车身电器检查

（1）刮水器装置的检查

1）刮水器开关功能检查。操纵刮水器开关，检查快速、慢速、间歇、风窗玻璃喷水等各个档位功能是否正常。检查刮水效果是否正常，否则检查刮水器片。

2）刮水器片的检查。打开刮水器开关，观察刮水器片的停止位置是否在风窗玻璃下边缘的位置，如图 2-37 所示，检查图中 a 和 b 的最小距离，并与维修手册的相关标准比对，如果刮水器片的停止位置不正确，可通过调整恢复。

如果刮水器片的停止位置不确定，要检查刮水器自动复位装置。同时，要检查刮水器片。

图 2-37　刮水器片位置

3）喷嘴的检查。将洗涤器开关打开，观察洗涤剂喷射位置是否符合要求，不同车型的喷射位置略有不同。帕萨特轿车喷嘴喷射位置为 $a=(400\pm50)$mm；$b=(190\pm50)$mm；$c=(420\pm50)$mm，如图 2-38 所示。

如果洗涤剂喷射位置不正确，可通过调整喷嘴角度进行调节。如果洗涤剂喷射剂量不足，要检查相关管路及喷射泵电动机。

（2）电动门窗的检查　不同车型的电动门窗升降器的组合控制开关布置形式略有不同。下面以桑塔纳 2000GSi 和威驰车电动玻璃门窗升降器的组合控制开关为例，介绍其检查内容。

1）桑塔纳 2000GSi 电动门窗的检查。桑塔纳 2000GSi 电动玻璃门窗升降器的组合控制开关位于仪表板下方、前排左右座椅之间的中央通道面板上。控制开关布置如图 2-39 所示，检查电动门窗时，应将点火开关置于 ON 位置。

① 在驾驶人位置，操纵4个开关，观察4个车门的玻璃窗升降情况是否正常。

② 在后排左、右乘客位置，分别操纵左、右后门上的开关，观察玻璃窗升降情况是否正常。

③ 在驾驶人位置，操纵图中开关2，观察所有门窗是否都被锁定。

2）威驰电动门窗的检查。威驰电动玻璃门窗升降器的组合控制开关位于驾驶人侧车门上。控制开关布置如图2-40所示。检查电动门窗时，应将点火开关置于ON位置。

① 在驾驶人位置，操纵4个控制开关（件1～4），观察4个车窗的升降情况是否正常。

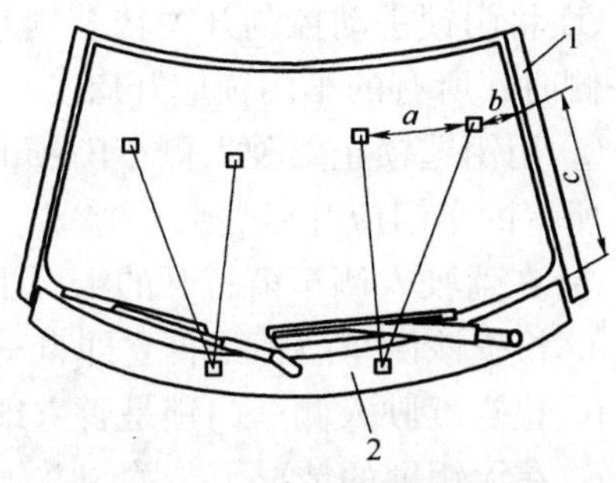

图2-38 帕萨特轿车喷嘴喷射位置

1—风窗玻璃前框 2—风窗玻璃下沿

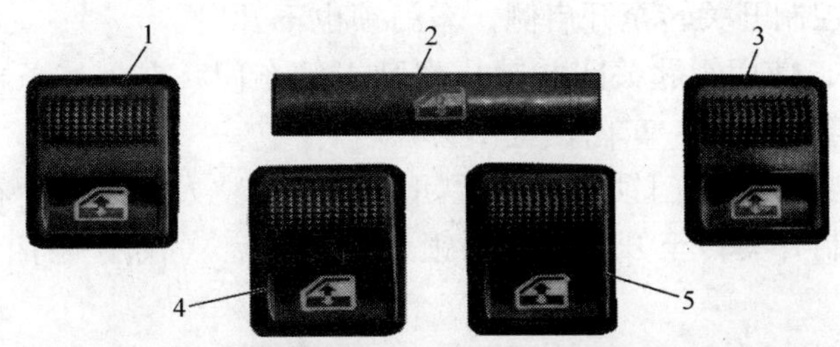

图2-39 桑塔纳2000GSi电动门窗升降器控制开关的布置

1—左前门窗升降开关 2—后门窗锁定开关 3—右前门窗升降开关 4—左后门窗升降开关 5—右后门窗升降开关

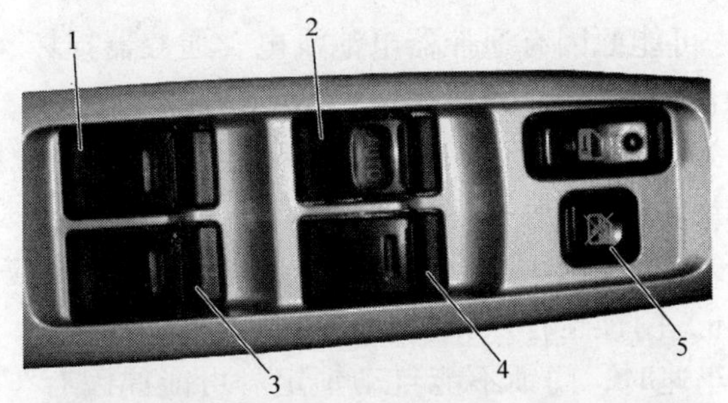

图2-40 威驰电动门窗升降器控制开关的布置

1—左后门窗升降开关 2—左前门窗升降开关 3—右后门窗升降开关 4—右前门窗升降开关 5—门窗锁定开关

② 在后排左、右乘客位置，分别操纵左、右后门上的车窗开关，观察后排左、右车窗的升降情况是否正常。

③ 在驾驶人位置，操纵图中按键5，观察所有门窗是否都被锁定。

④ 在驾驶人位置，电动操纵图中按键2（AUTO键），观察驾驶人门窗是否能自动升降。

（3）中控门锁的检查 不同车型的中控门锁，控制方式略有不同，以一汽花冠轿车的中控门锁为例，介绍其检查内容和方法。

1）中控门锁基本检查

① 将门锁手动控制开关转至锁止侧时，所有门锁应锁止；将门锁手动控制开关转至开启一侧时，所有的车门锁应开启。

② 用钥匙锁止驾驶人侧车门锁时，所有的车门锁应锁止；用钥匙开启驾驶人侧车门锁时，所有的车门应开启。

③ 在驾驶人侧车窗打开的情况下，检查钥匙关闭防护功能。

a. 检查该侧车门锁是否立即自动开启。

b. 检查驾驶人侧车门锁是否立即自动开启。

c. 在无钥匙的情况下，关闭并锁止驾驶人侧车门，所有车门锁应自动开启。

④ 检查安全功能

a. 关闭所有车门，打开驾驶人侧车窗，以便从车外控制车门锁。

b. 拔出点火钥匙，打开驾驶人侧车门，不用钥匙关闭并锁止车门。在上述条件下，即使从车外将门锁手动控制开关转至开启侧，车门锁也不开启。

c. 拔出点火钥匙，使用钥匙关闭并锁止驾驶人侧车门。在上述条件下，即使从车外将门锁手动控制开关转至开启侧，车门锁也不会开启。

d. 拔出点火钥匙，用无线门锁遥控器关闭并锁止驾驶人侧车门。在上述条件下，即使从车外将门锁手动控制开关转至开启侧，门锁也不会开启（仅用于带无线门锁遥控系统的车型）。

2）自动落锁功能检查。自动落锁功能检查，即车速高于规定车速时，检查门锁是否会自动锁定。

3）无线电遥控功能检查。在无线电遥控器作用的范围内（大约为7m）操纵遥控器，检查所有门锁是否被控制。

若门锁不能被控制，可能原因有遥控器电池没电、遥控器损坏、门锁控制电脑损坏等。

4）自动门锁常见故障

① 操纵门锁控制开关，所有车门不能开门（或锁门）。可能原因有开门（或锁门）继电器、门锁控制开关或导线接头松脱损坏等。

② 操纵门锁控制开关，个别车门锁不能动作。可能原因有相应车门上的连接线路断路或松脱、门锁电动机损坏、门锁连杆操纵机构损坏等。

③ 当车速高于规定车速时，门锁不能自动锁定。可能原因有车速传感器损坏或车速控制电路出现故障。

（4）舒适娱乐系统检查　检查电动座椅的各方向操控功能、检查电动后视镜的各方向操控功能及电加热功能、检查电动天窗的开闭功能、检查天窗密封性、检查车载音响的各个功能、检查导航系统功能、检查倒车雷达的灵敏性等。

（5）防盗系统检查　汽车防盗器是一种点火开关打开后开始工作的电子防盗保护装置。非法钥匙起动发动机时不能起动，或能起动但数秒钟后立即熄火（又称电子锁），可以有效避免汽车被无权使用的人开走。大众车系防盗系统在点火开关置于ON时，激活脉冲转发器，通过识读线圈，把它的程控代码接收回防盗器ECU。防盗器ECU把输入的程控代码与先前存储在防盗器内的车钥匙代码进行核对是否正确。同时防盗器ECU又对发动机ECU存储在防盗器ECU中的代码核对是否正确。如果代码不一致，发动机在起动后2s之内，中断点火和燃油喷射而熄火。由于防盗器ECU是经过与发动机ECU匹配后才进入到发动机电子

控制系统中的，因此只有防盗器 ECU 匹配过的钥匙，才能起动发动机。当使用合法的车钥匙打开点火开关时，安装在仪表台中部面板上的防盗警告灯会点亮后 3s 熄灭。如果使用非法的车钥匙，或者在防盗系统中存在故障，打开点火开关后，防盗警告灯会连续不停地闪烁。

钥匙匹配需要有防盗密码，新车的密码被隐含在车钥匙牌上，剥去牌上的黑胶纸后可显示4 位数密码。1999 年投放市场的桑塔纳 2000GSi 型轿车的防盗密码已粘贴在前排乘员前面杂物箱内。车主应在购车后立即妥善保管好这个密码。

钥匙匹配方法：输入 4 位数字密码之前，必须先输入一个 “0”，否则防盗器 ECU 会锁死。如密码输错（操作失误），允许再输入一次，第二次输错后，防盗器 ECU 会锁死。在点火开关打开的状态下等半小时后，还可以试两次。

如果钥匙牌丢失或遗忘了密码。必须先使用仪器获得 14 位字符的识别码，再通过大众公司服务热线查询密码。

进行了二手车过户后，为了安全防盗，必须把其余钥匙都用检测仪重新进行一次匹配过程。这样可以使丢失的钥匙或原车主的钥匙变为非法钥匙（尽管形状、材料不变），不能起动发动机而起到防盗作用。

三、技能训练

由老师为学生提供一辆二手车，车型不限，要求学生在规定的时间内，完成车辆的动态检查，并将检查结果分别记录到表 2-20 和表 2-21 中。然后，再由老师对学生的检查结果进行总结，同时针对学生在检查中存在的问题进行分析。

表 2-20 车辆起动检查

序 号	检 查 项 目	描述检查结果
1	车辆起动是否顺畅（时间少于 5s，或一次起动）	
2	仪表板指示灯显示是否正常，无故障报警	
3	各类灯光和调节功能是否正常	
4	泊车辅助系统工作是否正常	
5	制动防抱死系统（ABS）工作是否正常	
6	空调系统风量、方向调节、分区控制、自动控制、制冷工作是否正常	
7	发动机在冷、热车条件下怠速运转是否稳定	
8	怠速运转时发动机是否无异响，空档状态下逐渐增加发动机转速，发动机声音过渡是否无异响	
9	车辆排气是否无异常	

表 2-21 路试检查

序 号	检 查 项 目	描述检查结果
1	发动机运转、加速是否正常	
2	车辆起动前踩下制动踏板，保持 5 ~ 10s，踏板无向下移动的现象	

（续）

序　　号	检 查 项 目	描述检查结果
3	踩住制动踏板起动发动机，踏板是否向下移动	
4	行车制动系最大制动效能在踏板全行程的4/5以内达到	
5	行驶是否无跑偏	
6	制动系统工作是否正常有效、制动不跑偏	
7	变速器工作是否正常、无异响	
8	行驶过程中车辆底盘部位是否无异响	
9	行驶过程中车辆转向部位是否无异响	

【模块总结】

1. 核查当前车辆3个证件，即《中华人民共和国机动车行驶证》《中华人民共和国机动车登记证书》《机动车来历凭证》，车辆基本信息包括车辆使用类型、车辆配置情况、车辆初次注册登记日期和行驶里程、车辆手续等。

2. 核查机动车行驶证登记所有人与委托人的身份证是否一致，判断委托者是否是原车主；原车主是否有工作单位及原车主所在地等具体信息。

3. 车身外观检测评估内容包括漆面检查、车身配合间隙检查、车身尺寸检查、车身防腐检查等。

4. 发动机室检测评估内容包括发动机外观检查、机油检查、冷却液检查、汽车散热器检查、检查点火系统、检查电源系统、检查发动机进气系统、检查发动机室内其他部件等。

5. 驾驶室检测评估内容包括驾驶操纵机构间隙检查、座椅检查、安全气囊及安全带检查、内饰检查及开关、仪表检测评估等。

6. 行李舱检测评估内容包括行李舱锁检查、气压减振器检查、行李舱开关拉索或电动开关检查、防水密封条检查、行李舱内外油漆状况检查、备用轮胎及随车工具检查、门控灯及行李舱盖的对中性和闭合质量的检查等。

7. 底盘外观检查内容包括减振器检查及轮胎检查。

8. 发动机性能方面的检测包括气缸密封性检测、发动机电控系统的检测及发动机异响的检测等。发动机异响检测内容包括曲轴主轴承异响检测、连杆轴承异响检测、活塞销异响检测、活塞敲缸异响检测、气门异响检测、气缸漏气异响检测、正时齿轮异响检测等。

9. 汽车整车性能检测包括动力性、经济性、制动性、操纵稳定性及四轮定位的检测。动力性能评价指标有3个：汽车的最高车速、加速时间、爬坡能力。动力性能评价方法有检车线检查和路试检查。汽车经济性能评价方法有单位行驶里程的燃料消耗量、单位运输工作量的燃料消耗量、消耗单位量的燃料所行驶的里程。汽车制动性能评价指标有3个：制动效能、制动效能的恒定性、制动时的方向稳定性。

10. 汽车电器方面的检查包括蓄电池、发电机、起动开关、前照灯、仪表、空调、刮水器、电动门窗、中控门锁及防盗系统等内容。

【思考与练习】

一、选择题

1. 依照相关法规，二手车评估中为核实二手车卖方的所有权或处置权，应确认（　　）。

A. 机动车行驶证与卖方身份证明一致

B. 机动车行驶证，驾驶证与卖方身份证明一致

C. 机动车登记证书，行驶证与卖方身份证明一致

D. 机动车登记证书与卖方身份证明一致

2. 依照相关法规，二手车评估中发现非法车辆、伪造证照或车牌的，擅自更改发动机号、车架号的、调整里程表的，应当（　　）。

A. 照常评估技术状态　　B. 不加过问

C. 及时向执法部门举报，配合调查　　D. 不予评估、也不举报

3. 张某受托替同学李某代卖捷达车一辆，二手车评估中为确认卖方的身份及车辆的处置权，应根据（　　）。

A. 李某身份证、车辆号牌、机动车登记证书

B. 李某身份证，机动车行驶证、车辆号牌

C. 张某身份证、李某身份证、授权委托书

D. 张某身份证、机动车登记证书、机动车行驶证

4. 汽车电源由（　　）组成。

A. 蓄电池和直流发电机　　B. 蓄电池，交流发电机及调节器

C. 蓄电池和点火装置　　D. 交流发电机和起动机

5. 检测气缸压力时，如果两次检查结果表明相邻两缸压力都很低，则最大的可能性为（　　）。

A. 这两缸的相邻处气缸垫烧损　　B. 这两缸的进排气门封闭不严

C. 这两缸的压缩比偏小　　D. 这两缸的活塞环磨损严重

二、判断题

1. 汽油机汽车排气颜色为黑色，说明混合气过浓或是点火时刻过迟，造成燃烧不完全。（　　）

2. 汽油机汽车排气颜色为白色，说明混合气过浓或点火时刻过迟，造成燃烧不完全。（　　）

3. 在用发动机功率不得低于额定功率的75%。（　　）

4. 汽车鉴定检测基本内容包括两个方面：一是安全方面的检测；二是综合性能检测。（　　）

5. 在二手车进行技术鉴定时，要分清主次，凡对二手车价值构成影响的缺陷，都应认真检查和评判，对评估价值不构成影响的细微瑕疵，就不要去斤斤计较。（　　）

6. 气缸压力检测结果若高于规定值，有可能是缸体与缸盖结合平面修理加工过度，燃烧室容积变小。（　　）

7. 外观检查一般是通过目测来进行，目测检查通常只能作定性分析。（　　）

8. 曲轴箱窜气量的检测应该在发动机加载处于最大转矩转速的状态下进行。（　　）

9.《机动车运行安全技术条件》GB7258—2004 规定，车体应周正，左右对称部位高度差不得大于 40mm。 （ ）

10. 评价制动性能的指标主要有制动距离、制动减速度和制动力。 （ ）

三、简答题

1. 轻轻敲打填补过的钣金件和未填补的钣金件表面，仔细听其产生的声音有何区别？
2. 如何通过检查机油品质来判断发动机技术状况？
3. 检查制动系统的主要技术参数有哪些？
4. 如果行李舱内外漆面相差较大，则意味后部有哪些问题？
5. 如何用简单的检查方法对减振器进行静态检查？
6. 影响发动机气缸压力的因素有哪些？
7. 如何利用发动机排放检查判断发动机技术状况？
8. 如何评价二手车动力性能、经济性能好坏？
9. 评价二手车制动性能的指标有哪些？
10. 汽车挂档困难的原因有哪些？
11. 引起车轮不平衡的因素哪些？
12. 汽车电源系统应检测哪些内容？如何检测？
13. 汽车起动系统应检测哪些内容？如何检测？
14. 汽车灯光系统应检测哪些内容？如何检测？
15. 汽车仪表系统应检测哪些内容？如何检测？
16. 汽车空调系统应检测哪些内容？如何检测？
17. 如何检测汽车防盗系统？
18. 如何检测汽车刮水器装置工作情况？
19. 如何检测汽车各个车窗工作情况？
20. 如何检测汽车各个门锁工作情况？

模块三 二手车价值评估方法及对比分析

教学目标

通过本模块的学习，能够使学生掌握二手车价值的评估方法，掌握各评估方法之间的区别与联系。

能力要求

1. 能够掌握现行市价法评估二手车价值。
2. 能够掌握重置成本法评估二手车价值。
3. 能够掌握收益现值法评估二手车价值。
4. 能够掌握清算价值法评估二手车价值。
5. 能够掌握成本折旧法评估二手车价值。

引言

目前广泛采用现行市价法、重置成本法、收益现值法、清算价值法和成本折旧法评估二手车价值。当然不同的评估目的采用的评估方法不同，结果也会不同。本模块设置两个学习单元：二手车价值评估方法、评估方法对比分析。相关知识及内容如下：

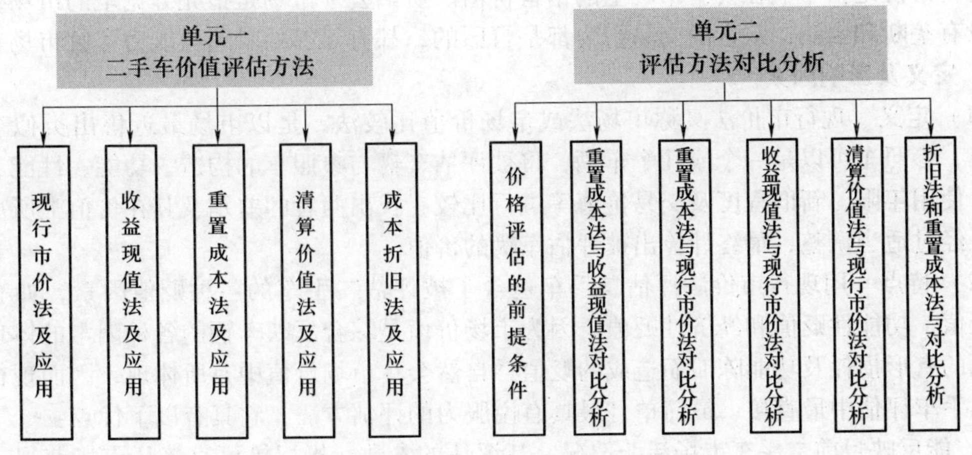

单元一 二手车价值评估方法

一、单元描述

汽车评估方法和其他资产评估方法一样，都是依照《国有资产评估管理办法》的规定进行的，基本评估方法有收益现值法、清算价值法、重置成本法、现行市价法及成本折旧法。

二、相关知识

（一）现行市价法及应用

现行市价是指车辆在公平市场上的销售价值。所谓公平市场是指充分竞争的市场，买卖双方没有垄断和强制，双方的交易行为都是自愿的，都有足够的时间与能力了解市场行情。

1. 定义及影响因素

（1）定义　现行市价法又称市场法或市场价值比较法，是以市场最近售出类似车辆为参照车，参照车可以是一个或几个车辆，将被评估车辆与参照车的构造、功能、性能、行驶里程、使用年限、新旧程度及交易价值等进行比较，找出两者的差别及其在价值上所反映的差额，经过适当调整，最终计算出被评估车辆的价值。

（2）特点　用现行市价法评估二手车包含了被评估二手车的各种贬值因素，如有形损耗的贬值、功能性贬值和经济性贬值。因为市场价值是综合反映车辆的各种因素的体现，由于车辆的有形损耗及功能陈旧而造成的贬值，自然会在市场价值中有所体现，因而现行市价法是二手车评估中最直接、最简单且最具有说服力的评估方法。它具有以下优点：

1）能反映目前二手车市场活跃情况，其评估的参数、指标等可直接从市场获得，评估值能反映二手车市场现实价值。

2）评估值容易被买卖双方理解和接受。

（3）影响因素

1）二手车交易市场是否活跃，直接影响现行市价评估法的准确性。因为我国很多地方二手车市场建立时间短、不完善，有些评估车未在交易市场上出现过，这样用市价法评估没有可比性。

2）评估车辆是否畅销。因为对畅销车型评估时，参照车容易寻找，且参照车的一些数据充分可靠。

3）由于使用条件、维护水平的不同，而带来车辆技术状况的不同，这样可能造成二手车评估价值差异。

4）评估人员的从业经验和对车辆技术状况的鉴定能力，也将影响评估的公平、公正性。

2. 适用范围

现行市价标准适用的前提条件：一是需要存在一个充分发育、活跃、公平的二手车交易市场；二是与被评估车辆相同或类似的车辆在市场上有一定的交易量，能够形成市场行情。

现行市价评估法适用于产权转让的畅销车型的评估，如二手车收购、典当等业务。畅销车型的数据充分可靠，市场交易活跃，使评估人员能快速且比较合理地进行评估定价。

3. 评估方法及计算公式

在实际评估中，现行市价法又分为直接市价法和类比调整市价法。直接市价法是指在市场上能找到与被评估车完全相同的参照车辆的现行市价，并参照车辆的价值直接作为被评估车的评估价值。类比调整市价法是指评估二手车时，在公开市场上找不到与被评估车辆完全相同的参照车辆，只能找到与之相似的车辆作为参照车辆，再根据车辆技术状况和交易条件等数据对参照车辆的价值做出相应调整，综合比较来确定被评估车的评估价值。

（1）直接市价法　当被评估车与参照车辆完全相同时，被评估车的评估价值计算公式为

$$P_1 = P_2$$

式中　P_1——被评估车的评估价值（元）；

P_2——参照车辆的交易价值（元）。

说明：

1）参照车辆一般为畅销车型，如普通桑塔纳、捷达和夏利等，市场保有量大、交易比较频繁。

2）当被评估车与参照车辆相近，即车辆类别相同、主参数相同、结构性能相同，只是生产序号不同，只作局部改动，交易时间相近时，可用同样计算方法。

（2）类比调整市价法

1）影响因素。类比调整市价法对参照车辆的条件要求不太严，只要求参照车辆与被评估车大体相同即可。主要是对被评估二手车和参照车辆之间的差异进行分析、比较，并进行适当的量化，然后调整为可比的因素。主要差异一般体现在以下几点：

① 结构性能的差异。车辆结构配置会对车辆的成交单价产生影响。比如，同类型的手动变速器车和自动变速器车，由于结构配置不同，则成交价值也不同。

② 销售时间的差异。在选择参照物时，应尽可能地选择在接近评估基准日成交的案例，以免去由于销售时间的不同而引起的价值差异。若参照车的交易时间在评估基准日之前时，可采用价值指数法进行调整。

③ 新旧程度的差异。在评估过程中，往往被评估车辆与参照车在新旧程度上不能完全一致，这时评估人员应对参照车和被评估车辆的新旧程度进行量化，即先算出参照车和被评估车辆成新率，然后再计算出两种车的新旧差异量，公式如下：

$$差异量 = 参照物价值 \times (被评估车辆成新率 - 参照物成新率)$$

④ 销售数量的差异。销售数量大小会对车辆的成交单价产生影响。当被评估车辆是成批交易时，其参照车辆不应是单车，也应以成批车交易作为参照车；当被评估车辆是单车交易时，其参照车辆不应是成批交易车，也应以单车交易作为参照车；若没有对应的参照车时，评估人员应进行差异分析并适当调整，才能准确评估二手车价值。

⑤ 付款方式的差异。对付款方式差异的调整，被评估车辆通常是以一次性付款方式为假定前提，若参照车辆采用分期付款方式，则可按当期银行利率将各期分期付款额折现累加，即可得到分期付款总额。

2）计算公式。将以上各种差异进行调整并量化，以适当的方式加以汇总，来确定被评估车的评估价值。

$$P_1 = P_2 \pm \sum K$$

式中 P_1——被评估车的评估价值（元）；

P_2——参照车辆的交易价值（元）；

$\sum K$——各种差异调整量化值（元）。

4. 参照车辆的选定

下述车辆不宜选为参照车辆。

1）有利害关系。

2）急于出售。

3）受债务影响。

4）有一方对市场不了解。

5）一方有特殊偏好。

6）特殊方式交易。

7）交易税非正常负担。

5. 案例分析

沈阳人李先生打算在二手车市场出售一辆自用捷达前卫轿车，委托某公司进行价值评估。经调查基本情况如下：

该车 2001 年 5 月购买，并于当月完成车辆登记手续，已行驶里程为 20 万 km。目前车辆技术状况良好，能正常运行，漆面保持一般，轮胎较好。根据沈阳几大市场调查及沈阳二手车网相关信息查询，该车型基本价值为 2.5 万 ~3 万元，经多辆车比对，对李先生的二手车建议出让价为 2.9 万元。价值比对可登录当地相关网站，如图 3-1 所示。

（二）收益现值法及应用

收益现值是指根据车辆未来的预期获利能力大小，以适当的折现率将未来收益折成现值。从“以利索本”的角度看，收益现值就是为获得车辆取得预期收益的权利所支付的货币总额。在折现率相同的情况下，车辆未来的效用越大，获利能力越强，其评估值就越大。投资者购买车辆时，一般要进行可行性分析，只有在预期回报率超过评估时的折现率时，才可能支付货币购买车辆。

图3-1 沈阳二手车网相关信息查询

1. 定义及影响因素

（1）定义 收益现值法是指估算被评估车在剩余寿命期内的预期收益，并折现为评估基准日的现值，即为二手车的评估值。

（2）特点 用收益现值法评估车辆时，一般都与投资决策相结合，容易被二手车买卖双方接受。同时，评估值能比较准确地反映车辆本金化的价值。但是，预期收益额的预测难度大，以及受买卖双方主观判断和未来不可预见因素的影响较大。

（3）影响因素

1）被评估车继续运营和获利的能力。

2）被评估车预期获利年限及预期收益的预测值。

3）被评估车在剩余寿命期内所担风险的预测值。

2. 适用范围

收益现值标准适用的前提条件是车辆投入使用后可连续获利。

收益现值法确定的二手车评估值依赖于未来预期收益。二手车评估的前提是车辆必须能投入使用，且在剩余寿命期内能连续获利。因此，收益现值法适用于投资营运车辆的评估。

3. 评估方法及计算公式

用收益现值法计算二手车评估值，就是对被评估二手车未来预期收益进行折现的过程。二手车的评估值等于剩余寿命期内各收益期的收益折现值之和。若收益期的收益折现值不同时，其计算公式为

$$P = \sum_{i=1}^{n} \frac{A_t}{(1+i)^t} = \frac{A_1}{(1+i)^1} + \frac{A_2}{(1+i)^2} + \cdots + \frac{A_n}{(1+i)^n}$$

式中 P——评估值（元）；

A_t——未来第 t 个收益期的预期收益额（元）；

n——收益年期（年）；

i——折现率（%）；

t——收益期（年）。

若收益期的收益折现值相同时，其计算公式为

$$P = A \times \frac{(1+i)^n - 1}{i \times (1+i)^n}$$

式中 P——评估值（元）；

A——未来收益期的预期平均收益额（元）；

n——收益年期（剩余经济寿命的年限）；

i——折现率（%）；

说明：收益年期指从评估基准日到二手车报废日之间的年限（即二手车剩余使用寿命的年限）。收益年期是确定二手车评估值的关键，如果收益年期估算得长，则计算的收益额就多，车辆的评估价值就高；反之，则会低估二手车价值。所以，评估师要依照国家《汽车报废标准》中的规定来确定二手车收益年期。

4. 收益现值法评估的程序

1）调查了解营运车辆的经营行情，营运车辆的消费结构。

2）充分调查了解被评估车辆的情况和技术状况。

3）根据调查了解的结果，预测车辆的预期收益，确定折现率。

4）将预期收益折现处理，确定旧机动车评估值。

5. 典型案例分析

[案例一]

沈阳人王先生打算购置一辆二手捷达 SDI 型轿车用于个体出租车运营。该车的基本信息及经营预测如下：

2008 年 5 月购买，并于当月完成车辆登记手续，已行驶里程为 20 万 km。目前车辆技术状况良好，能正常运行；如用于出租车运营，全年预计可出勤 320 天。根据沈阳市场调查，该车型每天平均毛收入约 550 元，每天耗油费用 150 元，年检、保险及各种应支出费用每年 10000 元，年日常维修保养费用约 12000 元，年平均大修费用约 1000 元，人员劳务费 16000 元。根据目前银行储蓄年利率、行业收益等情况，确定资金预期收益率为 15%，风险报酬率为 5%。

假设每年的纯收入相同，试结合上述条件评估该车可接受的最大投资额是多少？

解：1）根据题目条件，评估方法采用收益现值法。

2）收益年期 n 的确定：从车辆登记日（2008 年 5 月）至评估基准日（2014 年 5 月）止，该车已使用时间为 6 年，根据国家《汽车报废标准》的规定，出租车规定运营年限为 8 年，车辆剩余使用寿命为 2 年，即收益年期 $n=2$。

3）预期收益额的确定

① 根据题设条件，计算预计年毛收入，具体计算见表 3-1。

② 计算年预计纯收入：根据国家个人所得税条例规定，年收入在 3 万～5 万元，应缴纳所得税率为 30%，故年预计纯收入为

表 3-1 车辆收入及各种费用支出

预计年收入/元	预计年支出/元		预计年毛收入/元
550×320=176000	燃油费	150×320=48000	67400
	保险费、检车费、车船使用税、停车费等费用	10000	
	维修保养费	12000	
	车辆大修费	1000	
	驾驶人工资	16000（单班）	
	标书租赁费	1800×12=21600	

$$67400\times(1-30\%)\text{元}=47180\text{元}。$$

③ 预期收益额 A=年预计纯收入为 47180 元。

4）折现率 i 的确定：折现率 i=资金预期收益率+风险报酬率=15%+5%=20%。

5）计算评估值：

$$P=A\times\frac{(1+i)^n-1}{i\times(1+i)^n}=47180\times\frac{(1+0.2)^2-1}{0.2\times(1+0.2)^2}=72080\text{ 元}$$

[案例二]

现有一辆索纳塔出租车转让，该车评估时已使用 3 年，经市场调查和进行可行性分析后，该车购置后投入运营，每年可带来预期收益 16.4 万元，而运营成本每年约为 10.6 万元，所得税率按 30% 计算，投资回报率为 10%。试评估该出租车的价值。【已知（P/A，10%，5）=3.7908，（P/A，9%，5）=3.8897】

解：1）按题意采用收益现值法评估。

2）该车已使用 3 年，规定使用年限为 8 年。

3）该车每年带来预期毛收入：

$$16.4-10.6(\text{万元})=5.8\text{ 万元}$$

4）税后净收益：

$$5.8\times(1-30\%)\ (\text{万元})=4.06\text{ 万元}$$

5）该车剩余使用年限为

$$8\text{ 年}-3\text{ 年}=5\text{ 年}$$

6）评估值：

$$P=4.06\times3.7908(\text{万元})=15.39\text{ 万元}$$

（三）重置成本法及应用

重置成本是指在现时条件下，按功能重置车辆并使其处于在用状态所耗费的成本。重置成本的构成与历史成本一样，都是反映车辆在购置、运输、注册登记等过程中所支出的全部费用，但重置成本是按现有技术条件和价值水平计算的。

1. 定义及影响因素

（1）定义 重置成本法是指在现时市场条件下，重新购置一辆全新状态的被评估车辆所需的全部成本（重置全价）与被评估车辆的各种贬值总和的差额。车辆的贬值一般体现在实体性贬值、功能性贬值及经济性贬值上。

（2）特点 用重置成本法评估车辆时，充分地考虑了车辆的各方面损耗，反映了车辆市场价值的变化，对交易双方来讲都公平合理；确定成新率时，能综合考虑车辆的技术车

况、配置以及车辆使用情况，评估过程有理有据，交易双方对评估结果的信任度较高。但是，评估工作量较大，确定成新率时主观因素影响较大，且对极少数的进口车辆，不易查询到现时市场报价，因此很难确定车辆的重置成本。

（3）影响因素

1）市场价值的影响。

2）车辆有形耗损的影响。

3）车辆无形耗损的影响。

4）外界因素对车辆的影响。

2. 适用范围

重置成本标准适用的前提是车辆处于在用状态，一方面反映车辆已经投入使用；另一方面反映车辆能够继续使用，对所有者具有使用价值。

重置成本法主要适用于继续使用前提下的二手车评估，既充分考虑了被评估二手车的重置全价，又考虑了二手车已使用年限内的磨损以及功能性、经济性贬值，因而被广泛采用的评估方法，尤其在中高档车辆评估中应用比较广泛。

3. 评估方法及计算公式

（1）计算方法　应用重置成本法评估二手车价值的计算公式有两种。

公式一：

$$P = P' - A_1 - A_2 - A_3$$

式中　P——评估值（元）；

P'——被评估车的重置成本（元）；

A_1——实体性贬值（元）；

A_2——功能性贬值（元）；

A_3——经济性贬值（元）。

说明：它综合考虑了二手车的现行市场价值和各种影响二手车价值量变化（贬值）的因素，最让人信服和易于接受。但造成这些贬值的影响因素较多，且有一定的不确定性，所以准确地确定二手车的贬值是不容易的。

公式二：

$$P = P' \times \beta$$

式中　P——评估值（元）；

P'——被评估车的重置成本（元）；

β——被评估车的成新率。

说明：它是基于成新率的评估法，这种方法能综合考虑各种贬值对二手车价值的影响，是一种定性和定量相结合的评估方法，比较符合中国人评判二手物品的思维模式，是目前市场上应用最广的一种评估方法。

（2）被评估车重置成本确定

重置成本的估算在资产评估中，其估算的方法很多，一般可采用重置核算法、物价指数法、

功能价值法和规模经济效益指数法，二手车评估重置成本一般可采用直接法、物价指数法。

1）直接法。直接法也称重置核算法，它是按待评估车辆的成本构成，以现行市场状态下重新购买与被评估车辆完全相同或相类似，并且处于全新状态的车辆所需的购车成本价格，加上一次性应该交纳的税和费之和。

国产二手车重置成本由购置全新车辆的市场成交价和车辆购置价值以外国家及地方政府一次性缴纳的税费总和。如汽车的购置附加税、注册税（牌照费）等，其性质是一次性交纳的税费在规定使用年限内均可享受。但重置成本构成不应包括车辆拥有阶段和使用阶段的税和费。如汽车拥有阶段的年审费、车船使用税、消费税；汽车使用阶段的保险费、燃油税、路桥费等。重置成本的计算公式为

$$P' = P_M + P_t$$

式中 P'——重置成本；

P_M——全新车辆市场成交价；

P_t——国家和地方政府一次性应该缴纳的税费总和。

以直接法取得的重置成本，无论国产或进口车辆，尽可能采用国内现行市场价作为车辆评估的重置成本全价。市场价可通过市场信息资料（如报纸、专业杂志和专业价值资料汇编等）和车辆制造商、经销商询价取得。

进口二手车重置成本计算，应根据海关税则和收费标准，进行轿车的重置成本计算（即现行价值）。报关价系指到岸价，即 CIF 价格，它与离岸价 FOB 的关系是，CIF 价格 = FOB 价格 + 途中保险费 + 国外运杂费。由于这部分费用是以外汇支付的，所以在计算时，需要将报关价格换算成人民币，外汇汇率采用评估基准日的外汇汇率进行计算。进口二手车重置成本税费由关税、消费税、增值税、通关费用、商检费用、运输费用、银行费用、选装件价值、经销商费用及其他费用等构成。

关税：其计算方法为

$$关税 = 报关价 \times 关税税率$$

消费税：其计算方法为

$$消费税 = (报关价 + 关税)/(1 - 消费税率) \times 消费税率$$

增值税：其计算方法为

$$增值税 = (报关价 + 关税 + 消费税) \times 增值税率（17\%）$$

如一辆报关价为 10 万元人民币的进口轿车，其关税（以 43.8% 计）为 4.38 万元；消费税（以 5% 计）为 0.75 万元；增值税为 2.57 万元；税后价值为 17.7 万元；加上海关费用、商检费、运输费及经销商利润，市场价值约为 21 万元。

一般而言，车辆重置成本大多是依靠市场调查搜集而来的。并不需要我们进行十分复杂的计算。但是对于市场上尚未出现的那些新车型（特别是进口新车型）或淘汰车型，由于其价值信息有时不容易获得，这时则需要我们按照其重置成本的构成进行估算

2）物价指数法（车价指数法）。车价指数即车辆价值波动指数。被评估车辆是停止生产或是进口车辆，当询不到现时市场价值时采用车价指数法，其计算公式为

$$P' = P_M \times \lambda$$

式中 P'——重置成本；

P_M——车辆购买原始成本；

λ——车辆价值变动指数。

车辆价值变动指数是通过掌握的汽车历年的价值指数，找出车辆价值变动趋势和速度的指标。车辆价值变动指数的取得是选择与被评估车辆已使用年限相适应，是近期5年内市场占有率为前三名的品牌车型，分别以现时购买车价与原始购买车价之比的算术平均值作为车辆价值变动指数。车辆价值变动指数要尽可能选用有法律依据的国家统计部门或物价管理部门以及政府机关发布和提供的数据。也可以取自中国汽车流通协会定期发布或有权威性的国家政策部门所辖单位的数据，不能选用无依据不明来源的数据。

实际工作中，一般根据鉴定估价的经济行为确定重置成本的全价。具体有以下两种处理方法：

① 对于以所有权转让为目的的二手车交易经济行为，按评估基准日被评估车辆所在地收集的现行市场成交价值作为被评估车辆的重置成本全价，其他费用略去不计。

② 对企业产权变动的经济行为（如企业合资、合作和联营，企业分设、合并和兼并，企业清算，企业租赁等），其重置成本全价除了考虑被评估车辆的现行市场购置价值以外，还应将国家和地方政府规定对车辆加收的其他一次性缴纳税费一并计入重置成本全价中。

（3）二手车成新率的确定　二手车成新率的确定方法有使用年限法、行驶里程法、部件鉴定法、整车观测法及综合分析法等，不同的计算方法，其特点和使用范围也不同。

1）使用年限法。用使用年限法确定二手车的成新率，计算公式为

$$\beta=\left(1-\frac{N_1}{N_0}\right)\times100\%$$

式中　β——二手车的成新率（%）；

N_1——二手车实际已使用年限（年或月）；

N_0——车辆规定的使用年限（年或月）。

用使用年限法确定的二手车成新率，仅仅反映了汽车的时间损耗及时间折旧率，与使用情况（包括管理水平、使用水平和维护保养水平）、使用强度无关，但计算方便。车辆规定使用年限是指《汽车报废标准》中对被评估车辆规定的使用年限，是指机动车的合理使用寿命。各类汽车规定使用年限见表3-2。

表3-2　各类汽车规定使用年限

	车辆类型与用途			使用年限/年
载客汽车	营运	出租客运	小、微型	8
			中型	10
			大型	12
		租赁		15
		教练	小型	10
			中型	12
			大型	15
		公交客运		13
		其他	小、微型	10
			中型	15
			大型	15
	专用校车			15
	非营运	小、微型客车、大型轿车、轮式专用机械		无
		中型客车		20
		大型客车		20

提示：若某些车辆使用年限有变动，以车管所公布的为准。

已使用年限是指二手车在正常使用强度条件下，开始使用到评估基准日所经历的时间。所以说，使用年限法计算的成新率实际上反映的是车辆的时间损耗及时间折旧率，与车辆的日常使用强度和车况无关。但是，对于日常使用强度较大的车辆，在统计已使用年限指标时，应适当乘以一定的系数。例如，对于某些以双班制运行的车辆，其实际使用时间为正常使用时间的两倍，即该车辆的已使用年限，应是车辆从开始使用到评估基准日所经历时间的两倍。

2）行驶里程法。用行驶里程法确定二手车的成新率，是指用被评估车的尚可行驶里程与规定行驶里程的比值来确定二手车成新率的一种方法，其计算公式为

$$\beta=\left(1-\frac{S_1}{S_0}\right)\times 100\%$$

式中 β——二手车的成新率（%）；

S_1——二手车累计行驶里程（万 km）；

S_0——车辆规定的行驶里程（万 km）。

用行驶里程法确定的成新率，仅仅反映了二手车使用强度及使用过程中实际的物理损耗，考虑了二手车使用强度对其成新率的影响。总的行驶里程越大，车辆的实际有形损耗也越大。但对于篡改里程表等因素影响没有考虑，近年来卖车调表已经是大家皆知的事情，当前评估中行驶里程法确定的成新率仅仅是参考。

二手车累计行驶里程是指被评估二手车从开始使用到评估基准时点所行驶的总里程。车辆规定的行驶里程是指《汽车报废标准》中规定的该车型的行驶里程。各类汽车规定行驶里程见表3-3。

表3-3 各类汽车规定行驶里程

<table>
<tr><td rowspan="16">载客汽车</td><td colspan="3">车辆类型与用途</td><td>行驶里程参考值/万 km</td></tr>
<tr><td rowspan="11">营运</td><td rowspan="3">出租客运</td><td>小、微型</td><td>60</td></tr>
<tr><td>中型</td><td>50</td></tr>
<tr><td>大型</td><td>60</td></tr>
<tr><td colspan="2">租赁</td><td>60</td></tr>
<tr><td rowspan="3">教练</td><td>小型</td><td>50</td></tr>
<tr><td>中型</td><td>50</td></tr>
<tr><td>大型</td><td>60</td></tr>
<tr><td colspan="2">公交客运</td><td>40</td></tr>
<tr><td rowspan="3">其他</td><td>小、微型</td><td>60</td></tr>
<tr><td>中型</td><td>50</td></tr>
<tr><td>大型</td><td>80</td></tr>
<tr><td colspan="3">专用校车</td><td>40</td></tr>
<tr><td rowspan="3">非营运</td><td colspan="2">小、微型客车、大型轿车</td><td>60</td></tr>
<tr><td colspan="2">中型客车</td><td>50</td></tr>
<tr><td colspan="2">大型客车</td><td>60</td></tr>
</table>

3）部件鉴定法。用部件鉴定法确定二手车的成新率，是指评估人员根据二手车各总成、部分的技术状况估算出其成新率，再参照表3-4各个部分价值权重值，来确定成新率的一种方法。其计算公式为

$$\beta = \sum_{i=1}^{n} \alpha_i \times \rho_i$$

式中 β——二手车的成新率（%）；

α_i——第 i 项部件的成新率（%），由评估人员鉴定来评估；

ρ_i——第 i 项部件的价值权重。

表3-4 汽车各主要总成、部件的价值权重值

序号	部件名称	价值权重值		
		轿车	客车	货车
1	发动机及离合器总成	0.26	0.27	0.25
2	变速器及万向传动装置	0.11	0.10	0.15
3	前桥、前悬架及转向系总成	0.10	0.10	0.15
4	后桥及后悬架总成	0.08	0.11	0.15
5	制动系统	0.06	0.06	0.05
6	车架	0.02	0.06	0.06
7	车身	0.26	0.20	0.09
8	汽车电器	0.07	0.06	0.05
9	轮胎	0.04	0.04	0.05
合计		1.0	1.0	1.0

提示：仅供评估人员参考用。在实际评估时，评估人员应根据被评估车辆各部分价值量占整车价值的比重，调整各部分的权重值。

用部件鉴定法计算加权来确定成新率，既考虑了二手车实体性损耗，也考虑了二手车维修或换件等追加投资使车辆价值发生的变化。所以，这种方法比较费时费力，但评估值更接近客观实际，可信度高。这种方法一般用于价值较高的二手车评估。

4）整车观测法。整车观测法是指评估人员采用人工观察的方法，或借助简单的仪器检测，判定被评估车的技术等级，来确定成新率的一种方法。

整车观测法观察和检测的技术指标主要包括二手车的现时技术状态、使用时间及行驶里程、主要故障经历及大修情况、整车外观和完整性等。二手车车况等级及成新率可见表3-5。用整车观测法确定成新率是否客观、实际，还取决于评估人员的专业水准和评估经验。这种方法简单易行，但评估准确性差些，一般用于初步估算中、低档二手车的价值，或作为综合分析法的辅助手段。

表 3-5 二手车车况等级及成新率

车况等级	新旧情况	技术状况描述	成新率（%）
1	使用不久，行驶里程在 3 万～5 万 km	使用状况良好，能按设计要求正常使用	100～90
2	使用 1～3 年，行驶里程 15 万 km 左右	一般没有经过大修，在用状况良好，故障率低，可随时出车使用	89～65
3	使用 4～5 年，发动机或整车经过一次大修	大修过的总成性能良好，在用状况良好；外观出现过中度损伤，但修复较好	64～40
4	使用 5～8 年，发动机或整车经过二次大修	车辆的动力性、经济性、工作可靠性都有所下降，外观车身漆出现脱落受损、金属件出现锈蚀；故障率较高，维修费用明显上升，但车辆仍符合《机动车安全技术条件》规定，其使用状况一般或较差	39～15
5	基本达到或到达使用年限，待报废处理	车辆不能正常使用，动力性、经济性、可靠性大大降低，燃料费、维修费等明显增高，且排放和噪声污染已达到极限	14～0

提示： 表中所示数据都是经验数据，只能供评估人员参考，不能作为唯一标准。

5）综合分析法。综合分析法是以使用年限法为基础，综合考虑二手车的实际技术状况、维护保养情况及使用条件等多种因素的影响，来确定成新率的一种方法。

影响二手车成新率的主要因素有二手车技术状况、二手车维护保养、二手车原始制造质量、二手车的用途及二手车的使用条件 5 个方面，其综合调整系数 $\sum\rho$ 的确定可见表 3-6。其计算公式为

$$\beta = \beta_N \times \sum\rho$$

式中 β——二手车的成新率（%）；

β_N——使用年限成新率（%）；

$\sum\rho$——综合调整系数

$$\sum\rho = \rho_1 \times 30\% + \rho_2 \times 25\% + \rho_3 \times 20\% + \rho_4 \times 15\% + \rho_5 \times 10\%$$

表 3-6 二手车综合调整系数参考数值

序号	影响因素	调整系数			系数权重（%）
1	技术状况	ρ_1	良好	1.0	30
			较好	0.9	
			一般	0.8	
			较差	0.7	
			很差	0.6	

（续）

序号	影响因素	调整系数			系数权重（%）
2	维护保养	ρ_2	良好	1.0	25
			较好	0.9	
			一般	0.8	
			较差	0.7	
3	制造质量	ρ_3	进口车	1.0	20
			国产名牌车（或走私罚没车）	0.9	
			国产普通车	0.8	
4	车辆用途	ρ_4	私用	1.0	15
			公务、商务	0.9	
			营运	0.7	
5	使用条件	ρ_5	良好	1.0	10
			一般	0.9	
			较差	0.8	

提示：因素分级和调整系数只是一个参考，应根据实际情况作适当的调整，但各因素的调整系数取值不要超过1，综合调整系数计算结果也不能超过1。

综合分析法较为详细地考虑了影响二手车价值的各种因素，并用一个综合调整系数指标来调整二手车成新率，评估值准确度较高，因而适用于具有中等价值的二手车评估。

《二手车鉴定评估技术规范》（GB/T30323—2013）中规定，评估车辆价值时，通常选用现行市价法。评估价值为相同车型、配置和相同技术状况鉴定检测分值的车辆近期的交易价格；在无参照物、无法使用现行市价法的情况下，选用重置成本法。可从本区域本月内的交易记录中调取相同车型、相近分值，或从相邻区域的成交记录中调取相同车型、相近分值的成交价值，并结合车辆技术状况鉴定分值加以修正。车辆评估价值 = 更新重置成本 × 综合成新率。而综合成新率由技术鉴定成新率与年限成新率组成，即

$$综合成新率 = 年限成新率 \times \alpha + 技术鉴定成新率 \times \beta$$

其中，年限成新率 = 预计车辆剩余使用年限/车辆使用年限（乘用车使用年限 15 年，超过 15 年的按实际年限计算；有年限规定的车辆、营运车辆按实际要求计算）；技术鉴定成新率 = 车辆技术状况分值/100；α、β 分别为技术鉴定成新率与年限成新率系数，由评估人员根据市场行情等因素确定，且 $\alpha + \beta = 1$。

4. 应用重置成本法 4 个前提条件

1）购买者对拟行交易的评估对象，不改变原来用途。

2）评估对象的实体特征、内部结构及其功能效用必须与假设重置的全新资产具有可比性。

3）评估对象必须是可以再生的，可以复制的，不能再生、复制的评估对象不能采用重置成本法。

4）评估对象必须是随着时间的推移，具有陈旧贬值性的资产，否则就不能运用重置成

本法进行评估。

5. 重置成本法的评估程序

1）被评估资产一经确定即用现时（评估基准日）市价估算其重置全价。

2）确定被评估资产的已使用年限、尚可使用年限及总使用年限。

3）应用年限折旧法或其他方法估算资产的有形损耗和功能性损耗。

4）估算确认被评估资产的净价。

6. 案例分析

[案例一]

一辆私有自用捷达伙伴，2012 年 4 月购买，购买价值为 71800 元，车辆购置税为 7180 元，初次登记日期是 2012 年 5 月，使用两年后于 2014 年 5 月进入二手车交易市场估价交易。经核对相关证件（照）齐全。经现场勘查，车身外观较好，无漆面脱落现象，经路试检查，发动机加速有力，无异常的响声，档位清晰，制动系统良好。该车里程表显示累计行驶里程为 4 万 km，与实际情况比较吻合，评估基准日为 2014 年 5 月。在评估时，已知该车的现行市场销售价值为 75300 元，其他税费不计，试评估该车的现时市场价值。评估如下：

1）根据题目已知条件，选用重置成本法进行评估。

2）该车为私有自用轿车，报废年限为无限期（老法规为 15 年，即 180 个月）。

3）初次登记日期是 2012 年 5 月，评估基准日为 2014 年 5 月，已使用时间为 24 个月。

4）交易类业务仅计算购车成本即 75300 元。

5）该车成新率为

$$\beta = \left(1 + \frac{N_1}{N_0}\right) \times 100\% = \left(1 - \frac{24}{180}\right) \times 100\% = 86.67\%$$

6）评估值为

$$P = P' \times \beta = 75300 \text{ 元} \times 86.67\% = 65262 \text{ 元}$$

说明： 新法规对小型非营运客车规定使用年限从 15 年延长到无限期使用，新法规对二手车价值评估没有造成巨大影响，建议用重置成本法计算二手车价值时可按老法规的 15 年计算，并按当地市场价值微调。

[案例二]

张先生的租赁公司有一台租赁用捷达伙伴想转让，该车 2011 年 4 月份购买，购买价值为 73800 元，初次登记日期是 2011 年 5 月，使用 3 年后于 2014 年 5 月进入二手车交易市场估价交易。经核对相关证件（照）齐全。经现场勘查，车身外观较好，无漆面脱落现象，公司车辆管理规范，保养良好。经路试检查，发动机加速有力，无异常的响声，档位清晰，制动系统良好。该车里程表显示累计行驶里程为 4 万 km，与实际情况比较吻合，评估基准日为 2014 年 5 月。在评估时，已知该新车的现行市场销售价值为 72000 元，其他税费不计。试评估该车的现时市场价值。评估如下：

1）根据题目已知条件，选用重置成本法进行评估。

2）该车为租赁轿车，报废年限为 15 年，即 180 个月。

3）初次登记日期是 2011 年 5 月，评估基准日为 2014 年 5 月，已使用时间为 36 个月。

4）交易类业务仅计算购车成本即 72000 元。

5）该车年限成新率为

$$\beta_N=\left(1-\frac{N_1}{N_0}\right)\times100\%=\left(1-\frac{36}{180}\right)\times100\%=80\%$$

6）确定综合调整系数

经过对车辆的技术鉴定和全面了解，各影响因素调整系数取值为

A. 技术状况（30%），良好，取1.0；

B. 维护保养（25%），良好，取1.0；

C. 制造质量（20%），国产名牌，取0.9；

D. 使用性质（15%），非营运（私用），取1.0；

E. 工作条件（10%），良好，取1.0。

估算综合调整系数为

$$\begin{aligned}\sum\rho&=\rho_1\times30\%+\rho_2\times25\%+\rho_3\times20\%+\rho_4\times15\%+\rho_5\times10\%\\&=1.0\times30\%+1.0\times25\%+0.9\times20\%+1.0\times15\%+1.0\times10\%=0.98\end{aligned}$$

7）评估值为

$$P=P\times\beta=72000\text{ 元}\times80\%\times0.98=56448\text{ 元}$$

［案例三］

李某于2008年7月花11万元购得白色捷达车用于租赁，并于当月注册，2014年5月在沈阳某交易市场转让（双保险至2014年7月，检验合格至2014年7月），请二手车鉴定评估人员对其进行鉴定评估。经了解，现该型号车的后续产品前照灯改为新款，车价7.28万元。经鉴定，发现右侧车门有碰撞痕迹、前后保险杠有多处不小于8cm×8cm的凹陷和脱漆需修理，约需0.3万元。维护较差，路试滑行时，车辆向右跑偏。里程表显示11.9万km。评估如下：

1）根据题目已知条件，选用重置成本法进行评估。

2）该车为租赁轿车，报废年限为15年，即180个月。

3）初次登记日期是2008年7月，评估基准日为2014年5月，已使用时间为70个月。

4）交易类业务仅计算购车成本即7.28万元。

5）该车年限成新率为

$$\beta_N=\left(1-\frac{N_1}{N_0}\right)\times100\%=\left(1-\frac{70}{180}\right)\times100\%=61.1\%$$

6）确定综合调整系数为

经过对车辆的技术鉴定和全面了解，各影响因素调整系数取值为

A. 技术状况（30%），一般，取0.8；

B. 维护保养（25%），较差，取0.7；

C. 制造质量（20%），好，取0.9；

D. 使用性质（15%），非营运（私用），取0.9；

E. 工作条件（10%），一般，取0.9。

估算综合调整系数为

$$\begin{aligned}\sum\rho&=\rho_1\times30\%+\rho_2\times25\%+\rho_3\times20\%+\rho_4\times15\%+\rho_5\times10\%\\&=0.8\times30\%+0.7\times25\%+0.9\times20\%+0.9\times15\%+0.9\times10\%=0.82\end{aligned}$$

7）计算结果

评估值 = 重置成本 × 成新率 × 综合调整系数 = 7.28 万元 ×61.1% ×0.82 = 3.6474 万元。

综合考虑维修成本，该车的计算结果需修正，故

最终评估值 = [3.6474 − 0.3（维修费）] 万元 = 3.3474 万元。

（四）清算价值法及应用

清算价值是指在非正常市场上限制拍卖的价值。它与现行市价相比，两者的根本区别：现行市价是公平市场价值；而清算价值是非正常市场上的拍卖价值，这种价值由于受到期限限制和买主限制，一般大大低于现行市价。

清算价值标准适用于企业破产清算，以及因抵押、典当等不能按期偿债而导致的车辆变现清偿等汽车评估业务。

1. 定义及影响因素

（1）定义　清算价值法是以清算价值为依据，对二手车价值进行评估的一种方法。即指企业在停业或破产后，在一定的期限内将车辆拍卖而得到的变现价值。

（2）特点　用清算价值法评估车辆价值时，具有以下特点：

1）预评估车辆应附有企业破产处理文件或抵押合同及其他有效法律文件。

2）预评估车辆可以快速出售变现。

（3）影响因素　在二手车评估中，影响清算价值的主要因素有破产形式、债权人处置车辆的方式、车辆清理费用、拍卖时限、公平市价和参照车辆价值等。

1）破产形式。如果企业丧失车辆处置权，则买方无讨价还价的可能，就以买方出价决定车辆售价；如果企业未丧失处置权，则买方仍有讨价还价余地，就以双方议价决定售价。

2）债权人处置车辆的方式。按抵押时的合同契约规定执行，如公开拍卖或收回已有。

3）拍卖时限。一般情况下，规定的拍卖时限长，售价就会高些；若规定时限短，则售价就会低些。这是由资产快速变现原则的作用所决定的。

4）车辆清理费用。在企业破产等情况下评估车辆价值时，应对车辆清理费用及其他费用给予充分的考虑。

5）车辆现行市价。车辆现行市价是指车辆交易成交时，使交易双方都满意的公平市价。

6）参照车辆价值。参照车辆价值是指与被拍卖车辆相同或类似的交易车辆现行价值，若参照车辆价值高，则被拍卖车辆价值通常也会高。

2. 适用范围

清算价值法一般适用于企业被迫停业或破产、资产抵押、停业清理等情况，急于将车辆拍卖、出售的价格评估。清算价值法评估的车辆价格往往低于现行市场价格。

3. 评估方法及计算公式

用清算价值法确定二手车价值时，主要有三种方法：现行市价折扣法、模拟拍卖法和竞价法。

（1）现行市价折扣法　首先在市场上找到参照车辆，然后根据市场调查和快速变现原则，确定一个合适的折扣率，再确定二手车的评估价值，其计算公式为

$$P = P' \times \gamma$$

式中 P'——参照车交易价值（元）；

γ——折扣率（%）。

（2）模拟拍卖法　模拟拍卖法是通过向被评估车辆的潜在购买者询价，以此来获得市场信息，最后经评估人员分析确定其价值的一种方法，也称意向询价法。

说明： 这种方法确定的清算价值受供需关系影响很大，要充分考虑其影响的程度。

（3）竞价法　竞价法是由法院按照破产清算的法定程序或由卖方根据评估结果提出一个拍卖的底价，在公开市场或拍卖会上，由买方竞争出价，谁出的价值高就卖给谁。

4. 案例分析

［案例一］

应用模拟拍卖法评估二手车价值。

有 1 台柳州 50 铲车，拟评估其拍卖清算价值。评估人员经过对两家发电厂、3 家沙场、2 户个体运输户征询意向价值，其报价分别为 17 万元、17.5 万元、17.8 万元、18 万元和 17.6 万元、18.2 万元、18.4 万元，平均价为 17.78 万元。考虑目前各种因素，评估人员确定清算价值为 17.8 万元。

［案例二］

应用现行市价折扣法评估二手车价值。

一辆 2008 款捷达伙伴轿车，经调查在二手车交易市场上成交价为 6.5 万元，根据销售情况调查，折价 20% 可以当即出售，则该车辆清算价值为 6.5 万元 ×（1 − 20%）= 5.2 万元。

（五）成本折旧法及应用

1. 定义及影响因素

（1）定义　折旧评估法是确定被评估车辆在预计的使用年限内由于时间的推移或使用而逐渐转移的价值。这部分价值从产品销售成本中逐年提取，存入建立的车辆折旧基金中，用于当旧车辆不能使用或不再使用时购置新的车辆，实现车辆的更新。

（2）特点　成本折旧评估法按计算方法的不同分为等速折旧法和加速折旧法两种。

等速折旧评估法是将二手车的转移价值平均摊配于其使用年限中，它的优点是计算简单，容易理解。但是，这种方法没有考虑车辆在各个使用年度中使用成本的摊配比例，也没考虑车辆在各个使用年度中无形损耗（功能性损耗和经济性损耗）的摊配比例。

加速折旧评估法克服了等速折旧法的不足，充分考虑了各个使用年度负担的二手车使用成本的均衡性，同时也反映了由于技术进步所带来的价值损耗情况。

（3）影响因素

1）计算方法的选择。

2）被评估车辆折旧年限的确定。

3）被评估车辆的技术状况。

2. 适用范围

由于折旧评估法采用的是经济使用年限评估车辆价值，使二手车剩余价值相对比较小，这对二手车买方来说是比较有利，减少买方风险。因此，折旧评估法适用于二手车的收购。

3. 评估方法及计算公式

用成本折旧法评估二手车时，不但要计算二手车已使用年数的累计折旧额，还要考虑二手车某些功能完全丧失、需要维修和换件而发生的维修费用。二手车评估值的数学表达式为

$$P_1 = P_2 - \sum A - \sum B$$

式中 P_1——二手车评估值（元）；

P_2——重置成本全价（元）；

$\sum A$——折旧总额（元）；

$\sum B$——维修费用总额（元）。

说明：式中采用重置成本全价而不采用二手车原值，主要是考虑了其他因素给二手车带来的贬值（如功能性贬值和经济性贬值）。维修费用是指车辆在现状下，某些功能完全丧失需要的维修和换件的总费用。

（1）用等速折旧法计算折旧总额　等速折旧法也称为年限平均法，是用车辆的总值（车辆原值减去残值）除以车辆使用年限，以求得每年平均折旧额的方法。计算公式为

$$A = \frac{D - K}{N}$$

折旧总额为

$$\sum A = A \times N$$

式中 A——年平均折旧额（元）；

D——车辆的原值（元）；

K——车辆的残值（元）；

N——车辆使用年限。

说明：等速折旧法一般用于使用强度比较平均，且各期所取得的收入差距不大的二手车的评估中。在评估时，车辆的残值有时忽略不计。

（2）用加速折旧法计算折旧总额　加速折旧法也称递减折旧法，是指在汽车使用早期多提折旧，在使用后期少提折旧的一种方法，其计算方法有两种：年份数求和折旧法和双倍余额递减折旧法。

1）年份数求和折旧法。年份数求和折旧法是指每年的折旧额可用车辆原值减去残值的差额乘一个逐年递减系数来确定折旧额的一种方法。计算公式为

$$A = (D - K) \times \gamma$$

式中 A——二手车年折旧额（元）；

D——二手车原值（元）；

K——二手车残值（元）；

γ——递减系数，$\gamma = \frac{N + 1 - t}{N(N + 1)/2}$。

式中 N——车辆使用年限（年）；

t——已使用的年限（年）。

说明： 递减系数的分子是尚可使用的年限，逐年减少；分母是预计可使用年限逐年使用年数的总和，是一个不变值，即每年递减系数的分母均相等，分子大小等于到评估基准日止还剩余的使用年限。

2）双倍余额递减折旧法。双倍余额递减折旧法是根据每年年初二手车剩余价值和双倍的等速法折旧率计算二手车折旧的一种方法，其计算公式为

$$\gamma = \frac{2}{N} \times 100\%$$

$$A = P' \times \gamma$$

式中 A——二手车年折旧额（元）；

P'——年初二手车剩余总价值（元）；

N——二手车预计使用年限（年）；

γ——双倍等速法折旧率。

说明： 二手车年初剩余价值计算规律是：第一年年初二手车剩余价值为二手车原值 P_0；第二年年初二手车剩余价值为 $P_1 = P_0 - A_1$；第三年年初二手车剩余价值为 $P_2 = P_1 - A_2$；……依此类推。

4. 案例分析

2014 年 5 月，某二手车销售公司欲收购一辆一汽捷达轿车用于租赁，车辆基本情况如下：

车型：捷达伙伴；型号：CIF 基本型；注册登记日期：2012 年 5 月；行驶里程：40000km；车辆基本配置：排量 1.6L，发动机型号为 ATK 多点电喷发动机，5 速手动变速器，发动机最大功率 68kW，转向助力，ABS 及 EBV，电动门窗，防眩目后视镜，中控锁，发动机防盗，手动空调系统，单碟 CD 及调频收音机，四喇叭音响系统，钢轮毂。

经核对相关税费票据、证件（照）齐全有效。该车原价为 7.48 万元，目前市场行情价位 6.5 万元。试确定其收购价值（残值忽略不计）。评估如下：

1）采用折旧法计算收购价值。

2）从 2012 年 5 月到 2014 年 4 月，该车已使用 2 年，按国家汽车报废标准，该车规定使用年限为 15 年。

3）原值 $D = 74800$ 元，残值 K 忽略不计。

4）分别以等速折旧法、年份数求和折旧法和双倍余额递减折旧法计算累计折旧额。

① 等速折旧法计算二手车的年累计折旧额：

$$A = \frac{D - K}{N} = \frac{74800}{15} = 4986 \text{ 元}$$

该车两年累计折旧额为 9972 元。

② 年份数求和折旧法计算二手车的累计折旧额：

递减系数为 $$\gamma = \frac{N + 1 - t}{N(N + 1)/2} = \frac{16 - t}{120}$$

该车年折旧额 $A = (D - K) \times \gamma$，其计算结果见表 3-7。

表 3-7 二手车累计折旧额

年 份	原值/元	递减系数	年折旧额/元	累计折旧额/元
2012.5～2013.4	74800	15/120	9350	9350
2013.5～2014.4		14/120	8726	18076

③ 双倍余额递减折旧法计算二手车的累计折旧额：

年折旧率为
$$\gamma = \frac{2}{\text{预使用年限}} = \frac{2}{15}$$

年折旧额 $A = D \times \gamma(1-\gamma)^{t-1}$，其计算结果见表 3-8。

表 3-8 二手车累计折旧额

年 份	原值/元	年 折 旧 率	年折旧额/元	累计折旧额/元
2012.5～2013.4	74800	2/15	9973	9973
2013.5～2014.4	64827	2/15	8644	18617

5）计算二手车收购价值。根据前面三种不同折旧计算法，得出三种不同的二手车折旧额，由于从收购方的利益出发，应采用折旧额最大的一种计算方法来收购二手车，所以，该二手车收购价值为

$$P' = P_0 - \sum A - P_W = 65000\text{元} - 18617\text{元} = 46383\text{元}$$

式中 P_0——重置成本。

P_W——维修费用（由于该车车况良好，维修费用忽略不计）。

单元二 评估方法对比分析

一、单元描述

二手车评估过程中，采用不同的价值评估方法，其结果是不同的。因此，了解不同评估方法的区别与联系尤为重要。

二、相关知识

（一）价值评估的前提条件

二手车的价值评估是建立在一定的假设条件之上运用资产评估的理论和方法进行的。二手车价值评估的假设前提有继续使用假设、公开市场假设和破产清算（清偿）假设。

1. 继续使用假设

继续使用假设是指二手车将按现行用途继续使用，或转换用途继续使用。对这些车辆的评估，要从继续使用的假设出发，而不能按车辆拆零出售零部件所得收入之和进行估价。

在确定二手车能否继续使用时，必须充分考虑如下条件：

1）车辆具有显著的剩余使用寿命，而且能以其提供的服务或用途，满足所有者经营上或工作上期望的收益。

2）车辆所有权明确，并保持完好。

3）车辆从经济上和法律上允许转作他用。

4）充分地考虑了车辆的使用功能。

2. 公开市场假设

公开市场假设是指在市场上交易的二手车辆，交易双方彼此地位平等，彼此双方都获取足够市场信息的机会和时间，以便对车辆的功能、用途及其交易价值等做出理智的判断。

公开市场假设是基于市场客观存在的现实，即二手车辆在市场上可以公开买卖。不同类型的二手车，其性能、用途不同，市场需求程度也不一样。在进行二手车评估时，按照公开市场假设处理或作适当调整，才有可能使车辆获得的收益最大。

3. 清算（清偿）假设

清算（清偿）假设是指二手车所有者在某种压力下被强制进行整体或拆零，经协商或以拍卖方式在公开市场上出售。这种情况下的二手车价值评估具有一定的特殊性，二手车的评估价会大大低于继续使用或公开市场条件下的评估值。

上述3种不同假设形成3种不同的评估结果：在继续使用假设前提下要求评估二手车的继续使用价值；在公开市场假设前提下要求评估二手车的市场价值；在清算假设前提下要求评估二手车的清算价值。因此，二手车鉴定估价人员在业务活动中要充分分析了解、判断认定被评估二手车最可能的效用，选择最佳的评估方法，以便得出二手车的公平价值。

（二）重置成本法与收益现值法对比分析

重置成本法与收益现值法的区别在于前者是历史过程，后者是预期过程。重置成本法比较侧重对车辆过去使用状况的分析。尽管重置成本法中的更新重置成本是现时价值，但重置成本法中的其他许多因素都是基于对历史的分析，再加上对现时的比较后得出结论的。如有形损耗就是基于被评估车辆的已使用年限和使用强度等来确定的。由此可见，如果没有对被评估车辆的历史判断和记录，那么运用重置成本法评估车辆的价值是不可能的。

与重置成本法比较，收益现值法的评估要素完全是基于对未来的分析。收益现值法不必考虑被评估车辆过去的情况怎样，也就是说，收益现值法从不把被评估车辆已使用年限和使用程度作为评估基础。收益现值法所考虑和侧重的是被评估对象未来能给予投资者带来多少收益。预期收益的测定，是收益现值法的基础。一般而言，预期收益越大，车辆的价值越

大。这符合营运环境变好，营运车价值上涨的变化规律。

（三）重置成本法与现行市价法对比分析

理论上讲，重置成本法也是一种比较方法。它是将被评估车辆与全新车辆进行比较的过程，而且，这里的比较更侧重于性能方面。比如，评估一辆二手车时，首先要考虑重新购置一台全新的车辆时需花多少成本，同时还需进一步考虑二手车的陈旧状况和功能、技术情况。只有当这一系列因素充分考虑周到后，才可能给二手车定价。而上述过程都涉及与全新车辆的比较，否则就无法确定二手车的价值。

与重置成本法比较，现行市价法的出发点更多地表现在价值上。由于现行市价法比较侧重价值分析，因此对现行市价法的运用便十分强调市场化程度。如果市场很活跃，参照车辆很容易取得，那么运用现行市价法所取得的结论就会更可靠。现行市价法的这种比较性，相对于重置成本法而言，其条件更为广泛。

运用重置成本法时，也许只需有一个或几个类似的参照车辆即可。但是运用现行市价法时，必须有更多的市场数据。如果只取某一数据作比较，那么现行市价法所做的结论将偏离实际，评估结论肯定受到怀疑。

（四）收益现值法与现行市价法对比分析

如果说收益现值法与现行市价法存在某种联系，那么这一联系就是现行市价法与收益现值法的结合。通过把现行市价法和收益现值法结合起来评估车辆的价值，在二手车市场交易发达的国家应用得相当普遍。

从评估观点看，收益现值法中任何参数的确定，都具有人的主观性。预期收益、折现率等都是不可知的参数，也容易引起争议。但是这些参数在运用收益现值法评估车辆价值时必须明确，否则收益现值法就不能使用。然而，一旦从估计上来考虑收益现值法中的参数，那么这就涉及估计依据问题。对这样的问题，在市场发达的地方，解决的方式便是寻求参照车辆，通过选择参照车辆，进一步计量其收益折现率及预期年限，然后将这些参照车辆数据比较有效地运用到被评估车辆上，以确定车辆的价值。

把收益现值法和现行市价法结合起来使用，其目的在于降低评估过程中的人为因素，更好地反映客观实际，从而使车辆的评估更能体现市场观点。

（五）清算价值法与现行市价法对比分析

清算价值法与现行市价法，都是基于现行市场价值确定车辆价值法的方法。所不同的是，利用现行市价法确定的车辆价值，如果被出售者接受，而不被购买者接受，出售者有权拒绝交易。但利用清算价值法确定的清算价值，若不能被买方接受，清算价值就失去意义。这就使得利用清算价值进行的评估，完全是一种站在购买方立场上的评估，在某种程度上，这可以被认为是一种取悦于购买方的评估。清算价值法评估价值将大大低于现行市价法。

（六）折旧法和重置成本法对比分析

折旧法和重置成本法都是从二手车“损耗”的角度出发评价二手车价值的，但二者是有很大区别的，主要体现在以下几个方面：

1. 规定使用年限与规定折旧年限的含义不同

规定使用年限不同于规定折旧年限。规定使用年限由《汽车报废标准》确定，是一个全国统一的标准；规定折旧年限是企业对某一类资产做出会计处理的统一标准，是一种高度

政策化数字，对于该类资产中的每一项资产虽然具有普遍性、同一性和法定性，但不具有实际磨损意义上的个别性或特殊性。实际上，折旧年限表现为以下几个方面的特征：

1）折旧年限是一个平均年限，对于同一类型中的任何一项资产均适用。

2）它是在考虑损耗的同时，又考虑社会技术经济政策和生产力发展水平，有时甚至以它为经济杠杆，体现对某类资产鼓励或限制生产的政策。

3）它是以同类资产中各项资产运转条件均相同的假定条件为前提的。在这种情况下，同类型的资产，无论其所在地如何，维护情况、运行状况如何，均适用同一的折旧年限。

4）折旧年限是一个预计使用年限。预计使用年限是指固定资产预计经济使用年限，通常短于固定资产的物质使用年限。在预计时应同时考虑有形损耗和无形损耗，在科技进步迅猛的现代社会，产品更新换代快，无形损耗有时会大于有形损耗。因此，企业应结合本企业的具体经营规模和经营效益等情况，合理地确定固定资产的折旧年限。

在二手车估价中，鉴定估价人员可根据估价目的合理地确定折旧年限，一般可用《汽车报废标准》中规定的使用年限代替预计使用年限。

2. 两者的损耗含义不同

折旧是由损耗决定的，但折旧并不完全是真正意义上的实际磨损，而是企业根据国家有关规定，结合本企业的具体经营规模和经营特点等情况，在确定的固定资产折旧年限内，分摊固定资产原值而计提的折旧额。根据《企业会计准则—固定资产》的规定，对入账的固定资产，不管企业使用与否都应计提折旧。因此，折旧是高度政策化了的损耗。

二手车实体有形损耗是指二手车在存放和使用过程中，由于自然力的作用而发生的损耗，是真正的实体磨损。

3. 折旧额与实体性贬值意义不同

折旧额是会计账面上根据固定资产的原始价值和预计使用年限，按照选择的折旧方法合理地分摊固定资产的应提折旧总额。年限折旧法计算的折旧额与固定资产的实际使用强度没有联系。实体性贬值是由于实体磨损而带来的贬值，不同于折旧额，不能用账面上累计折旧额代替实体性贬值。实体性贬值可以通过折旧得到补偿。在车辆使用过程中，价值的运动依次经过价值损耗、价值转移和价值补偿，折旧作为转移价值，是在损耗的基础上确定的。

4. 重置成本法中成新率的确定与折旧年限确定的基础损耗意义不同

确定折旧年限的损耗包括有形损耗（实体性损耗）和无形损耗；而评估中确定成新率的损耗，包括实体性损耗、功能性损耗和经济性损耗。其中，功能性损耗只是无形损耗的一种形式，而不是无形损耗的全部。优点：计算方法简便，适用范围最广泛；缺点：忽略了某些固定资产在不同期间使用的强度的不均衡性所导致不同期间固定资产有形损耗程度的差异。

（七）价值和价格的区别与联系

价格是价值的货币表现。商品价值和商品价格既有联系又有区别。

价值（value）和价格（price）之间的关系及本质区别：价值是物的真实所值，是内在的，是相对客观和相对稳定的；价格是价值的外在表现，围绕着价值而上下波动，是实际发生、已经完成并且可以观察到的事实，它因人而异，时高时低。现实中由于定价

决策、个人偏好或者交易者之间的特殊关系和无知等原因，时常会出现“低值高价”或者“高值低价”等价格背离价值的情况。因此，为了表述上更加科学、准确，也为了与国际上通行的估价理念、理论相一致，便于对外交流沟通，应当指出估价本质上是评估价值而不是评估价格。

对于具体资产评估来说，评估是对资产价值的评估，当然，资产评估价格是该资产在特定条件下的价值。其价值的含义随着条件的不同而具有不同的量值。任何评估结果都是有条件的，不同的市场条件，评估的目的及其价值的含义也是不同的。

二手车评估是资产评估的一种，所以要正确理解评估价格和价值的区别与联系。实际工作中，二手车价格受到市场等外界因素影响很大，但又是围绕价值而变动。在二手车交易过程中，由于交易双方的个人偏好与需求、投资策略、市场经验等原因，常常会出现价格与价值相背离的情况，所以不能用交易价格来评估价值的正确与否。

三、技能训练

根据《二手车鉴定评估技术规范》中规定，综合成新率 = 年限成新率 $\times\alpha$ + 技术鉴定成新率 $\times\beta$，且 $\alpha+\beta=1$。若给定 $\alpha:\beta=4:6$，请对王某车辆进行评估。

王某于 2012 年 1 月花 29 万元购得白色奥迪 A4L2.0T 标准型用于代步，并于当月注册，2015 年 3 月在沈阳某交易市场转让（双保险至 2016 年 1 月，检验合格至 2016 年 1 月），请二手车鉴定评估人员对其进行鉴定评估。经了解，现该型号车的新车价 28 万元。经鉴定，技术鉴定成新率为 70%。请评估该车的现时市场价值，将评估过程写在下面。

评估过程：
1. ______________________________
2. ______________________________
3. ______________________________
4. ______________________________
5. ______________________________

【模块总结】

1. 二手车评估方法一般有现行市价法、收益现值法、重置成本法、清算价值法、成本折旧法等。

2. 现行市价评估法适用于产权转让的畅销车型的评估，数据充分可靠，市场交易活跃，使评估人员能快速且比较合理地进行评估定价，且评估值容易被买卖双方理解和接受。

3. 收益现值法是对被评估二手车未来预期收益进行折现的过程。二手车的评估值等于剩余寿命期内各收益期的收益折现值总和。

4. 重置成本法是指在现时市场条件下，重新购置一辆全新状态的被评估车辆所需的全部成本，与被评估车辆的各种贬值总和的差额。重置成本法主要适用于继续使用前提下的二手车评估，既充分考虑了被评估二手车的重置全价，又考虑了二手车已使用年限内的磨损以及功能性、经济性贬值。

5. 清算价值法是以清算价值为依据，对二手车价值进行评估的一种方法。即指企业在

停业或破产后，在一定的期限内将车辆拍卖，而得到的变现价值。一般适用于企业被迫停业或破产、资产抵押、停业清理等情况下，急于将车辆拍卖、出售的价值评估。清算价值法评估的车辆价值往往低于现行市场价值。

6. 折旧评估法是确定被评估车辆在预计的使用年限内，由于时间的推移或使用而逐渐转移的价值。这部分价值从产品销售成本中逐年提取存入建立的车辆折旧基金中，用于当旧车辆不能使用或不再使用时购置新的车辆，实现车辆的更新。折旧评估法对二手车买方来说是比较有利的，可以减少买方风险，因此适用于二手车的收购。

【思考与练习】

一、选择题

1. 机动车更新重置成本是指（　　）所需的成本。

A. 在现时条件下，购置功能基本相同的车辆

B. 在现时条件下，购置采用新工艺，新标准、新设计的功能基本相同的车辆

C. 在现时条件下，购置采用与原车相同的工艺、标准、设计的功能基本相同的车辆

D. ABC 都不是

2. 机动车复原重置成本是指（　　）所需的成本。

A. 在现时条件下，购置排量相同的车辆

B. 在现时条件下，购置与原车使用工艺、标准、设计的功能基本相同的车辆

C. 在原来购车时，购置采用新工艺、新标准、新设计的功能基本相同的车辆

D. ABC 都不是

3. 在用市场价值比较法评估二手车时，参照车辆与被评估车辆完全相同时，应使用（　　）进行评估。

A. 直接法　　B. 比较法与间接法　　C. 相似比较法　　D. 间接法

4. 市场比较法对二手车市场上只有唯一一辆车辆是（　　）。

A. 一般适用的　　B. 80% 可用　　C. 完全适用的　　D. 不适用的

二、判断题

1. 二手车清算价值是二手车在强制条件下的变现价值。（　　）

2. 二手车评估中，对于同一辆车，继续使用价值和清算价值的价值量不相等。（　　）

3. 重置成本是在现时条件下，重新购置与被评估车辆相同或相近的全新车辆所需的成本。（　　）

4. 一般来说待评估车辆的重置成本是其评估价值的最大可能值。（　　）

5. 重置成本是全新车辆的最低价值。（　　）

6. 属于企业产权变动的咨询类评估业务，其重置成本全价也应把间接成本忽略不评。（　　）

7. 应用市场价值比较法来评估二手车价值时，该市场必须是公平和有效的市场。（　　）

8. 拍卖市场上的二手车价值也是公平市价。（　　）

9. 市场价值比较法对与市场上只有唯一一辆参照的车辆也是适用的。（　　）

10. 所谓有效的市场就是市场提供的所有信息都是真实可靠的，与交易活跃不活跃无关。（ ）

三、问答题

1. 二手车评估方法有哪些？
2. 收益现值评估法适用范围有哪些？影响因素有哪些？
3. 现行市价评估法适用范围有哪些？影响因素有哪些？
4. 重置成本评估法适用范围有哪些？影响因素有哪些？
5. 清算价值评估法适用范围有哪些？影响因素有哪些？

模块四 撰写二手车评估报告

教学目标

通过本模块的学习，能够使学生掌握撰写二手车评估报告的基本要求、基本内容及撰写步骤。在车辆鉴定与评估后，能依据掌握的资料独立地撰写出被评估车辆的评估报告书。

能力要求

1. 能够掌握撰写二手车评估报告的基本要求。
2. 能够掌握二手车评估报告的撰写步骤。
3. 能够依据掌握的资料独立撰写出被评估车辆的评估报告书。

引言

二手车评估报告是按照评估工作制度的规定，在评估工作后向委托方和有关方面提交的说明车辆评估过程和结果的书面报告，是二手车评估的结论性文件。本模块设置一个学习单元：撰写评估报告书。相关知识及内容如下：

单元 撰写二手车评估报告

一、单元描述

二手车评估报告是按照评估工作制度的规定，在评估工作后向委托方和有关方面提交的说明车辆评估过程和结果的书面报告，也是评估师向委托方传达评估调查、分析工作及评估结论的重要文件，同时也是行业管理委员会判断评估师是否按评估操作规范进行执业的依据，而且它也确定了评估机构或评估师对所鉴定评估结果应负的法律责任。

二、相关知识

（一）评估报告书的重要性

二手车评估报告书有以下 4 个方面的作用：

1）为被委托的车辆提供作价意见。二手车评估报告书是经具有汽车评估资格的机构根据委托评估的车辆的状况，由专业的二手车评估师遵循评估的原则和标准，按照法定的程序，运用科学的方法对被委托评估的车辆价值进行评估和估算后，通过报告书的形式提出作价的意见。该作价意见不代表任何当事人一方的利益，而是一种专家估价意见，具有较强的公正性和科学性，因而成为被委托评估车辆作价的参考依据。

2）二手车评估报告书是反映和体现评估工作情况，明确委托方、受托方及有关方面责任的根据，采用文字的形式，对受托方进行汽车评估的目的、背景、产权、依据、程序、方法等过程和评定的结果进行说明和总结，体现了评估机构的工作成果。同时，汽车鉴定评估报告也反映和体现了受委托的汽车评估机构与鉴定评估师的权利和义务，并以此来明确委托方和受托方的法律责任。在汽车现场评估工作完成后，评估机构和人员就要根据现场工作取得的有关资料和数据，撰写评估结果报告书，向委托方报告。负责评估的汽车评估师也同时在报告书上行使签字的权利，并提出报告适用的范围及有效条件等具体条款。当然，汽车评估报告书也是评估机构履行评估协议和向委托方或有关方面收取评估费用的依据。

3）对二手车评估报告书进行审核，是管理部门完善汽车评估管理的重要手段。二手车评估报告书是反映评估机构和二手车评估师职业道德、职业能力水平、评估质量高低和机构内部管理机制完善程度的重要依据。有关管理部门通过审核二手车评估报告书，可以有效地对评估机构的业务开展情况进行监督和管理，对评估工作中出现的不足加以

完善。

4）二手车评估报告书是建立评估档案和归集评估档案资料的重要信息来源。二手车评估机构和评估师在完成评估单元后，都必须按照档案管理的有关规定，将评估过程搜集的资料、工作记录以及评估过程的有关工作底稿进行归档，以便进行评估档案的管理和使用。由于二手车评估报告是对整个评估过程的工作总结，其内容包括了评估过程的各个具体环节和各有关资料的搜集和记录，所以，不仅评估书的底稿是评估档案归集的主要内容，而且撰写二手车评估报告过程中采用到的各种数据、各个依据及工作底稿等都是二手车评估档案的重要信息来源。

（二）评估报告的要求及内容

撰写二手车鉴定评估报告书时，应实事求是，切忌出具虚假报告。报告拟定人应是参与鉴定评估并全面了解被评估车辆的主要鉴定评估人员。

报告书文字、内容要前后一致，正文、评估说明、作业表、鉴定工作底稿、数据要相互一致，不能出现相互矛盾的不一致情况。同时要注意报告书完成后，要按业务约定的时间及时送交委托方，并保证相关文件齐全。

1. 基本要求

1）必须依照客观、公正、实事求是的原则，由二手车鉴定评估机构独立撰写鉴定评估报告，并如实反映鉴定评估的实际情况。

2）报告中应有委托单位（或个人）的名称、二手车鉴定评估机构的名称和印章、二手车鉴定评估机构的法人代表或其委托人和二手车鉴定评估师的签字，以及提供报告的日期。

3）报告中要写明评估基准日，并且不得随意更改。所有在估价中采用的税率、费率、利率和其他价值标准，均应采用基准日的标准。

4）报告中应写明估价的目的、范围、二手车的状态和产权归属。

5）报告中应简述鉴定评估的过程，写明评估的方法。

6）报告中应有明确的鉴定估算价值的结果，以及二手车的成新率、原值、重置价值、评估价值等。

7）鉴定估价报告应有附件并做到齐全。

2. 主要内容

目前二手车鉴定评估报告书没有统一样式，但撰写二手车鉴定评估报告书时，一般包括以下内容：

1）封面。

2）首部。

① 标题。

② 报告书序号。报告书序号应符合公文的要求，包括评估机构特征字、公文种类特征字、年份、文件序号等。

3）绪言。写明该评估报告委托方的全称、受委托评估事项及评估工作的整体情况。

4）委托方与车辆所有方简介。在报告中应写明委托方、委托方联系人的名称、联系电话及住址，以及车主的名称。

5）鉴定评估目的。应写明本次鉴定评估是为了满足委托方的何种需要及其所对应的经济行为类型。

6）鉴定评估对象。需简要写明车辆的厂牌型号、车牌号码、发动机号、车辆识别代号/车架号、注册登记日期、年审检验合格有效日期、公路规费交至日期、车辆购置税证号码、车船使用税缴纳有效期。

7）鉴定评估基准日。写明车辆鉴定评估基准日的具体日期，例如，鉴定评估基准日是××××年××月××日。

8）评估原则。严格遵循“客观性、独立性、公正性、科学性”的原则。

9）评估依据。评估依据一般包括行为依据、法律法规依据、产权依据和评定及取价依据等。

① 行为依据。行为依据是指二手车鉴定评估委托书、法院的委托书等经济行为文件。

② 法律法规依据。法律法规依据包括车辆鉴定评估的有关条款、文件及涉及车辆评估的有关法律、法规等。

③ 产权依据。产权依据是指被评估车辆的机动车登记证书或其他能够证明车辆产权的文件等。

④ 评定及取价依据。评定及取价依据为鉴定评估机构搜集的国家有关部门发布的统计资料和技术标准资料，以及评估机构搜集的有关询价资料和参数资料等。

10）评估方法及计算过程。简要说明评估人员在评估过程中所选择并使用的评估方法；简要说明选择评估方法的依据或原因；如评估时采用一种以上的评估方法，应适当说明原因并说明该资产评估价值的确定方法；对于所选择的特殊评估方法，应适当介绍其原理与适用范围；简要说明各种评估方法的主要计算步骤等。

11）评估过程。评估过程应反映二手车鉴定评估机构自接受评估委托起到提交评估报告为止的工作过程，包括接受委托、验证、现场查勘、市场调查与询证、评定估算和提交报告等过程。

12）评估结论。给出被评估车辆的评估价值、金额（小写、大写）。

13）特别事项说明。鉴定评估人员认为需要说明的其他问题，但非评估人员职业水平和能力所能评定估算的有关事项，应提示评估报告使用者注意。

14）评估报告的法律效力。揭示评估报告的有效日期，特别提示评估基准日的期后事项对评估结论的影响以及评估报告的使用范围等。常见写法如下：

① 本项评估结论有效期为 90 天，自评估基准日至××××年××月××日止。

② 当评估目的在有效期内实现时，本评估结果可以作为交易价参考依据；超过 90 天，需重新评估。另外，在评估报告的有效期内若被评估车辆的市场价值发生变化或因交通事故等原因导致车辆的价值发生变化，对车辆评估结果产生明显影响时，委托方也需重新委托评估机构进行评估。

③ 鉴定评估报告书的使用权归委托方所有，其评估结论仅供委托方为本项目评估目的使用或送交二手车鉴定评估主管机关审查使用，不适用于其他目的。因使用本报告书不当而产生的任何后果与签署本报告书的鉴定评估师无关。未经委托方许可，本鉴定评估机构承诺不将本报告书的内容向他人提供或公开。

15）鉴定评估报告的提出日期。写明评估报告应提交委托方的具体时间，评估报告原则上应在确定的评估基准日后 1 周内提出。

16）附件。附件包括二手车鉴定评估委托书、二手车鉴定评估作业表、车辆行驶证、

车辆购置税、车辆登记证书复印件，二手车鉴定评估师资格证书复印件，鉴定评估机构营业执照复印件，鉴定评估机构资质复印件和二手车照片等。

17）尾部。写明出具评估报告的评估机构名称并盖章，写明评估机构法定代表人姓名并签名，鉴定评估师盖章并签名，高级鉴定评估师审核签章，注明报告日期。

（三）评估报告的撰写方法

评估报告不仅要真实准确地反映评估工作情况，而且要明示评估人员在今后一段时期里对评估的结果和有关的全部附件资料承担相应的法律责任。同时，评估报告也是记述鉴定评估成果的文件，是鉴定评估机构向委托方和二手车鉴定评估管理部门提交的主要成果。因此，评估人员编制的报告要思路清晰、文字简练准确、格式规范、有关的取证与调查材料和数据真实可靠。为了达到这些要求，评估人员应按下列方法和步骤编制评估报告。

1. 评估资料的分类整理

被评估二手车的有关背景资料、技术鉴定情况资料及其他可供参考的数据记录等评估资料是编制二手车鉴定评估报告的基础，所以，应由专人将评估资料进行分类整理，包括评估鉴定作业表的审核、评估依据的说明和最后形成评估的文字材料等。

2. 鉴定评估资料的分析讨论

在资料整理工作完成后，评估工作人员应对评估的情况和初步结论进行分析讨论。如果发现存在提法不妥、计算错误、作价不合理等方面的问题，要进行必要的调整，最终应在充分讨论的基础上得出一个正确的结论。

3. 鉴定评估报告书的撰写

评估人员通过对资料的汇总编排，确定二手车鉴定评估的基本情况，完成评估报告的初稿，然后与委托方交换意见，认真分析委托方提出的问题和意见，在坚持客观、公正、科学、可行的前提下修改评估报告书，修改完毕后可撰写正式的二手车鉴定评估报告书。

4. 评估报告的审核

完成的评估报告应先由项目负责人审核，再报评估机构经理审核签发，再由二手车鉴定评估人员签字并加盖评估机构公章，最后送达客户签收。

（四）编制二手车鉴定评估报告注意事项

1）实事求是，切忌出具虚假报告。报告拟定人应该是参与鉴定评估并全面了解被评估车辆的主要鉴定人员。

2）报告书内容要前后一致，切忌出现表里不一，前后矛盾。

3）提交报告要及时、齐全。在正式完成二手车鉴定报告工作后，应按业务约定书的约定时间及时将报告书送交委托方。送交报告书时，报告书及相关文件要齐全。

三、技能训练

由老师为学生提供实训车辆，现场安排人员模拟委托方和被委托方，对车辆进行现场评估并完成委托书、车辆鉴定作业表、车辆技术状况表及评估报告书的填写。报告书及表单见附录 B 中附录 1、附录 2、附录 3、附录 4。

【模块总结】

二手车评估报告在撰写过程中所涉及的各个环节在本模块中都涉及了，并且结合二手车评估报告书的案例说明了在编写报告过程中所应注意的事项。

《二手车鉴定评估技术规范》GB/T30323—2013 中对委托书、车辆鉴定作业表、车辆技术状况表及评估报告书作了详细规定。

【思考与练习】

一、选择题

1. 评估报告的有效期为（　　）。

A. 8 个月　　B. 90 天　　C. 1 年　　D. 200 天

2. 二手车鉴定评估以（　　）为基础。

A. 车内鉴定　　B. 排放鉴定　　C. 外观鉴定　　D. 技术鉴定

3. 由于二手车技术状况和市场价值都随时间变化而变动，所以（　　）是非常重要的参数。

A. 评估基准日　　B. 检验日期

C. 车辆的出厂日期　　D. 初次注册登记日

4. 二手车评估的依据有（　　）。

A. 立法依据、行为依据、产权依据、取价依据

B. 行为依据、法律法规依据、产权依据、目的依据

C. 立法依据、目的依据、行为依据、产权依据

D. 行为依据，法律法规依据、产权依据、取价依据

5. 二手车产权依据是（　　）。

A. 车牌号　　B. 机动车登记证　　C. 行驶证　　D. 税费登记证

二、判断题

1. 评估报告是评估师在完成鉴定评估工作以后，向委托方提供鉴定评估工作的总结。（　　）

2. 评估报告是评估师向委托方传达评估调查，分析工作及评估结论的重要文件。（　　）

3. 评估报告中不必对为什么要评估做出说明。（　　）

4. 评估基准日是评估报告中一个不重要的参数。（　　）

5. 评估基准日是评估师在评估鉴定车辆和选取市场价值标准所依据的基准时间。（　　）

三、简答题

1. 二手车评估报告的作用有哪些？

2. 二手车评估报告的基本要求有哪些？

3. 二手车评估报告的撰写步骤有哪些？

4. 举例说明车辆评估报告的编写过程。

5. 二手车评估依据有哪些？

模块五 二手车交易

教学目标

通过本模块的学习，能够掌握二手车直接交易、经销交易及拍卖交易的标准程序及二手车办理转籍过户的程序；能够正确分析影响二手车收购定价和销售定价的影响因素；能够选择合适的定价方法与计算方法，确定不同类型二手车的收购价值与销售价值。

能力要求

1. 能够引导客户办理二手车转籍过户。

2. 能够选择合适的定价方法，确定不同类型二手车的收购价值。

3. 能够根据企业的定价目标，选择合适的定价方法与计算方法。

4. 能选择合适的销售定价策略，确定不同类型二手车的销售价值。

引言

二手车交易环节是二手车收购与置换的重要环节，不论是个体经营，还是4S店置换业务，都要掌握相关的交易规定及置换的方法。本模块设置两个学习单元：二手车交易流程、二手车收购与销售。

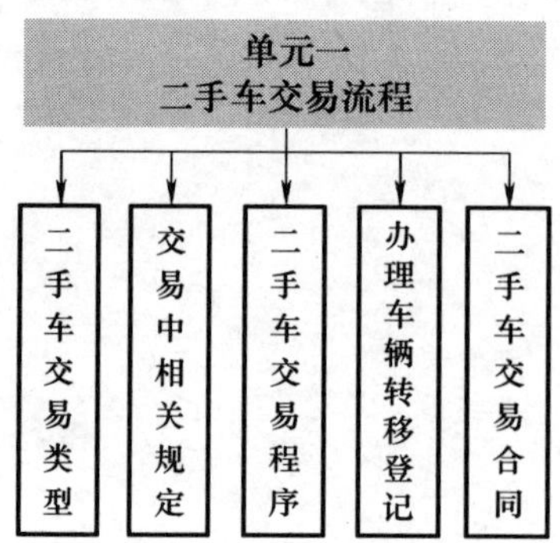

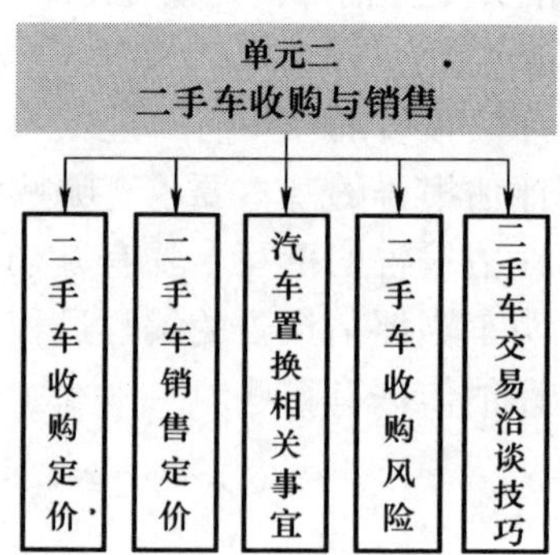

单元一 二手车交易流程

一、单元描述

目前，我国没有统一的二手车交易程序标准，各地二手车交易市场在完成二手车交易的过程中可能程序有差异，但主要程序是基本相同的。下面介绍二手车交易的基本程序。

二、相关知识

（一）二手车交易类型

二手车交易是一种产权交易，是实现二手车所有权从卖方到买方的转移过程。二手车必须完成所有权转移登记（即过户）才算是合法、完整的交易。根据《二手车流通管理办法》规定，二手车交易有以下几种类型。

1. 直接交易

二手车直接交易是指二手车所有人不通过经销企业、拍卖企业和经纪机构将车辆直接出售给买方的交易行为。交易可以在二手车交易市场内进行，也可以在场外进行。

2. 中介经营

中介经营是指二手车买卖双方通过中介方的帮助而实现交易，中介方收取约定佣金的一种交易行为。中介经营包括二手车经纪、二手车拍卖等。

（1）二手车经纪　二手车经纪是指二手车经纪机构以收取佣金为目的，为促成他人交易二手车而从事居间、经纪或者代理等经营活动。

（2）二手车拍卖　二手车拍卖是指二手车拍卖企业以公开竞价的形式将二手车转让给最高应价者的经营活动。

3. 二手车销售

二手车销售是指二手车销售企业收购、销售二手车的经营活动。

二手车置换也是一种二手车经销行为。所谓二手车置换就是客户在汽车销售公司购买新

车时，将目前在用的汽车经过该公司的检测估价后以一定的折价抵扣部分新车款的一种交易方式。目前二手车置换业务主要在同品牌的车型中开展，汽车销售企业将置换的汽车经过一定的检测、维修后，作为一辆认证二手车卖给消费者。我国已有部分汽车品牌开展了认证二手车销售业务，如上海通用“诚新二手车”。

二手车典当不赎回情况也可以算作一种二手车销售。二手车典当是指二手车所有人将其拥有的、具有合法手续的车辆质押给典当公司，典当公司支付典当当金，封存质押车辆，双方约定在一定期限内由出典人（二手车所有人）结清典当本息、赎回车辆的一种贷款行为。典当时二手车所有人须持合法有效的手续到典当行办理典当手续，由典当行工作人员和车主当面查验，填写《机动车抵押/注销抵押登记申请表》，此申请表必须交到车辆管理所备案，然后封入典当公司的专业车辆库房。如果到约定的赎回期限二手车所有人不赎回车辆，则典当行就可以依据协议自行处置该车，如出售。

二手车可以在任何身份的人群中交易。根据二手车买卖双方身份不同，二手车交易者有以下 4 种类型：

（1）个人对个人交易　这种交易类型是二手车所有权人为个人，二手车买受人也是个人。

（2）个人对单位交易　这种交易类型是二手车所有权人为个人，二手车买受人是单位。

（3）单位对个人交易　这种交易类型是二手车所有权人为单位，二手车买受人是个人。

（4）单位对单位交易　这种交易类型是二手车所有权人为单位，二手车买受人也是单位。

（二）交易中相关规定

1. 二手车交易地点

二手车应在车辆注册登记所在地交易，也就是说，二手车不允许在异地交易。

2. 二手车办理转移登记手续地点

二手车转移登记手续应按照公安部门有关规定在原车辆注册登记所在地公安机关交通管理部门办理。需要进行异地转移登记的，由车辆原属地公安机关交通管理部门办理车辆转出手续，在接收地公安机关交通管理部门办理车辆转入手续。

3. 建立二手车交易档案

交易后，二手车交易市场经营者、经销企业、拍卖公司应建立交易档案。交易档案主要包括以下内容：

1）法定证明、凭证复印件（主要包括车辆号牌、机动车登记证书、机动车行驶证和机动车安全技术检验合格标志）。

2）购车原始发票或者最近一次交易发票复印件。

3）买卖双方身份证明或者机构代码证书复印件。

4）委托人及授权代理人身份证或者机构代码证书，以及授权委托书复印件。

5）交易合同原件。

6）二手车经销企业的《车辆信息表》、二手车拍卖公司的《拍卖车辆信息》和《二手车拍卖成交确认书》。

7）其他需要存档的有关资料。一般交易档案保留期限不少于 3 年。

（三）二手车交易程序

二手车交易不像一般商品交易那么简单，需要遵守相关的政策规定，按照一定的交易程序进行，这样才能保障买卖双方的利益。不论是哪一种交易类型，都必须办理过户相关手续，实现车辆所有权变更。目前，我国没有统一的二手车交易程序标准，各地二手车交易市场在完成二手车交易过程中可能程序有差异，但主要程序是基本相同的。下面以北京市二手车交易为例，介绍二手车交易的基本程序。根据二手车交易类型和开具销售发票的权限，二手车交易程序有以下几种。

1. 直接交易程序

二手车个人直接交易和通过二手车经纪机构进行的二手车交易，卖方不能直接给买方开具二手车销售统一发票。根据《二手车流通管理办法》规定，买卖双方达成交易意向后应当到二手车交易市场办理过户业务，由二手车交易市场经营者按规定向买方开具税务机关监制的统一发票——二手车销售统一发票，以便办理车辆相关证件及手续的变更。交易流程如图5-1所示。

1）买卖双方达成交易意向。买卖双方达成交易意向是指买卖双方已就二手车交易谈妥了相关条件（如成交价值），达成了成交愿望。交易意向的达成是买卖双方的一个谈判过程，一旦谈妥就可以进入办理交易过户的相关手续，完成交易。

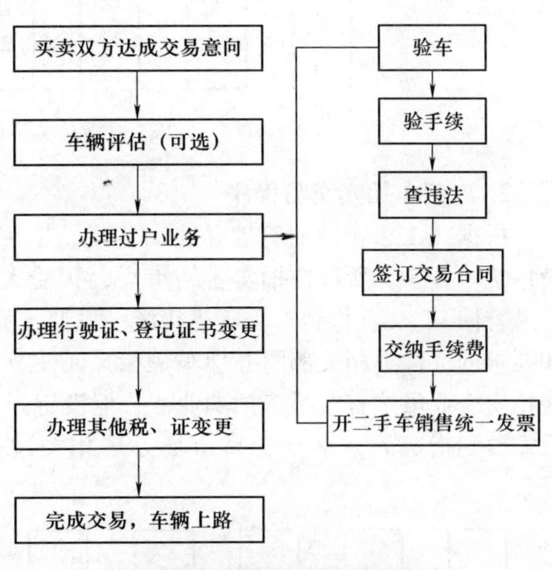

图5-1 二手车直接交易流程

2）车辆评估。二手车鉴定评估是买卖双方达成交易意向后自愿选择的项目。2005年12月实施《二手车流通管理办法》以前，二手车在买卖过程中，二手车交易中心会对车辆进行评估定价，然后在评估价的基础上收取2.5%的过户费用。实际上，这种评估成了一种强制性的规定。但是，由于缺乏统一的标准和规范，导致车辆评估的随意性比较大，评估结果可信度低，强制评估实际上成了收取过户费的工具。实施《二手车流通管理办法》以后规定：交易二手车时，除属国有资产的二手车外，二手车鉴定评估应本着买卖双方自愿的原则，不得强制执行，更不能以此为依据强制收取评估费。

消费者要求鉴定评估的目的主要有二：一是想通过鉴定评估了解二手车的技术状况，尤其是发现车辆存在的故障和安全隐患；二是了解二手车的真实价值。对于不熟悉汽车性能的普通消费者来说，在购买二手车时，委托二手车鉴定评估机构作鉴定评估还是十分必要的。但一定要委托正规的、有资质的第三方评估机构（如二手车鉴定评估中心、资产评估事务所、价值认证中心），并签订鉴定评估委托书，以使自己的权益得到保证。消费者得到的鉴定评估结果是二手车鉴定评估报告书，由评估机构签章后生效，作为车辆交易的参考。

3）办理过户业务。

4）办理机动车行驶证、机动车登记证书变更。

5）办理其他税、证变更。

6）完成交易，车辆上路。

2. 二手车销售交易程序

二手车销售企业能够直接给购车者开具二手车销售统一发票，因此只要购车者和二手车销售企业达成交易意向，双方即可签订二手车交易合同。购车者付清车款后，企业按规定给购车者开具二手车销售统一发票，购车者就可以携带发票和要求的证件去相关部门办理车辆相关证件及手续的变更。交易流程如图5-2所示。有关车辆的合法性手续，二手车经销企业在收购车时已经查验过，可以通过二手车交易合同加以保证。

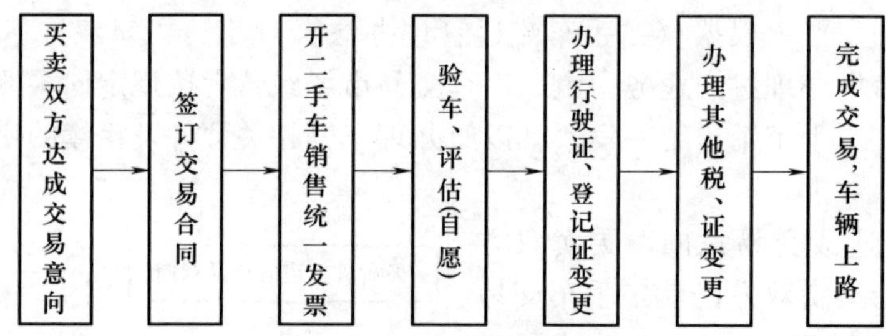

图5-2 二手车销售类交易流程

3. 二手车拍卖交易程序

根据《二手车流通管理办法》规定，二手车拍卖企业也能够直接给买受人开具二手车销售统一发票，所以在拍卖会结束后，买受人和拍卖企业签订成交确认书（相当于二手车交易合同）、交款得到二手车销售统一发票，凭成交确认书到指定地点提车，然后携带发票和要求的证件去相关部门办理车辆相关证件及手续的变更。拍卖交易流程如图5-3所示。有些拍卖企业虽然有二手车拍卖业务，但没有开具二手车销售统一发票的资格，此时，在交款后需要到指定的二手车交易市场办理相关过户手续，由市场按规定开具二手车销售统一发票。

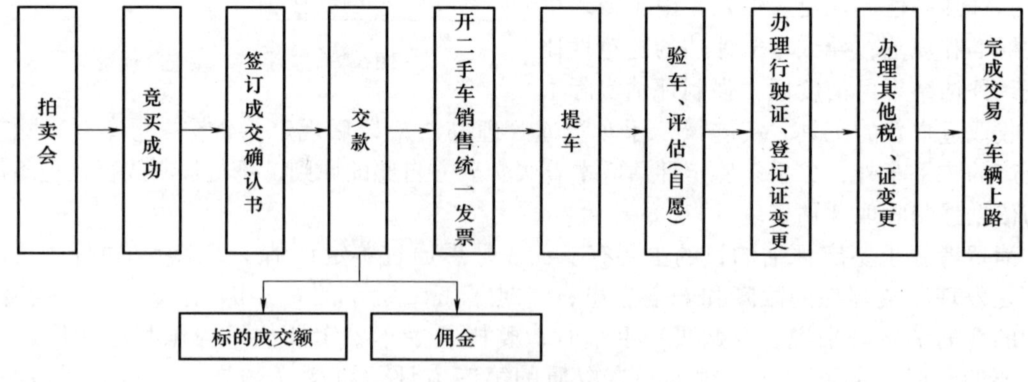

图5-3 二手车拍卖交易流程

有关车辆的合法性手续，二手车拍卖企业在接受拍卖委托时已经查验过，可以通过二手车拍卖成交确认书加以保证。

（四）办理车辆转移登记

1. 办理程序

二手车交易像买房子一样属于产权交易范畴，涉及相关的证明文件和必要手续。二手车交易后必须办理这些证明文件的转移登记手续，以完成手续完备的、合法的成交。机动车产权证明是《机动车登记证书》《机动车行驶证》和机动车号牌。根据买卖双方的住所是否在同一车辆管理所管辖区内，机动车产权转移登记手续可分为同一车辆管理所管辖区内的所有权转移登记（即同城转移登记）和不同车辆管理所管辖区的所有权转移登记（即异地转移登记）两种登记方式。

二手车同城转移登记手续应当在原车辆注册登记所在地公安交通管理部门办理。需要进行异地转移登记的，由车辆原属地公安交通管理部门办理车辆迁出手续，在接收地公安交通管理部门办理车辆迁入手续。办理二手车转移登记手续的流程如图5-4所示。

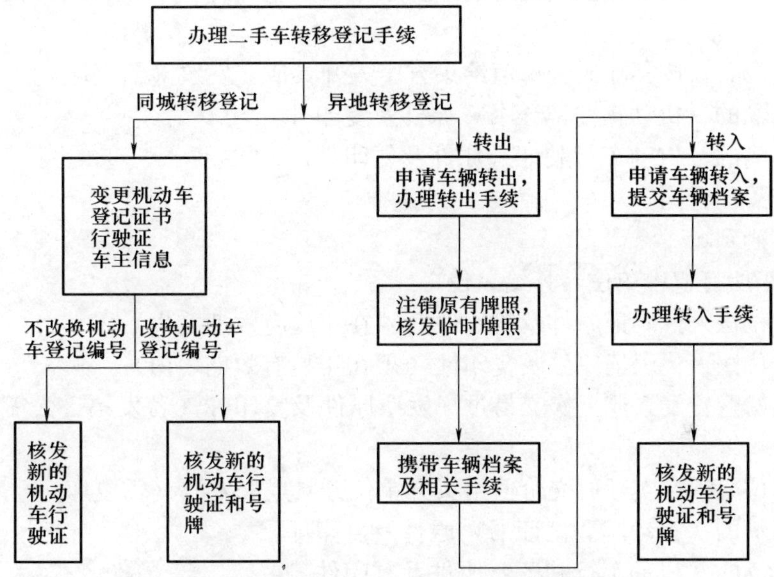

图5-4 办理二手车转移登记手续的流程

2. 二手车办理转移登记所需的手续及证件

二手车在同城交易和所有权转移登记时，根据买卖双方身份不同、二手车交易类型不同，办理转移登记时所需的手续和证件也相应不同。

（1）二手车所有权由个人转移给个人

1）卖方个人身份证原件及复印件。

2）买方个人身份证原件及复印件。

3）车辆原始购置发票或上次交易过户发票原件及复印件。

4）过户车辆的《机动车登记证书》原件及复印件。

5）过户车辆的《机动车行驶证》原件及复印件。

6）二手车买卖合同。

7）外地户口需持暂住证。

8）过户车辆到场。

(2) 二手车所有权由个人转移给单位

1) 卖方个人身份证原件及复印件。

2) 买方单位法人代码证原件及复印件（须在年检有效期之内)。

3) 车辆原始购置发票或上次交易过户发票原件及复印件。

4) 过户车辆的《机动车登记证书》原件及复印件。

5) 过户车辆的《机动车行驶证》原件及复印件。

6) 二手车买卖合同。

7) 过户车辆到场。

(3) 二手车所有权由单位转移给个人

1) 卖方单位法人代码证原件及复印件（须在年检有效期之内)。

2) 买方个人身份证原件及复印件。

3) 车辆原始购置发票或上次交易过户发票原件及复印件（若发票丢失需本单位财务证明信)。

4) 卖方单位必须按实际成交价值给买方个人开具成交发票（需复印)。

5) 过户车辆的《机动车登记证书》原件及复印件。

6) 过户车辆的《机动车行驶证》原件及复印件。

7) 二手车买卖合同。

8) 过户车辆到场。

(4) 二手车所有权由单位转移给单位

1) 卖方单位法人代码证原件及复印件（须在年检有效期之内)。

2) 买方单位法人代码证原件及复印件（须在年检有效期之内)。

3) 车辆原始购置发票或上次交易过户发票原件及复印件（若发票丢失需本单位财务证明信)。

4) 卖方单位必须按实际成交价值给买方单位开具成交发票（需复印)。

5) 过户车辆的《机动车登记证书》原件及复印件。

6) 过户车辆的《机动车行驶证》原件及复印件。

7) 二手车买卖合同。

8) 过户车辆到场。

(五) 二手车交易合同

1. 订立二手车交易合同的基本准则

二手车交易合同是指二手车经营公司、经纪公司与法人、其他组织和自然人相互之间为实现二手车交易的目的，明确相互权利义务关系，所订立的协议。

订立交易合同时必须遵守以下基本原则：

(1) 合法原则　订立二手车交易合同，必须遵守法律和行政法规。法律法规集中体现了人民的利益和要求。合同的内容及订立合同的程序、形式只有与法律法规相符合，才会具有法律效力，当事人的合法权益才可得到保护。任何单位和个人都不得利用经济合同进行违法活动，扰乱市场秩序，损害国家和社会利益，牟取非法收入。

(2) 平等互利、协商一致原则　订立合同的当事人法律地位一律平等，任何一方不得以大欺小、以强凌弱，把自己的意愿强加给对方，双方都必须在完全平等的地位上签订二手

车交易合同。二手车交易合同应当在当事人之间充分协商、意思表示一致的基础上订立，采取胁迫、乘人之危、违背当事人真实意志而订立的合同都是无效的，也不允许任何单位和个人进行非法干预。

2. 交易合同的主体

二手车交易合同的主体是指为了实现二手车交易目的，以自己名义签订交易合同，享有合同权利、承担合同义务的组织和个人。根据《中华人民共和国合同法》的规定，我国合同当事人从其法律地位来划分，可分为以下几种。

（1）法人　法人是指具有民事权利能力和民事行为能力，依法独立享有民事权利和承担民事义务的组织。它必须具备以下条件：

1）依法成立。

2）有必要的财产或经费。

3）有自己的名称、场所和组织机构。

4）能够独立承担民事责任的企业法人、机关法人、事业单位法人和社会团体法人。

（2）其他组织　其他组织是指合法成立、有一定的组织机构和财产，但又不具备法人资格的组织，如私营独资企业、合伙组织和个体工商户。

（3）自然人　自然人是指具有完全民事行为能力，可以独立进行民事活动的人。

3. 交易合同的内容

（1）主要条款

1）标的。标的指合同当事人双方权利义务共同指向的对象，可以是物也可以是行为。二手车交易合同的标的是被交易的二手车。

2）数量。

3）质量。质量是标的内在因素和外观形态优劣的标志，是标的满足人们一定需要的具体特征。

4）履行期限、地点和方式。

5）违约责任。

6）根据法律规定的或按合同性质必须具备的条款及当事人一方要求必须规定的条款。

（2）其他条款　包括合同的包装要求、某种特定的行业规则和当事人之间交易的惯有规则。

4. 交易合同的变更和解除

（1）交易合同的变更　交易合同的变更，通常是指依法成立的交易合同尚未履行或未完全履行之前，当事人就其内容进行修改和补充而达成的协议。

交易合同的变更必须以有效成立的合同为对象，凡未成立或无效的合同，不存在变更问题。交易合同的变更是在原合同的基础上，达成一个或几个新的合同作为修正，以新协议代替原协议。所以，变更作为一种法律行为，使原合同的权利义务关系消灭，产生新权利义务关系。

（2）交易合同的解除　交易合同的解除是指交易合同订立后，没有履行或没有完全履行以前，当事人依法提前终止合同。

（3）交易合同变更和解除的条件　合同法规定，凡发生下列情况之一，允许变更或解除合同。

1）当事人双方经协商同意，并且不因此损害国家利益和社会公共利益。

2）由于不可抗力致使合同的全部义务不能履行。

3）由于另一方在合同约定的期限内没有履行合同。

5. 违约责任

违约责任，是指交易合同一方或双方当事人由于自己的过错造成合同不能履行或不能完全履行，依照法律或合同约定必须承受的法律制裁。

（1）违约责任的性质

1）等价补偿。凡是已给对方当事人造成财产损失的，就应当承担补偿责任。

2）违约惩罚。合同当事人违反合同的，无论这种违约是否已经给对方当事人造成财产损失，都要依照法律规定或合同约定，承担相应的违约责任。

（2）承担违约责任的条件

1）要有违约行为。要追究违约责任，必须有合同当事人不履行或不完全履行的违约行为。它可分为作为违约和不作为违约。

2）行为人要有过错。过错是指当事人违约行为主观上出于故意或过失。故意是指当事人应当预见自己的行为会产生一定的不良后果，但仍用积极的不作为或者消极的不作为希望或放任这种后果的发生。过失是指当事人对自己行为的不良后果应当预见或能够预见到，而由于疏忽大意没有预见到或虽已预见到但轻信可以避免，以致产生不良后果。

（3）承担违约责任的方式

1）违约金。违约金指合同当事人因过错不履行或不适当履行合同，依据法律规定或合同约定，支付给对方一定数额的货币。

根据《合同法》及有关条例或实施细则的规定，违约金分为法定违约金和约定违约金。

2）赔偿金。赔偿金指合同当事人一方过错违约给另一方当事人造成损失超过违约金数额时，由违约方当事人支付给对方当事人的一定数额的补偿货币。

3）继续履行。继续履行指合同违约方支付违约金、赔偿金后，应对方的要求，在对方指定或双方约定的期限内，继续完成没有履行的那部分合同义务。

违约方在支付了违约金、赔偿金后，合同关系尚未终止，违约方有义务继续按约履行，最终实现合同目的。

6. 合同纠纷处理方式

合同纠纷指合同当事人之间因对合同的履行状况及不履行的后果所发生的争议。根据《合同法》及有关条例的规定，我国合同纠纷的解决方式一般有协商解决、调解解决、仲裁和诉讼4种方式。

（1）协商解决　协商解决是指合同当事人之间直接磋商，自行解决彼此间发生的合同纠纷。这是合同当事人在自愿、互谅互让基础上，按照法律、法规的规定和合同的约定，解决合同纠纷的一种方式。

（2）调解解决　调解解决是指由合同当事人以外的第三人（交易市场管理部门或二手车交易管理协会）出面调解，使争议双方在互谅互让基础上自愿达成解决纠纷的协议。

（3）仲裁　仲裁是指合同当事人将合同纠纷提交国家规定的仲裁机关，由仲裁机关对合同纠纷作出裁决的一种活动。

（4）诉讼　诉讼是指合同当事人之间发生争议而合同中未规定仲裁条款或发生争议后

也未达成仲裁协议的情况下，由当事人一方将争议提交有管辖权的法院，按诉讼程序审理作出判决的活动。

7. 二手车交易合同的种类

二手车交易合同按当事人在合同中处于出让、受让或居间中介的不同情况，可分为二手车买卖合同和二手车居间合同两种。

（1）二手车买卖合同

1）出让人（售车方）：有意向出让二手车合法产权的法人或其他组织、自然人。

2）受让人（购车方）：有意向受让二手车合法产权的法人或其他组织、自然人。

（2）二手车居间合同

1）出让人（售车方）：有意向出让二手车合法产权的法人或其他组织、自然人。

2）受让人（购车方）：有意向受让二手车合法产权的法人或其他组织、自然人。

3）中介人（居间方）：合法拥有二手车中介交易资质的二手车经纪公司。

8. 二手车质量保证

二手车质量保证就是在二手车销售的同时，销售商承诺对车辆进行有条件、有范围、有限期的质量保证，并切实履行承诺的责任和义务。

二手车的质量保证是二手车销售环节中的一个不可或缺的重要一环。没有质量保证的二手车销售是不完整的销售。

（1）二手车质量保证的意义

1）保护消费者权益。长期以来，二手车交易存在车辆信息不透明、买卖双方信息不对称问题，消费者时刻面临着质量欺诈、价值欺诈和购买非法车辆等风险。消费者对所购买的二手车，最难以把握的是车辆原来的使用状况和技术状况。尤其是车辆买到手后，各种故障便在短时间内连连发生，使消费者对二手车的质量可靠性心存疑虑，因此希望二手车销售商能提供质量保证。为二手车消费者提供质量担保，是销售商保护消费者权益的具体体现，同时也是一种社会责任。

2）促进二手车行业的规范发展。以前，二手车买卖成交后，销售商的责任即告结束，对此后车辆出现的各种故障全不负责。这一方面使得消费者的权益得不到充分保障；另一方面，一些不法销售商又有恃无恐地干着坑蒙拐骗的勾当。这使二手车交易在消费者的心目中形成了二手车都是技术状况差和问题多等不好的印象，很多消费者不敢购买二手车，极大地损害了二手车交易行业的发展。事实上，二手车交易中大多数纠纷都是由于售后发现质量问题而引起的。

实行二手车质量保证可以从根本上消除这种畏惧心理，激发中低收入者潜在的购车能量。在鼓励、扶持那些诚实守信、规范运作的经营企业的同时，行业管理部门还将规范、监督和约束那些不讲信誉、不讲服务的销售行为，逐步净化二手车的消费环境，提升行业的社会形象。可以说，在我国诚信体系尚不完善的情况下，承诺服务将更好地推动二手车行业发展。

3）有利于经营品牌的创立。二手车交易与新车销售一样，是一个与服务密切相关的经营行为。二手车销售企业实行二手车质量保证，将服务延伸到售后，切实履行保护消费者利益的责任，赢得消费者的信任，有利于创立二手车经营品牌。这给二手车直接交易、中介经营带来非常大的比较优势，体现了品牌经销商的优势所在，也成为鉴定二手车经营企业之间

诚信差异、品牌优劣的重要标志。这方面的工作谁做得好，谁就赢得市场。

4）有利于开辟新的交易方式。目前，在二手车交易中，通常采用到有形市场现场看车的方式来确定车辆状况。这种方式对买卖双方均耗时、费力、效率低，是一种比较原始的方式。随着社会车辆的逐渐增多，二手车交易的日趋活跃，这种低效率的交易方式对提高交易量的制约影响将日益凸显。

因此，交易方式的拓展将是一个现实的课题。如开展网上交易形式等，将有形市场与无形市场结合，有利于扩大二手车交易的范围，促成二手车这一社会资源得到更合理的配置。实现这种新的交易模式的重要前提，是经营企业诚信体系的建立、二手车质量保证的承诺以及社会和消费者对此承诺的高度认同。

（2）二手车质量保证的前提及质量保证期　二手车质量保证很重要，但并不是所有销售的二手车都能得到质量保证。根据我国目前二手车发展水平，这种质量保证只能是有条件、有范围和有限期的质量保证。

1）提供质量保证的企业。根据《二手车交易规范》规定，二手车质量保证只对二手车经销企业要求，对直接交易，经纪、拍卖和鉴定评估等中介交易形式无要求。

2）二手车质量保证的前提。根据《二手车交易规范》规定，二手车经销企业向最终用户销售二手车应提供质量保证的前提是，使用年限在 3 年以内或行驶里程在 6 万 km 以内的车辆（以先到者为准，营运车除外）。

3）二手车质量保证期限。根据《二手车交易规范》规定，二手车经销企业向最终用户销售二手车时，应向用户提供不少于 3 个月或 5000km（以先到者为准）的质量保证。

4）二手车质量保证的范围。根据《二手车交易规范》规定，二手车质量保证范围为发动机系统、转向系统、传动系统、制动系统和悬架系统等。

（3）二手车的售后服务　如果说二手车经销企业在向最终用户销售二手车时提供质量保证是让买主买得放心，那么，如果同时也向用户提供售后服务，则是让买主使用无忧，消除对二手车使用的担心。

1）二手车售后服务的规定。《二手车交易规范》规定：二手车经销企业向最终用户提供售后服务时，应向其提供售后服务清单；在提供售后服务的过程中，不得擅自增加未经客户同意的服务项目；二手车经销企业应建立售后服务技术档案，售后服务技术档案保存时间不少于 3 年。

2）售后服务技术档案内容。售后服务技术档案包括车辆基本资料、客户基本资料、维修保养记录等内容。

① 车辆基本资料主要包括车辆品牌型号、车牌号码、发动机号、车架号、出厂日期、使用性质、最近一次转移登记日期、销售时间和地点等。

② 客户基本资料主要包括客户名称（姓名）、地址、职业和联系方式等。

③ 维修保养记录主要包括维修保养的时间、里程和项目等。

这样，有了质量保证和售后服务的承诺，再加上交易合同的保证，车辆的真实信息将难以隐瞒，二手车交易变得更加透明，真正成为一种“阳光交易”。

三、技能训练

根据学校实际情况，组织学生到二手车交易市场实地参观整个二手车交易流程，返校后完成实习报告。

（一）办理交易过户业务

二手车过户过程实际上是分为两个步骤：车辆交易过户和转移登记过户，两个步骤缺一不可。交易过户业务在二手车交易市场办理，获取《二手车销售统一发票》。转移登记过户业务在车管所办理，主要完成《机动车登记证书》的变更登记、核发《机动车行驶证》及机动车号牌。办理二手车交易时，如果原车主不来，可以授权委托其他人来办理交易及过户手续，但必须签署有授权委托书。此委托书只在办理交易过户业务时使用，而办理转移登记过户业务不用。典型的授权委托书如下：

授权办理旧机动车交易、过户委托书

本委托书现有旧机动车一辆，车辆号牌为________

车辆型号为________________需出售。现委托____________

以委托人的名义办理上述旧机动车的交易、过户事宜。

委托人（签章）

________年________月________日　　____________

注明：

◆ 此原件（或复印件）应由委托人主动向购买旧车的当事人提供，并为《北京市东方旧机动车买卖合同》的附件、经办人身份证复印件。

◆ 以下手续由本委托人提供：（1）车辆登记证书原件；（2）本人身份证或单位法人代码证书；（3）车辆行驶证原件；（4）购车发票。

1. 验车

验车是买卖双方到二手车交易市场办理过户业务的第一道程序，由市场主办方委派负责过户的业务人员办理。验车的目的主要是检查车辆和行驶证上的内容是否一致，对车辆的合法性进行验证。检查的内容包括车主姓名、车辆名称、车辆的号牌号码、车辆类型、车辆识别代码、发动机号、排气量、初次登记日期等。经检查无误后，填写《车辆检验单》，如图5-5所示，进入查验手续阶段。

北京市东方旧机动车交易市场车辆检验单

卖方：________________电话：________
买方：________________电话：________
号牌号码________车辆类型________
车辆名称________使用性质________
车辆识别代号________发动机号________
排气量______年份______颜色______
注册登记日期________登记证号________
原购车价______交易管理费______有效期______
验车员________　年　月　日
备注：

号牌号码______登记日期______年份______
厂牌名称______颜色______排气量______
车辆类型______使用性质______
原购车价______经办人______
年　月　日

图5-5　车辆检验单

2. 验手续

验手续主要查验车辆手续和机动车所有人身份证明。目的是检验买卖双方所提供的所有手续是否具备办理过户的条件，检查有无缺失以及不符合规定的手续。

（1）车辆手续检查

1）查验证件。查验证件的目的是查验交易车辆的合法性。每辆合法注册登

记的机动车都有车辆管理所核发的机动车登记证书和机动车行驶证、机动车号牌，号牌必须悬挂在车体指定位置。二手车交易时主要查验以下证件：机动车来历证明、机动车登记证书和机动车行驶证。

2）查验税费证明。根据《二手车流通管理办法》规定，二手车交易必须提供车辆购置税、车船使用税和车辆保险单等税费缴付凭证。

（2）机动车所有人身份证明　机动车所有人身份证明是证实车主身份的证明，目的是查验机动车所有人是否合法拥有该车的处置权。车主的身份证明有以下几种情况：

1）如果车主为自然人，则身份证件为个人身份证。个人身份又有本地和外地个人之分：本地个人，只需身份证原件；外地个人，需身份证原件和暂住证原件。

2）如果车主为企业，则身份证件为企业的法人代码证书。

3）如果车主为外籍公民，则身份证件为其护照及工作（居留）证。

根据《二手车交易规范》规定，二手车交易市场经营者和二手车经营主体应按下列项目确认卖方的身份及车辆的合法性：

① 卖方身份证明或者机构代码证书原件合法有效。

② 车辆号牌、机动车登记证书、机动车行驶证、机动车安全技术检验合格标志真实、合法、有效。

③ 交易车辆不属于《二手车流通管理办法》第二十三条规定禁止交易的车辆。

同时，二手车交易市场经营者和二手车经营主体应核实卖方的所有权或处置权证明。车辆所有权或处置权证明应符合下列条件：

① 机动车登记证书、行驶证与卖方身份证明名称一致；国家机关、国有企事业单位出售的车辆，应附有资产处理证明。

② 委托出售的车辆，卖方应提供车主授权委托书和身份证明。

③ 二手车经销企业销售的车辆，应具有车辆收购合同等能够证明经销企业拥有该车所有权或处置权的相关材料，以及原车主身份证明复印件。原车主名称应与机动车登记证、行驶证名称一致。

3. 查违法

查违法就是查询交易的二手车是否有违法行为记录。具体方法是登录车辆管理部门的信息数据库或查询网站进行查询。

4. 签订交易合同

根据《二手车流通管理办法》规定，二手车交易双方应该签订交易合同，要在合同当中对二手车的状况、来源的合法性、费用负担以及出现问题的解决方法等各方面进行约定，以便分清各自的责任和义务。

二手车经过查验和评估后，其车辆的真实性和基本价值已基本确定。如果车主不同意评估价值，可以和二手车销售企业协商达成最终交易的价值，同时，需要原车主对其车辆的一些其他事宜（使用年限、行驶里程、安全隐患、有无违章记录等）做出一个书面承诺。这些都以签订交易合同的形式来确定。交易合同是确立买卖双方交易关系和履行责任的法律合约，是办理交易手续和过户手续的必要凭证之一。目前全国还没有统一的二手车交易合同格式。北京市二手车买卖合同式样如下：

北京市旧机动车买卖合同

合同编号：__________

提示：本合同适用于在我市行政区域内进行的旧机动车买卖交易。签订合同前，当事人请仔细阅读合同各项条款，并根据自身情况如实填写。

依据《中华人民共和国合同法》及相关规定，买卖双方在平等、自愿、公平、诚实信用的基础上，就旧机动车买卖的有关事宜协商达成协议如下：

第一条　卖方依法出卖具备以下条件的旧机动车（注：批量交易车辆请填写合同附件）

车主名称：__________；号牌号码：__________；厂牌型号：________；初次登记日期：____________________行驶公里数：______________。

车辆使用性质：□客运、□货运、□出租、□租赁、□非营运、□其他。

车辆状况：____。

第二条　车辆成交价值及交验车

车辆成交价值为（不含税费）__________元；大写：______________元。

车辆过户、转籍过程中发生的税、费负担方式：□买方负责、□卖方负责、□____。

买方应于_____年_____月____日在__________（地点）同卖方当面验收车辆及审验相关文件，并自验收、审验无误起_____日内向卖方支付车价款。

卖方应在收到车价款后向买方交付车辆及相关文件，并在_____日内协助买方办理完车辆过户、转籍手续。（注：双方约定分期付款的，可就付款时间及车辆交付等问题在第六条中约定。）

相关文件包括：机动车行驶证、机动车登记证书、车辆购置税证明、税讫证明、车辆年检证明、______________________________。

第三条　双方权利义务

1. 卖方应保证对出卖车辆享有所有权或处置权，且该车符合相关规定能够依法办理过户、转籍手续。

2. 卖方应保证向买方提供的相关文件真实有效及其对车辆状况的陈述完整、真实，不存在隐瞒或虚假成分。

3. 买方应按约定时间、地点与卖方当面验收车辆及审验相关文件，并按约定支付车价款。

4. 卖方收取车价款后，应开具合法、有效的收款凭证。

5. 车辆交付后办理过户、转籍过程中，因车辆使用发生的问题由________负责。

第四条　违约责任

1. 第三人对车辆主张权利并有确实证据的，卖方应承担由此给买方造成的一切损失。

2. 买方未按约定支付车价款的，应每日按未交车价款_____%的标准支付违约金。

3. 卖方未按约定交付车辆及相关文件的，应每日按车价款____%的标准支付违约金。

4. 因卖方原因致使车辆在规定期间内不能办理过户、转籍手续的，买方有权要求卖方返还车价款并承担一切损失；因买方原因致使车辆在规定期限不能办理过户、转籍手续的，卖方有权要求买方返还车辆并承担一切损失。

第五条　合同争议的解决办法

本合同项下发生的争议，由双方当事人协商或申请调解解决；协商或调解解决不成的，依法向人民法院起诉，或按另行达成的仲裁条款或仲裁协议提起仲裁。

第六条　其他约定事项：______________________________

____

____。

本合同一式三份，买方一份，卖方一份，备案部门一份。本合同在双方签字盖章后生效。合同生效后，双方对合同内容的变更或补充应采取书面形式，作为本合同的附件。附件与本合同具有同等的法律效力。

买方（章）：	卖方（章）：
住所：	住所：
电话：	电话：
证照号码：	证照号码：
委托代理人：	委托代理人：
电话：	电话：
签订时间：	签订地点：

5. 交纳手续费

手续费俗称过户费，是指在二手车交易市场中办理交易过户业务相关手续的服务费用。

2005 年 10 月颁布实施《二手车流通管理办法》之前，二手车过户费的收取是按照车辆评估价值的一定比例征收的，也是二手车交易市场的主要利润来源。

目前，很多二手车交易市场的服务费是按照汽车的排量来进行定额收取的，小排量少收，大排量多收。如北京市旧机动车交易市场收取标准按排量、年份、价值来划分，并设有起始价和最低价。车辆初次登记日期一年以内的车型按起始价收取费用，然后按使用年份逐年递减，直至最低价。微型轿车的过户费用 200 元起，1. 0L 排量的轿车 300 元起，两者的过户费用最高均为 600 元。然后随着排量的增大，过户费用也随之增加，3. 0L 排量的轿车最高的过户费用为 4000 元，最低为 500 元。相应地，相同排量的客车与货车的过户费用低于轿车，最低的微型货车和农用车的过户费用只需 100 元。北京中联二手车交易市场服务费采用定额收取的方式，统一标准为每辆车 800 元。对于 1. 3 ~ 3. 0L 排量的车型实行减半，即 400 元的优惠征收标准；对于 1. 3L 排量以下的，执行 200 元的优惠征收标准。

注意：各地过户业务相关手续的服务费用有较大差异，请事前了解相关规定。

6. 开具二手车销售统一发票

二手车销售发票是二手车的来历证明，是办理转移登记手续变更的重要文件，因此，它又被称为“过户发票”。过户发票的有效期为一个月，买卖双方应在此期间内，到车辆管理部门办理机动车行驶证、机动车登记证的相关变更手续。

二手车销售统一发票由从事二手车交易的市场、有开票资格的二手车经销企业或拍卖企业开具；二手车经纪公司和消费者个人之间二手车交易发票由二手车交易市场统一开具。二手车销售统一发票是采用压感纸印制的计算机票，一式 5 联，其中存根联、记账联、入库联由开票方留存；发票联交购车方，转移登记联交公安车辆管理部门办理过户手续。二手车销售发票的价款中不包括过户手续费和评估费。

开具的发票必须经驻场工商部门审验合格后，在已经开具的“二手车销售统一发票”上加盖“工商行政管理局旧机动车市场管理专用章”后，发票才能生效，这个步骤称为“工商验证”。

7. 二手车交易完成后卖方应向买方交付的手续

二手车交易完成后，卖方应当及时向买方交付车辆、号牌及车辆法定证明、凭证。车辆法定证明、凭证主要包括：

1）《机动车登记证书》。

2）《机动车行驶证》。

3）有效的机动车安全技术检验合格标志。

4）车辆购置税完税证明。

5）车船使用税缴付凭证。

6）车辆保险单。

（二）办理车辆转移登记

1. 同城车辆所有权转移登记

办理已注册登记的机动车在同城（同一车辆管理所管辖区内）发生所有权转移时，只需要更改车主姓名（单位名称）和住所等资料，机动车及机动车号牌可以不变更。这种变更情形习惯上称为办理过户手续，即把机动车原车主的登记信息变更为新车主的登记信息。

（1）过户登记的程序　现车主提出申请，填写《机动车转移登记申请表》（图5-6）或《机动车变更过户，改装报废审批申请表》（图5-7）→机动车检测站查验车辆（同时对超过检验周期的机动车进行安全检测）→车辆管理所受理审核资料→在《机动车登记证书》上记载过户登记事项（对需要改变机动车登记编号的，确定机动车登记编号）→收回原机动车号牌和《机动车行驶证》→重新核发机动车号牌和《机动车行驶证》（对不需要改变机动车登记编号的，只需重新核发《机动车行驶证》）。

1）提出申请。现车主向车辆管理所提出机动车产权转移申请，填写《机动车转移登记申请表》。

2）交验车辆。现车主将机动车送到机动车检测站检测，查验车辆识别代码/车架号码是否有凿改，和车辆识别代码/车架号码的拓印模是否一致。如果是已经超过检验周期的机动车，还要进行安全检测。

3）受理审核资料。受理转移登记申请，查验并收存相关资料，向现车主出具受理凭证；审批相关手续、符合规定的在计算机登记系统中确认。不符合规定的说明理由开具退办单，将资料退回车主。

4）办理新旧车主信息资料的转移登记手续。如果需要改变机动车登记编号的，则进行机动车号牌选号、照相，重新确定机动车登记编号，最后，在《机动车登记证书》上记载转移登记事项。

5）收回原《机动车行驶证》，核发新的《机动车行驶证》。

6）需要改变机动车登记编号的，收回原机动车号牌、《机动车行驶证》，确定新的机动车登记编号，重新核发机动车号牌、《机动车行驶证》和检验合格标志。

（2）过户登记需要的材料

1）机动车转移登记申请表。

2）现车主的身份证明。对身份证明的具体要求如下：

① 机关、学校、工厂、公司等行政、事业、企业单位和社会团体的身份证明是《组织机构代码证书》。如上述单位已注销、撤销或者破产，其机动车需要办理变更登记、转移登记、注销登记和补领机动车登记证书、号牌、行驶证的，已注销的企业单位的身份证明是工商行政管理部门出具的注销证明。已撤销的机关、事业单位的身份证明是其上级主管机关出具的有关证明。已破产的企业单位的身份证明是依法成立的财产清算机构出具的有关证明。

<table>
<tr><td colspan="2">机动车登记证书编号</td><td colspan="3"></td><td>号牌号码</td><td></td></tr>
<tr><td>申请事项</td><td colspan="6">□ 机动车在车辆管理所管辖区内的转移登记□机动车转出车辆管理所管辖区的转移登记</td></tr>
<tr><td rowspan="4">现机动车所有人</td><td>姓名/名称</td><td colspan="3"></td><td>联系电话</td><td></td></tr>
<tr><td>住所地址</td><td colspan="3"></td><td>邮政编码</td><td></td></tr>
<tr><td>身份证明名称</td><td></td><td>号码</td><td></td><td colspan="2">□常住人口 □暂住人口</td></tr>
<tr><td>居住/暂住证明名称</td><td colspan="2"></td><td>号码</td><td colspan="2"></td></tr>
<tr><td rowspan="5">机动车</td><td>机动车使用性质</td><td colspan="5">□公路客运 □公交客运 □出租客运 □租赁 □货运 □旅游客运
□非营运 □警用 □消防 □救护 □工程抢险 □营转非
□出租营转非</td></tr>
<tr><td>机动车获得方式</td><td colspan="5">□购买 □中奖 □仲裁裁决 □继承 □赠予 □协议抵偿债务
□资产重组 □资产整体买卖 □调拨 □法院调解、裁定、判决</td></tr>
<tr><td>机动车品牌型号</td><td colspan="5"></td></tr>
<tr><td>车辆识别代号/车架号</td><td colspan="5"></td></tr>
<tr><td>发动机号码</td><td colspan="5"></td></tr>
<tr><td rowspan="2">相关资料</td><td>来历凭证</td><td colspan="5">□销售/交易发票 □《调解书》 □《裁定书》 □《判决书》
□《仲裁裁决书》 □相关文书 □批准文件 □调拨证明
□权益转让证明书</td></tr>
<tr><td>其他</td><td colspan="4">□《中华人民共和国海关监管车辆解除监管证明书》
□《协助执行通知书》 □《公证书》
□身份证明 □行驶证</td><td rowspan="3">现机动车所有人：

(个人签字/单位盖章)
年 月 日</td></tr>
<tr><td>事项明细</td><td>转入地车辆管理所名称</td><td colspan="4">车辆管理所</td></tr>
<tr><td>申请方式</td><td colspan="5">□ 由现机动车所有人申请
□现机动车所有人委托＿＿＿＿＿＿＿＿代理申请</td></tr>
<tr><td rowspan="7">代理人</td><td colspan="2">姓名/名称</td><td colspan="2"></td><td>联系电话</td><td></td></tr>
<tr><td colspan="2">住所地址</td><td colspan="4"></td></tr>
<tr><td colspan="2">身份证明名称</td><td>号码</td><td></td><td colspan="2" rowspan="5">代理人：

(个人签字/单位盖章)
年 月 日</td></tr>
<tr><td rowspan="4">经办人</td><td>姓名</td><td colspan="2"></td></tr>
<tr><td>身份证明名称</td><td>号码</td><td></td></tr>
<tr><td>住所地址</td><td colspan="2"></td></tr>
<tr><td>签字</td><td colspan="2">年 月 日</td></tr>
</table>

填表说明：

◆ 填写时使用黑色、蓝色墨水笔，字体工整。

◆ 标注有“□”符号的为选择项目，选择后在“□”中画“√”。

◆ 现机动车所有人的住所地址栏，属于个人的，填写实际居住的地址；属于单位的，填写组织机构代码证书上签注的地址。

◆ 机动车栏的“机动车品牌型号”、“车辆识别代码/车架号”、“发动机号码”项目，按照车辆的技术说明书、合格证等资料标注的内容与车辆核对后填写。

◆ 申请方式栏，属于由机动车所有人委托代理单位或者代理人代为申请的，除在“□”内画“√”外，还应当在下画线处填写代理单位或者代理人的全称。

◆ 机动车所有人的签字/盖章栏，属于个人的，由机动车所有人签字；属于单位的，盖单位公章。

◆ 代理人栏，属于个人代理的，填写代理人的姓名、住所地址、身份证明名称、号码，在代理人栏内签名，不必填写经办人姓名等项目；属于单位代理的，应填写代理人栏的所有内容，代理单位应盖单位公章，经办人应签字。

图 5-6 机动车转移登记申请表

区 自检组 号代码
居民身份证号

填表说明

一、申请内容栏

1. 报废：车主填写报废理由，其单位上级主管部门须签注意见。

2. 改装：扼要填写改装理由、项目。

3. 变更、过户：填写变更、过户后新车主的情况，新车主须在此栏内签章。

二、检验结果栏

改装竣工，检验员签注检验结果。

车主			公、私	车主签章
住址		电话		
号牌号码		车辆类型		
出厂日期		厂牌型号		
发动机号码		车架号码		
申请内容				
监管机关审核意见			检验结果	检验员
			登记员	

图 5-7 机动车变更过户，改装报废审批申请表

② 外国驻华使馆、领馆和外国驻华办事机构、国际组织驻华代表机构的身份证明是该使馆、领馆或者该办事机构、代表机构出具的证明。

③ 居民的身份证明是《居民身份证》或者《居民户口簿》；在暂住地居住的内地居民，其身份证明是《居民身份证》和公安机关核发的居住、暂住证明。

④ 军人（含武警）的身份证明是《居民身份证》。

⑤ 中国香港特别行政区、中国澳门特别行政区和中国台湾地区居民的身份证明是其入境的身份证明和居留证明。

⑥ 外国人的身份证明是其入境的身份证明和居留证明。

⑦ 外国驻华使馆、领馆人员和国际组织驻华代表机构人员的身份证明是外交部核发的有效身份证件。

3）《机动车登记证书》（原件）。

4）《机动车行驶证》（原件）。

5）解除海关监管的机动车，应当提交监管海关出具的《中华人民共和国海关监管车辆解除监管证明书》。

6）机动车来历凭证（二手车交易的机动车来历凭证就是二手车销售统一发票）。

7）车辆购置税完税证明。

8）所购买的二手车。

（3）过户登记的事项

1）现车主的姓名或者单位名称、身份证明名称、身份证明号码、住所地址、邮政编码和联系电话。对住所地址的要求如下：

① 单位住所的地址为其《组织机构代码证书》记载的地址。

② 居民住所的地址为其《居民户口簿》或者《居民身份证》或者《暂住证》记载的地址。

③ 军人住所的地址为其团以上单位出具的本人住所地址证明记载的地址。

④ 中国香港特别行政区、中国澳门特别行政区、中国台湾地区居民住所的地址为其居留证记载的地址。

⑤ 外国人住所的地址为其居留证件记载的地址。

2）机动车获得方式。机动车获得方式是指人民法院调解、裁定、判决、仲裁机构仲裁

裁决，购买、继承、赠予、中奖、协议抵偿债务、资产重组、资产整体买卖和调拨等。

3）机动车来历凭证的名称、编号。

4）转移登记的日期。

5）海关解除监管的机动车，登记海关出具的《中华人民共和国海关监管车辆解除监管证明书》的名称、编号。

6）改变机动车登记编号的，登记机动车登记编号。

（4）不能办理过户登记的情形　有些情形不能办理过户登记，详见《机动车登记规定》。

2. 异地车辆所有权转移登记

二手车交易后，如果新车主和原车主的住所不在同一城市里，不能直接办理《机动车登记证书》和《机动车行驶证》的变更，需要到新车主住所所属的车辆管理所管辖区内办理。这就牵涉到二手车转出和转入登记问题。

（1）转出登记　车辆转出登记是指在现车辆管理所管辖区内已注册登记的车辆，办理车辆档案转出的手续。一般是由于现车主的住所或工作地址变动等原因需要将车辆转出本地。

1）转出登记程序。现车主提出申请（填写《机动车转移登记申请表》）→车辆管理所受理审核资料→确认车辆并在《机动车登记证书》上记载转出登记事项→收回机动车号牌和《机动车行驶证》→核发临时行驶车号牌，密封机动车档案→交机动车所有人。

2）转出登记的规定。根据《机动车登记规定》，二手车交易后且现车主的住所不在原车辆管理所管辖区的，现车主应当于机动车交付之日（以二手车销售发票上登记日期为准）起30日内，向原二手车管辖地车辆管理所提出转移登记申请，填写《机动车转移登记申请表》，有些地方还要求车主签订外迁保证书。

3）转出登记需要的资料。现车主在规定的时间内，持下列资料，向原二手车管辖地车辆管理所申请转出登记，并交验车辆。

① 机动车转移登记申请表有的地区规定需填写《机动车定期检验表》（图5-8）及《机

机动车定期检验表

号牌号码 鄂A					
车主				公、私	车主签章
住址				电话	
车辆类型	厂牌型号	车身颜色	驱动	燃料	
			×	油	
发动机号码		车架号码			
与行车执照记录有何变动					
安全联片组初检意见		检验部门、结果		现有效期 年　月止 检验员 登记员	监管机关审核意见

图5-8　机动车定期检验表

动车档案异动卡》(图5-9)。

机动车档案异动卡

原车主		原号牌号码		
车类		车型		
发动机号码		车架号码		
车辆报废	年 月 日			
转籍去向	年 月 日			
新车主		信号牌号码		
其他				
备注		经办人		
		档案员		

图5-9 机动车档案异动卡

② 现车主的身份证明。

③《机动车登记证书》(原件)。

④ 机动车来历凭证(二手车销售发票注册登记联原件)。

⑤ 如果属于解除海关监管的机动车,应当提交监管海关出具的《中华人民共和国海关监管车辆解除监管证明书》。

⑥ 交回机动车号牌和《机动车行驶证》。

4)转出登记事项。车辆管理所办理转出登记时,要在《机动车登记证书》上记载下列转出登记事项:

① 现车主的姓名或者单位名称、身份证明名称、身份证明号码、住所地址、邮政编码和联系电话。

② 机动车获得方式。机动车获得方式是指人民法院调解、裁定、判决、仲裁机构仲裁裁决、购买、继承、赠予、中奖、协议抵偿债务、资产重组、资产整体买卖和调拨等。

③ 机动车来历凭证的名称、编号。

④ 转移登记的日期。

⑤ 海关解除监管的机动车,登记海关出具的《中华人民共和国海关监管车辆解除监管证明书》的名称、编号。

⑥ 改变机动车登记编号的,登记机动车登记编号。

⑦ 登记转入地车辆管理所的名称。

完成转出登记的办理后,收回机动车号牌和《机动车行驶证》,核发临时行驶车号牌,密封机动车档案,交给车主到转入地办理转入登记手续。

(2)转入登记

1)机动车转入登记的条件。

① 现车主的住所属于本地车管所登记规定范围的。

② 转入机动车符合国家机动车登记规定的。

2)转入登记规定。根据《机动车登记规定》,机动车档案转出原车辆管理所后,机动

车所有人必须在90日内携带车辆及档案资料到住所地车辆管理所申请机动车转入登记。

（3）转入登记程序 车主提出申请→交验车辆→车辆管理所受理申请→审核资料→在《机动车登记证书》上记载转入登记事项→核发机动车号牌、《机动车行驶证》和检验合格标志。

1）提出申请。车主向转入地车辆管理所提出转入申请，填写《机动车注册登记/转入申请表》（图5-10）。

<table>
<tr><td colspan="3">申请事项</td><td colspan="5">□注册登记　　　　□转入</td></tr>
<tr><td rowspan="4">机动车所有人</td><td colspan="2">姓名/名称</td><td colspan="3"></td><td>联系电话</td><td></td></tr>
<tr><td colspan="2">住所地址</td><td colspan="3"></td><td>邮政编码</td><td></td></tr>
<tr><td colspan="2">身份证明名称</td><td></td><td>号码</td><td></td><td colspan="2">□常住人口　□暂住人口</td></tr>
<tr><td colspan="2">居住/暂住证明名称</td><td colspan="2"></td><td>号码</td><td colspan="2"></td></tr>
<tr><td rowspan="5">机动车</td><td colspan="2">机动车使用性质</td><td colspan="5">□公路客运　□公交客运　□出租客运　□旅游客运　□租赁　□货运
□非营运　□警用　□消防　□救护　□工程抢险　□营转非　□出租营转非</td></tr>
<tr><td colspan="2">机动车获得方式</td><td colspan="5">□购买　□仲裁裁决　□继承　□赠予　□协议抵偿债务　□中奖
□资产重组　□资产整体买卖　□调拨　□境外自带　□法院调解、裁定、判决</td></tr>
<tr><td colspan="2">机动车品牌型号</td><td colspan="5"></td></tr>
<tr><td colspan="2">车辆识别代号/车架号</td><td colspan="5"></td></tr>
<tr><td colspan="2">发动机号码</td><td colspan="5"></td></tr>
<tr><td rowspan="3">相关资料</td><td colspan="2">来历凭证</td><td colspan="3">□销售/交易发票　□《调解书》　□《裁定书》
□《判决书》　□相关文书　□批准文件
□调拨证明　□《仲裁裁决书》</td><td colspan="2" rowspan="4">机动车所有人签章：

(个人签字/单位盖章)
年　月　日</td></tr>
<tr><td colspan="2">进口凭证</td><td colspan="3">□《货物进口证明》
□《没收走私汽车、摩托车证明书》
□《中华人民共和国海关监管车辆进(出)境领(销)牌证通知书》</td></tr>
<tr><td colspan="2">其他</td><td colspan="3">□国产机动车的整车出厂合格证
□机动车档案　□身份证明
□《协助执行通知书》　□《公证书》</td></tr>
<tr><td>申请方式</td><td colspan="4">□由机动车所有人申请
□机动车所有人委托 ________ 代理申请</td></tr>
<tr><td rowspan="7">代理人</td><td colspan="2">姓名/名称</td><td colspan="5"></td></tr>
<tr><td colspan="2">住所地址</td><td colspan="3"></td><td>联系电话</td><td></td></tr>
<tr><td colspan="2">身份证明名称</td><td></td><td>号码</td><td></td><td colspan="2" rowspan="5">代理人签章：

(个人签字/单位盖章)
年　月　日</td></tr>
<tr><td rowspan="4">经办人</td><td>姓名</td><td colspan="3"></td></tr>
<tr><td>身份证明名称</td><td></td><td>号码</td><td></td></tr>
<tr><td>住所地址</td><td colspan="3"></td></tr>
<tr><td>签字</td><td colspan="3">年　月　日</td></tr>
</table>

图5-10 机动车注册登记/转入申请表

2）交验车辆。车主将机动车送到机动车检测站检测，车管所民警确认机动车的唯一性，查验车辆识别代号（车架号码）有无凿改嫌疑。

3）车辆管理所受理申请。受理转入登记申请，查验并收存机动车档案，向车主出具受理凭证。

4）审核资料。审批相关手续，符合规定的在计算机登记系统中确认，不符合规定的说明理由开具退办单，将资料退回车主。

5）办理转入登记手续。审验合格后，进行机动车号牌选号、照相，确定机动车登记编号，并在《机动车登记证书》上记载转入登记事项。

6）核发新的机动车号牌和《机动车行驶证》。

（4）转入登记需要的资料

1）机动车注册登记/转入申请表。

2）车主的身份证明。

3）《机动车登记证书》。

4）机动车密封档案（原封条无断裂、破损）。

5）申请办理转入登记的机动车的标准照片。

6）海关监管的机动车，还应当提交监管海关出具的《中华人民共和国海关监管车辆进（出）境领（销）牌照通知书》。

由于各地区对车辆环保要求执行不同的标准，例如，北京市执行“国Ⅳ”标准，并要求所有机动车在办理注册登记，以及申请转入本市的车辆，必须加装 OBD 车辆诊断系统。满足上述条件的，允许机动车注册登记，以及接受转入登记的申请。所以，车主在将车辆转入“转入地”前，应向转入地的车辆管理部门征询该车辆是否符合转入条件。

（5）转入登记事项　车辆管理所办理转入登记时，要在《机动车登记证书》上记载下列登记事项：

1）车主的姓名或者单位名称、身份证明号码或者单位代码、住所的地址、邮政编码和联系电话。

2）机动车的使用性质。

3）转入登记的日期。

属于机动车所有权发生转移的，还应当登记下列事项：

1）机动车获得方式。

2）机动车来历凭证的名称、编号和进口机动车的进口凭证的名称、编号。

3）机动车办理保险的种类、保险的日期和保险公司的名称。

4）机动车销售单位或者交易市场的名称和机动车销售价值。

（6）不能办理转入登记的情形　有下列情形之一的，不予办理转入登记：

1）机动车所有人擅自改动、更换机动车或者机动车档案的。

2）符合“不能办理过户登记的情形”的。

注意：各地对转入车辆的年限、排放标准不统一，办理异地转籍请事前了解落籍地的相关规定。

（三）办理其他税、证变更

二手车交易中，买方在变更车辆产权之后还需要进行车辆购置税、保险合同等文件的变更。各地在变更时对文件的要求不同，可以先到规定办理的单位窗口咨询一下。

1. 车辆购置税的变更

车辆购置税的征收部门是车辆登记注册地的主管税务机关，办理变更时，需填写《车辆变动情况登记表》，并携带相关资料办理。

（1）车辆购置税同城过户业务办理

1）办理车辆购置税同城过户业务提供的资料（原件及复印件）。

2）办理车辆购置税同城过户业务流程。填写《车辆变动情况登记表》→报送资料→办理过户→换领车辆购置税完税证明。

需提供的资料如下：

① 新车主的身份证明。

② 二手车交易发票。

③《机动车行驶证》。

④ 车辆购置税完税证明（正本）。

（2）车辆购置税转籍（转出）业务办理

1）办理转籍（转出）业务提供的资料（原件及复印件）。

2）办理转籍（转出）业务流程。填写《车辆变动情况登记表》→报送资料→领取档案资料袋。

需提供的资料如下：

① 车主身份证明。

② 车辆交易有效凭证原件（二手车交易发票）。

③ 车辆购置税完税证明（正本）。

④ 公安车管部门出具的车辆转出证明材料。

（3）车辆购置税转籍（转入）业务办理

1）办理转籍（转入）业务提供资料。

2）办理转籍（转入）业务流程。填写《车辆变动情况登记表》→报送资料→换领车辆购置税完税证明（正本）。

需提供的资料如下：

① 车主身份证明。

② 本地公安车管部门核发的机动车行驶证。

③ 车辆交易有效凭证原件（二手车交易发票）。

④ 车辆购置税完税证明。

⑤ 档案转移通知书。

2. 车辆保险合同的变更

新的保险法规定：随着车辆过户，车辆保险自动转移，即被保险人将保险标的转让他人时，推定其同时转让保险合同的权利，如果车辆过户没有增加车辆使用危险程度，保险公司不得拒绝理赔。保险业内人士提醒，车辆过户后最好进行保险过户，以防日后发生理赔纠纷。

（1）办理车辆保险过户的方式　办理车辆保险过户有两种方式：

1）对保单要素进行更改，如更换被保险人与车主。

2）申请退保，即把原来那份车险退掉，终止以前的合同。这时保险公司会退还剩余的保费。之后，新车主就可以到任何一家保险公司去重新办理一份车险。

（2）车辆保险合同变更的程序

1）填写一份汽车保险过户申请书，向原投保的保险公司申请办理批改被保险人称谓的手续。申请书上注明保险单号码、车牌号、新旧车主的姓名及过户原因，并签字或盖章，以便保险公司重新核保。

2）带保险单和已过户的机动车行驶证，找保险公司的业务部门办理。一般情况下，保险公司都会受理并出具一张变更被保险人的批单，批单上面写明了被保险人的变化情况。

单元二　二手车收购与销售

一、单元描述

二、相关知识

（一）二手车的收购定价

1. 影响因素

（1）车辆的总体价值　二手车收购要充分考虑车辆的总体价值，它包括车辆实体的产品价值和各项手续的价值。

1）车辆实体的产品价值。除了用鉴定估价的方法评估车辆实体的产品价值外，还应根据经验结合目前市场行情综合评定。主要评定的项目包括车身外观整齐程度、漆面质量如何等静态检查项目和发动机怠速声音、尾气排放情况等动态检查项目。另外，配置、装饰、改装等项目也很重要，包括有无 ABS、助力装置、真皮座椅、电动门窗、中控防盗锁、CD 音响等；有效的改装包括动力改装、悬架系统改装、音响改装、座椅及车内装饰改装等。

2）各项手续的价值。各项手续的价值主要包括：登记证、原始购车发票或交易过户

票、行驶证、购置税本、车船使用费证明、车辆保险合同等。如果收购车辆的证件和规费凭证不全，就会影响收购价值，因为代办手续不但要耗费人工成本，而且可能造成转籍过户中意想不到的麻烦和带来许多难以解决的后续问题。

（2）二手车收购后应支出的费用　二手车收购除了支付车辆产品的货币以外，从收购到售出时限内，还要支出的费用有保险费、日常维护费、停车费、收购支出的货币利息和其他管理费等。

（3）市场宏观环境的变化　二手车收购要注意国家宏观政策、国家和地方法规的变化因素以及这些影响导致的车辆经济性贬值。如某车辆燃油消耗量较高，在实行公路养路费的环境中收购该车辆不会引起足够的注意。如果该车刚刚收购后不久，国家实施以公路养路费改征燃油附加税，则这辆车因为油耗量高、附加费用高而难以销售出手。很明显，收购这辆车不仅不能给公司带来经济效益，反而可能带来损失。

（4）市场微观环境的变化　这里所说的市场微观环境，主要指新车价格的变动以及新车型的上市对收购价格的影响。例如，千里马轿车降价后，旧车的保值率就降低了，贬值后收购价格自然也会降低。另外，新款车型问世会挤压旧车型，“老面孔”们身价自然受影响。

（5）经营的需要　二手车经营者应根据库存车辆的多少提高或降低收购价值。例如，本期库存车辆减少、货源紧张时，应适当提高车辆收购价格，以补充货源，保证库存的稳定。反之，库存车辆多时，则应降低收购价格。另外一种情况是，某一车型出现断档情况，该车型的收购价格会提高。如某公司本期二手桑塔纳轿车销售一空，该公司会马上提高桑塔纳车型的收购价格。反之，如果某公司本期二手桑塔纳轿车销路不畅，库存积压显著，那么应降低桑塔纳轿车的收购价格，同时库存桑塔纳轿车的销售价格也会降低。

（6）品牌知名度和维修服务条件　不同品牌的二手车，由于其品牌知名度和售后服务的质量不同，也会影响到收购价格的制定。像一汽、上汽、东风、广本等，都是国内颇具实力的企业，其产品具有很高的品牌知名度，技术相对成熟，维修服务体系也很健全，二手车收购定价可以适当提高。

2. 二手车收购定价方法

二手车收购价格的确定是根据其特定的目的，在二手车鉴定估价的基础上，充分考虑市场的供求关系，对评估的价值作快速变现的特殊处理。按不同的原则，一般有以下几种方法：

（1）以现行市价法、重置成本法来确定收购价格　由现行市价法、重置成本法对二手车进行鉴定估算产生的客观价值，再根据快速变现原则，估定一个折扣率，并以此确定二手车收购价格。如运用重置成本法估算某机动车辆价值为 10 万元，据市场销售情况调查，估定折扣率为 20% 可出售，则该车辆收购价格为 8 万元。

（2）以清算价值法来确定收购价格　清算价值的特点是企业（或个人）由于破产或其他原因，要求在一定的期限内将车辆变现，在企业清算之日预期出卖车辆可收回的快速变现价值。具体来说，主要根据二手车技术状况，运用现行市价法估算其正常价值，再根据处置情况和变现要求，乘以一个折扣率，最后确定评估价值。

以清算价值的方法确定收购价格，由于顾客要求快速转卖变现，因此其收购估价大大低于二手车市场成交的同类型车辆的公平市价，一般来说也低于车辆现时状态客观的价值。

(3) 以快速折旧法来确定收购价格　根据机动车辆的价值，计算折旧额来确定收购价格。年折旧额的计算方法建议采用以下两种：年份数求和法和双倍余额递减折旧法。

3. 二手车收购价格的确定

二手车收购价格的确定是指在被收购车辆手续齐全的前提下对车辆实体价值的确定。如果所缺失的手续能以货币支出补办，则收购价格应扣除补办手续的货币支出、时间和精力的成本支出，采用的方法如下：

1）运用重置成本法。运用重置成本法对二手车进行鉴定估价，然后根据快速变现的原则，估定一个折扣率，将被收购车辆的估算价值乘以折扣率，即得二手车的收购价格，用数学式表示为

$$收购价格 = 评估价值 \times 折扣率$$

2）运用现行市价法。运用现行市价法对二手车确定评估价值，再根据上述办法计算收购价格，表达式同上式。

折扣率是指车辆能够当即出售的清算价值与现行市场价格之比值。它的确定是经营者对市场销售情况的充分调查和了解凭经验而估算的。如某机动车辆运用重置成本法估算价值为3万元，根据市场销售情况调查，估定折扣率为20%可当即出售，则该车辆收购价格为2.4万元。

3）运用快速折旧法。首先计算出二手车已使用年数累计折旧额，然后，将重置成本全价减去累计折旧额，再减去车辆需要维修换件的总费用，即得二手车收购价值，用数学式表达为

$$收购价格 = 重置成本全价 - 累计折旧额 - 维修费用$$

（二）二手车销售定价

1. 影响因素

(1) 成本因素　产品成本是定价的基础和最低界限，二手车的销售价格如果不能保证成本，企业的经营活动就难以维持。二手车流通企业销售定价应分析价值、需求量、成本、销量、利润之间的关系，正确地估算成本，以作为定价的依据。二手车销售定价时应考虑收购车辆的总成本费用，总成本费用由固定成本费用和变动成本费用之和构成。

1）固定成本费用。固定成本费用是指在既定的经营目标内，不随收购车辆的变化而变动的成本费用。如分摊在这一经营项目的固定资产的折旧、管理费等项支出。

2）固定成本费用摊销率。固定成本费用摊销率是指单位收购价值所包含的固定成本费用，即固定成本费用与收购车辆总价值之比。如某企业根据经营目标，预计某年度收购100万元的车辆价值，分摊固定成本费用1万元，则单位固定成本费用摊销率为1%。如花费4万元收购一辆旧桑塔纳轿车，则应该将400元计入固定成本费用。

3）变动成本费用。变动成本费用指收购车辆随收购价格和其他费用而相应变动的费用，主要包括车辆实体的价值、运输费、保险费、日常维护费、维修翻新费、资金占用的利息等。

由上面成本分析可知，一辆二手车收购的总成本费用是这辆车应分摊的固定成本费用与变动成本费用之和，用数学式表达为

$$一辆二手车的总成本费用 = 收购价格 \times 固定成本费用摊销 + 变动成本费用$$

(2) 供求关系　在市场经济中，产品的价格由买卖双方的相互作用来决定，以市场供

求为前提，所以决定价格的基本因素有两个，即供给与需求。若供大于求，价格会下降；若供小于求，价格则会上升，这就是市场供求规律。供求关系必然会成为影响价格形成的重要因素，它是制定产品价格的一个重要前提。需求大于供给，价格就会上升，需求小于供给，价格就会下降，市场的一切交易活动和价格的变动都受这一规律的支配。这就是供求规律或称供求法则。它是市场变化的基本规律。供求关系表明价格只能围绕价格上下波动，而价值仍然是确定价格水平及其变动的决定性因素。企业在定价决策时，除以产品价值为基础外，还可以自觉运用供求关系来分析和制定产品的价格。

价格受供求影响而有规律性地变动过程中，不同商品的变动幅度是不一样的，因此在销售定价时还要考虑需求价格弹性。所谓需求价格弹性，是指因价格变动而引起的需求相应的变动率，它反映需求变动对价格变动的敏感程度。按照西方经济学理论，当某种产品需求弹性较小时，提高价格可以增加企业利润；反之，当产品需求富有弹性时，降低价格也可以增加企业利润，同时还能起到打击竞争对手、提高自己产品市场占有率的作用。

对于二手车来说，其需求弹性较强，即二手车价格的上升（或下降）会引起需求量较大幅度的减少（增加）。因此，在二手车的销售定价时，应该把价格定低一些，以薄利多销达到增加盈利、服务顾客的目的。

（3）竞争状况　在产品供不应求时，企业可以自由地选择定价方式；而在供大于求时，竞争必然随之加剧。定价方式的选择只能被动地根据市场竞争的需要来进行。为了稳定维持自己的市场份额，二手车的销售定价要考虑本地区同行业竞争对手的价格状况，根据自己的市场地位和定价的目标，选择与竞争对手相同的价格，甚至低于竞争对手的价格进行定价。

（4）国家政策法令　任何国家对物价都有适度的管理，所不同的是，各个国家和地区对价格的控制程度、范围、方式等存在着一定的差异，完全放开和完全控制的情况是没有的。一般而言，国家可以通过物价部门直接对企业定价进行干预，也可以用一些财政、税收手段对企业定价实行间接影响。

2. 定价目标

二手车销售定价的目标是指二手车流通企业通过制订价格水平，凭借价格产生的效用来达到预期目的要求。企业在定价以前，必须根据企业的内部和外部环境，制订出既不违背国家的方针政策，又能协调企业其他经营目标的价格。企业定价目标类型较多，二手车流通企业要根据自己树立的市场观念和市场微观、宏观环境，确立自己的销售定价目标。企业定价目标主要有两大类，即获取利润目标和占领市场目标。

（1）获取利润目标　利润是考核和分析二手车流通企业营销工作好坏的一项综合性指标，是二手车流通企业最主要的资金来源。以利润为定价目标有 3 种具体形式：预期收益、最大利润和合理利润。

1）获取预期收益目标。预期收益目标是指二手车流通企业以预期利润（包括预交税金）为定价基点，并以利润加上商品的完全成本构成价格出售商品，从而获取预期收益的一种定价目标。预期收益目标有长期和短期之分，大多数企业都采用长期目标。预期收益高低的确定，应当考虑商品的质量与功能、同期的银行利率、消费者对价格的反应以及企业在同类企业中的地位和在市场竞争中的实力等因素。预期收益定得过高，企业会处于市场竞争的不利地位；定得过低，又会影响企业投资的回收。一般情况下，预期收益适中，可能获得长期稳定的收益。

2）获取最大利润目标。最大利润目标是指二手车流通企业在一定时期内，综合考虑各种因素后，以总收入减去总成本的最大差额为基点确定单位商品的价格，以取得最大利润的一种定价目标。最大利润是企业在一定时期内可能并准备实现的最大利润总额，而不是单位商品的最高价格，最高价值不一定能获取最大利润。当企业的产品在市场上处于绝对有利地位时，往往采取这种定价目标，它能够使企业在短期内获得高额利润。最大利润一般应以长期的总利润为目标，在个别时期，甚至允许以低于成本的价值出售，以便招徕顾客。

3）获取合理利润目标。合理利润目标是指二手车流通企业在补偿正常情况下的社会平均成本基础上，适当地加上一定量的利润作为商品价值，以获取正常情况下合理利润的一种定价目标。企业在自身力量不足、不能实行最大利润目标或预期收益目标时，往往采取这一定价目标。这种定价目标以稳定市场价值、避免不必要的竞争、获取长期利润为前提，因而商品价值适中，顾客乐于接受，政府积极鼓励。

(2) 占领市场目标　以市场占有率为定价目标是一种志存高远的选择方式。市场占有率是指一定时期内某二手车流通企业的销售量占当地细分市场销售总量的份额。市场占有率高意味着企业的竞争能力较强，说明企业对消费信息把握得较准确、充分。资料表明，企业利润与市场占有率正向相关。提高市场占有率是增加企业利润的有效途径。

由于企业所处的市场营销环境不同，自身条件与营销目标不同，企业定价目标也大相径庭。因此，二手车流通企业应在综合考虑市场环境、自身实力及经营目标的基础上，将利润目标和占领市场目标结合起来，兼顾企业的眼前利益与长远利益，来确定适当的定价目标。

3. 定价方法

定价方法是二手车流通企业为了在目标市场实现定价目标，给产品制定基本价格和浮动范围的技术思路。由于成本、需求和竞争是影响企业定价的最基本因素，产品成本决定了价格的最低限，产品本身的特点决定了需求状况，从而确定了价格的最高限。竞争者产品与价格又为定价提供了参考的基点，也因此形成了以成本、需求、竞争为导向的三大基本定价思路。

(1) 成本导向定价法

1）成本加成定价法。成本加成定价法也称为加额定价法、标高定价法或成本基数法，是一种应用比较普遍的定价方法。它首先确定单位产品总成本（包括单位变动成本和平均分摊的固定成本），然后在单位产品总成本基础上加上一定比例的利润，从而形成产品的单位销售价格。该方法的计算公式为

$$单位产品价格 = 单位产品总成本 \times (1 + 成本加成率)$$

由此可以看到，成本加成定价法的关键是成本加成率的确定。一般地说，加成率应与单位产品成本成反比，和资金周转率成反比，与需求价格弹性成反比，需求价格弹性不变时加成率也应保持相对稳定。

2）目标收益定价法。目标收益定价法又称投资收益率定价法，根据企业的投资总额、预期销量和投资回收期等因素来确定价格。在产品供不应求的条件下，或产品需求的价格弹性很小的细分市场中，目标收益法具有一定的应用价值。

3）边际成本定价法。边际成本是指每增加或减少单位产品所引起的总成本的增加或减少。采用边际成本定价法时，以单位产品的边际成本作为定价依据和可接受价格的最低界限。在价格高于边际成本的情况下，企业出售产品的收入除完全补偿变动成本外，尚可用来

补偿一部分固定成本，甚至可能提供利润。在竞争激烈的市场条件下具有极大的定价灵活性，对于有效地应对竞争、开拓新市场、调节需求的季节差异、形成最优产品组合，可以发挥巨大的作用。

（2）需求导向定价法　需求导向定价是以消费者的认知价格、需求强度及对价格的承受能力为依据，以市场占有率、品牌形象和最终利润为目标，真正按照有效需求来策划价格。需求导向定价法又称顾客导向定价法，是二手车流通企业根据市场需求状况和消费者的不同反应分别确定产品价格的一种定价方式。其特点是平均成本相同的同一产品价格随需求变化而变化，一般是以该产品的历史价格为基础，根据市场需求变化情况，在一定的幅度内变动价格，以致同一商品可以按两种或两种以上价格销售。这种差价可以因顾客的购买能力、对产品的需求情况、产品的型号和式样以及时间、地点等因素而采用不同的形式。

（3）竞争导向定价法　竞争导向定价是以企业所处的行业地位和竞争定位而制定价格的一种方法，是二手车流通企业根据市场竞争状况确定商品价格的一种定价方式。其特点是价格与成本和需求不发生直接关系。它主要以竞争对手的价格为基础，并与竞争品价格保持一定的比例。即竞争品价格未变，即使产品成本或市场需求变动了，也应维持原价；竞争品价格变动，即使产品成本和市场需求未变，也要相应调整价格。

上述定价方法中，企业要考虑产品成本、市场需求和竞争形势，研究价格怎样适应这些因素，但在实际定价中，企业往往只能侧重于考虑某一类因素，选择某种定价方法，并通过一定的定价政策对计算结果进行修订，而成本加成定价法深受企业界欢迎，主要是由于以下原因：

1）定价工作简化。由于成本的不确定性一般比需求的不确定性小得多，定价着眼于成本可以使定价工作大大简化，不必随时依需求情况的变化而频繁地调整，因而大大地简化了企业的定价工作。

2）可降低价值竞争程度。只要同行业企业都采用这种定价方法，那么在成本与加成率相似的情况下价值也大致相同，这样可以使价值竞争减至最低限度。

3）对买卖双方都较为公平。卖方不利用买方需求量增大的优势趁机哄抬物价，因而有利于买方，固定的加成率也可以使卖方获得相当稳定的投资收益。因此，推荐使用成本加成法来对二手车销售进行定价。

4. 定价策略

在二手车的市场营销中，尽管非价格竞争作用在增长，但价格仍然是影响销售的重要因素，是营销组合中的关键因素。定价是否恰当，不仅直接关系到二手车的销量和企业的利润，而且还关系到企业其他营销策略的制定。营销中定价策略的意义在于有利于挖掘新的市场机会，实现企业的整体目标。在市场经济条件下，价格决策已成为企业经营者面临的具有现实意义的重大决策课题。

二手车销售定价策略是指二手车流通企业根据市场中不同变化因素对二手车价格的影响程度采用不同的定价方法，制定出适合市场变化的二手车销售价格，进而实现定价目标的企业营销战术。

（1）阶段定价策略　就是根据产品寿命周期各阶段不同的市场特征而采用不同的定价目标和对策。投入期以打开市场为主，成长期以获取目标利润为主，成熟期以保持市场份额、利润总量最大为主，衰退期以回笼资金为主。另外，还要兼顾不同时期的市场行情，相应修改销售价格。

（2）心理定价策略　不同的消费者有不同的消费心理，有的着重经济实惠、物美价廉，有的注重名牌产品，有的注重产品的文化情感含量，有的追赶消费潮流。心理定价策略就是在补偿成本的基础上，按不同的需求心理确定价格水平和变价幅度。如尾数定价策略就是企业针对消费者的求廉心理，在二手车定价时有意定一个与整数有一定差额的价格。这是一种具有强烈刺激作用的心理定价策略。价值尾数的微小差别，能够明显影响消费者的购买行为，会给消费者一种经过精确计算的、最低价格的心理感觉，如某品牌的二手车标价 69998 元，给人以便宜的感觉，认为只要不到 7 万元就能买一台质地不错的品牌二手车。

（3）折扣定价策略　二手车流通企业在市场营销活动中，一般按照确定的目录价格或标价出售商品。但随着企业内外部环境的变化，为了促进销售者、顾客更多地销售和购买本企业的产品，往往根据交易数量、付款方式等条件的不同，在价格上给销售者和顾客一定的减让，这种生产者给销售者或消费者的一定程度的价格减让就是折扣。灵活运用价格折扣策略，可以鼓励需求、刺激购买，有利于企业搞活经营，提高经济效益。

5. 销售价格确定

二手车流通企业通过以上程序制定的价格只是基本价格，只确定了价格的范围和变化的途径。为了实现定价目标，二手车流通企业还需要考虑国家的价格政策、用户的要求、产品的性价比、品牌价值及服务水平，应用各种灵活的定价战术对基本价格进行调整，同时将价格策略和其他营销策略结合起来，如针对不同消费心理的心理定价和让利促销的各种折扣定价等，以确定具体的最终价值。

（三）汽车置换的相关事宜

随着我国汽车产业的快速发展，汽车保有量越来越多，同时，人们对汽车的需求也越来越多样化，汽车置换作为汽车交易的一种方式逐渐显示出满足人们需要的优越性和调节汽车流通的重要作用。

1. 汽车置换的定义

置换业务源自海外，在字典上有两个单词与之相近：Exchange 与 Displacement。就字面意义而言，Exchange 这个词偏重交换的等价性，而 Displacement 则强调的是旧物品（或次一等，较差的）与新物品（较好的）进行交换。这种交换的不等价性由置换方给予差额补贴。

从国内正在操作的汽车置换业务来看，对汽车置换的定义有狭义和广义的区别。从狭义上来说，汽车置换就是以旧换新业务。经销商通过二手商品的收购与新商品的对等销售获取利益。目前，狭义的置换业务在世界各国都已成为流行的销售方式。而广义的汽车置换概念则是指在以旧换新业务基础上，还同时兼容二手商品整新、跟踪服务及二手商品在销售乃至折抵分期付款等项目的一系列业务组合，从而使之成为一种独立的营销方式。二手车作为替代产品，已经对新车销售构成威胁。国内各地的二手车市场虽然起步较晚，但目前的交易规模已经相当可观，狭义置换业务也得到长足的发展；广义的置换业务在国内尚处于萌芽状态，亟待各方面的关心和扶持。

2. 国内主要汽车置换商简介

过去，由于用户对车辆残值和二手车交易行情缺少了解，且缺乏规范、有公信力的专业技术评估手段，导致二手车交易障碍重重，市场发展不够规范。2004 年品牌二手车的兴起，成为了二手车市场的一个亮点。具有原厂质量保证的二手车认证和置换服务，为消费者提供

了车辆更新和购置的新选择。继上海通用汽车率先进入二手车领域后，上海大众、一汽大众等厂家也纷纷进军二手车市场。

（1）上海通用“诚新二手车” 上海通用汽车是国内较早涉足品牌二手车领域的汽车制造商，在服务经验、规范化程度以及开展的业务等方面比较领先，其“诚新二手车”品牌已逐渐成为二手车市场的标杆。目前开展的业务主要还是新车置换，但是业务开展深度较强，认证二手车数量较多，可以在全国范围内开展整备后二手车的销售。2004 年，上海通用汽车开始将中国第一个二手车品牌全面升级，由原来的“别克诚新二手车”升级为“上海通用汽车诚新二手车”。

（2）一汽大众认证二手车 相比上海通用，一汽大众进入二手车领域较晚。2004 年 8 月 28 日，一汽大众认证二手车首批样板店举办了开业典礼，宣布进军二手车业务。相比前者来说，经验和方式等多样性方面不够理想，但也逐渐开展了拍卖等销售方式。首批样板店是一汽大众从全国 347 家特许经销商当中选取的 13 个城市的 16 家信誉较好的经销商，以保证能够赢得良好的口碑。

（3）上海大众特选二手车 上海大众集团早在 2003 年 11 月就推出了自己的二手车交易品牌——上海大众特选二手车。它在发展的形势方面和一汽大众认证二手车基本相同。上海大众在 20 年的时间里累计销售出 287 万辆汽车，目前保有量达到 230 多万辆，是国内汽车品牌中最大保有量的拥有者，车源和用户丰富也是上海大众进行二手车交易（包括旧车置换业务）的优势。

3. 国内主要汽车置换运作模式

（1）我国汽车置换模式 从国内的交易情况来看，目前在我国进行的汽车置换有 3 种模式。

1）用本厂旧车置换新车（即以旧换新）。如厂家为“一汽大众”，车主可将旧捷达车折价卖给一汽大众的零售店，再买一辆新宝来。

2）用本品牌旧车置换新车。如品牌为“大众”，假设拥有一辆旧捷达的车主看上了帕萨特，那么他可以在任何一家“大众”的零售店里置换到一辆喜欢的帕萨特。

3）只要购买本厂或本厂家的新车，置换的旧车不限品牌。国外基本上采用的是这种汽车置换方式。上海通用汽车诚新二手车开展的就是这种汽车置换模式，消费者可以用各种品牌的二手车置换别克品牌的新车。

如果考虑买车人的选择余地和便利程度，当然是第三种方式最佳。不过，这种方式对厂商和经销商而言非常具有挑战性。这是因为中国的车主一般既不“从一而终”地在指定维修点维护修理，也不保留车辆的维修档案，车况极不透明；再者，不同品牌、不同型号的车在技术和零部件上千差万别；而且对于个别已经停产的车型，更换零部件将越来越麻烦。

此外，我国也出现了委托寄卖等置换新模式。我国的委托寄卖主要有 3 种类型：一是自行定价型，即由消费者自行定价，委托商家代卖，等到成交后再支付佣金；二是二次付款型，它是由商家先行支付部分费用，等到成交后再付余款，佣金以利润比例来定；三是周期寄卖型，其方式是由商家向车主承诺交易周期，车价由双方共同确定，而佣金则以成交时间和成交金额双重标准来定。

车辆更新对于车主来说，是一个烦琐的过程，首先要到二手车市场把车卖掉，这其中要经历了解市场行情、咨询二手车价值、与二手车经纪公司讨价还价直至成交、办理各种手续

和等待回款，至少要好几天。等拿到钱后再到新车市场买新车，又是一番周折。对于车主来说，更新一部车比买新车麻烦得多。在生活节奏日益加快的今天，人们期盼能否有一种便捷的以旧换新业务，使他们在自由选择新车的同时，很方便地处理要更新的旧车。因此，具有汽车置换资质的经销商作为中介的重要作用就显现出来。

（2）汽车置换授权经销商　汽车置换授权经销商是我国汽车置换运作的中介主体。汽车置换授权经销商的车辆置换服务将消费者淘汰旧车和购买新车的过程结合在一起，一次完成甚至一站完成，为用户解决了先要卖掉旧车再去购买新车的麻烦。我国汽车置换授权经销商的汽车置换服务一般具有以下特点：

1）打破车型限制。与以往的一些开展汽车置换的厂家或品牌专卖店不同，汽车置换授权经销商对所要置换的旧车以及选择购买的新车，都没有品牌及车型的限制，可以任意置换。汽车置换授权经销商采用汽车连锁超市的模式经营新车的销售，连锁超市中经营的汽车品牌众多，可以满足消费者的不同需求，也可根据顾客的要求，到指定的经销商处，为顾客购进指定的车辆，真正做到了无品牌限制的置换。

2）让利置换，旧车增值。汽车置换授权经销商将车辆置换作为顾客购买新车的一项增值服务，与顾客将旧车出售给二手车经纪公司不同，汽车置换授权经销商通常是以二手车交易市场二手车收购的最高价值甚至高出的价值，确定二手车价值，经双方认可后，置换二手车的钱款直接冲抵新车的价值。

汽车置换授权经销商有自己的二手车经纪公司，同时与二手车交易市场中的众多经纪公司保持联系，保证市场信息渠道的畅通，以及使所置换的旧车能够有快速的销路。车况较好的旧车，汽车置换授权经销商经过整修后，补充到租赁车队中投放低端租车市场，用租赁收入弥补旧车的增值部分后，到二手车市场处置；或者发挥汽车置换授权经销商租车网络优势，租赁运营。

3）“全程一对一”的置换服务。汽车置换授权经销商汽车连锁销售提供的车辆置换服务，是一种“全程一对一”的服务模式。汽车置换授权经销商的业务涉及汽车租赁、销售、汽车金融以及二手车经纪，因此顾客在汽车置换授权经销商选择置换的购车方式后，从旧车定价、过户手续，到新车的贷款、购买、保险、牌照等过程都由汽车置换授权经销商公司内部的专业部门完成，保证了效率和服务水准。

4）完善的售后服务。在汽车置换授权经销商通过置换购买的新车，汽车置换授权经销商将提供包括保险、救援、替换车、异地租车等服务在内的完善的售后服务。对于符合条件的顾客，汽车置换授权经销商还提供更加个性化的车辆保值回购计划，使顾客可以无须考虑再次更新时的车辆残值，安心使用车辆。

4. 汽车置换质量认证

汽车置换中一个最重要、最容易引起争议的问题就是置换旧车的质量问题。和新车交易相比，二手车市场存在很多不透明的地方，二手车评估本身就比较复杂，加上二手机动车交易又是“一旦售出，后果自理”，所以在购买二手车的时候，大部分的消费者并不信任卖家。为了保障交易双方权益、减少纠纷，国外汽车厂商从20世纪90年代就开始对汽车进行质量认证，我国的汽车厂商也从这两年开始进行这一业务。汽车厂家利用自己的技术、设备、人员以及信誉优势，对回购的二手车进行检测、修复，给当前庞大的二手车消费群体提供“放心车”“明白车”，即使价值高于其他市场上的二手车，消费者

也认为值得。同时，汽车厂家介入二手车市场也为规范二手车市场、降低交通安全隐患带来积极影响。

（1）认证的基本概念　经汽车厂商授权的汽车经销商将收上来的该品牌二手车进行一系列检测、维修之后，使该车成为经品牌认证的车辆，销售出去之后可以给予一定的质量担保和品质保证，这一过程通称为认证。

二手车认证方案的开展是市场对二手车刮目相看的首要原因，现在已经得到广泛的支持，很多汽车生产厂家还针对二手车推出一些令人鼓舞的消费措施。目前，认证方案项目一般包括合格的质量要求、严格的检测标准、质量改进保证、过户保证以及比照新车销售推出的送货方案，一些大公司开展的认证还包括提供与新车一样利率的购车贷款。通过认证，顾客和经销商双方都从中得到了实惠。首先顾客对自己购买二手车的心态更加趋于平和，相应地，经销商也实现了认证车辆的溢价销售。而且，顾客再不会有车刚到手就发生故障的经历，经销商也不必再面对恼怒顾客的争吵。

（2）我国的二手车认证　我国二手车认证主要是在一些合资企业中开展，这其中以上汽通用公司和一汽大众公司为代表。

1）上汽通用公司的二手车认证。上汽通用汽车认证的二手车要经过多道程序的严格筛选。首先，认证的二手车有自己统一的品牌，是和诚信谐音的“诚新”，能通过认证，并打上这个牌子的二手车要达到以下条件：首先是无法律纠纷，非事故车，无泡水经历；其次使用不超过 5 年，行驶 10 万 km 以内；原来用途不是用于营运和租赁。

上汽通用的二手车认证有 106 项检验项目，这 106 项检验要进行两次，进场时进行第一次检验，整修后还要进行一次检验。106 项检验主要包括车身、电气、底盘、制动等 6 大类，基本囊括了整个汽车的零配件。通过筛选的二手车，经过整修，再进行 106 项检测，全部合格后才能获得上汽通用公司的认证书。经认证过的二手车出售后能获得半年、1 万 km 的质量保证，在质保期间，如果车辆出现质量问题，客户可以在全国联网的品牌专业维修店获得免费修理和零配件更换。

2）一汽大众的二手车认证。一汽大众的二手车认证有 138 项检测标准，包括发动机（检查压缩比、排放、点火正时等 11 项）；离合器（离合器线束调整、噪声检测等 5 项）；变速器（变速器各档位操控性、变速器油油位等 8 项）；悬架（减振器泄漏等 5 项）；传动系统（差速器泄漏和噪声等 4 项）；转向系统（转向齿条等 7 项）；制动系统（制动蹄片磨损情况等 8 项）；制冷系统（管道泄漏等 4 项）；轮胎轮辋（前轮定位等 5 项）；仪表（仪表灯亮度等 15 项）；灯光系统（车内外灯光光线、警告灯等 10 项）；电子电器（蓄电池、各种熔断器等 8 项）；车辆外部（刮水器胶皮磨损等 7 项）；车辆内部（座椅、杯架、后视镜等 9 项）；空调（气流、风向等 6 项）；收音机及 CD（播放器、扬声器等 3 项）；内饰外观（各种塑料件、装饰件等 3 项）；车身及漆面（破裂、剐蹭等 5 项）；完备性（备胎、说明书等 7 项）；最终路试（操控性、循迹性等 11 项）。

5. 汽车置换的服务程序

汽车置换包括旧车出售和新车购买两个环节。不同的汽车置换授权经销商对汽车置换流程的规定不完全一样。国内一般汽车置换程序如下：

1）顾客通过电话或直接到汽车置换授权经销商处进行咨询，也可以登录汽车置换授权经销商的网站进行置换登记。

2）汽车评估定价。

3）汽车置换授权经销商销售顾问陪同选订新车。

4）签订旧车购销协议以及置换协议。

5）置换旧车的钱款直接冲抵新车的车款，顾客补足新车差价后，办理提车手续，或由汽车置换授权经销商的销售顾问协助在指定的经销商处提取所订车辆，汽车置换授权经销商提供一条龙服务。

6）顾客如需贷款购新车，则置换旧车的钱款作为新车的首付款，汽车置换授权经销商为顾客办理购车贷款手续，建立提供因汽车消费信贷所产生的资信管理服务，并建立个人资信数据库。

7）汽车置换授权经销商办理旧车过户手续，顾客提供必要的协助和材料。

8）汽车置换授权经销商为顾客提供全程后续服务。

在汽车置换中，新车可选择仍使用原车牌照，或上新牌照，购买新车需交钱款：新车价格－旧车评估价格，如果旧车贷款尚未还清，可由经销商垫付还清贷款，款项计入新车需交钱款。

（四）二手车收购风险

1. 二手车收购中的风险

在二手车收购的过程中，环境的变化有可能产生机会，也有可能带来风险。风险是指由于客观环境的变化带来损失，从而难以实现某种目的的可能性。二手车收购中的风险是指由于二手车收购环境的变化，给二手车的销售带来的各种损失。收购环境的变化是绝对的、客观的，并经常会发生，因而在二手车收购过程当中，既充满了机会，同时又会出现许多风险。因此，只有掌握战胜风险的策略和技巧，积极化险为夷，才能把风险变为机会，实现成功的转化。一般原则如下：

1）要提高识别二手车收购风险的能力。应随时搜集、分析并研究市场环境因素变化的资料和信息，判断收购风险发生的可能性，积累经验，培养并增强对二手车收购风险的敏感性，及时发现或预测收购风险。

2）要提高风险的防范能力，尽可能规避风险。可通过预测风险，从而尽早采取防范措施来规避风险。在二手车收购工作中，要尽可能谨慎，最大限度地杜绝二手车收购风险发生的隐患。

3）在无法避免的情况下，要提高处理二手车收购风险的能力，尽可能最大限度地降低损失，并防止引发其他负面效应和有可能派生出来的消极影响。

2. 风险防范措施

在二手车收购中的风险防范上，具体可从以下几个方面考虑影响二手车收购中的风险因素及其相应的防范措施。

（1）新车型的影响　新车型大量应用了新技术，技术含量的提高使老车型贬值甚至被淘汰。从国内市场看，新车型投放速度明显加快，技术含量和配置也越来越高，如转向助力、安全气囊、ABS + EBD、电子防盗、CD 音响都已成了标准装备。以一汽捷达为例，捷达自在国内生产以来经历了多次改款，虽然该车的生产平台未变，但是早期的捷达与现在的捷达在外观和装备上已不可同日而语。因此，二手车市场在收购旧车时应以最新款车的技术装备和价值来作为参照，否则会给二手车收购带来一定的

风险。

（2）车市频繁降价的影响　在新车市场频繁降价、优惠促销的环境下，二手车经纪公司面临着很大的风险，如出现损失只能自己承担。所以，在二手车收购中都是以某一款车目前新车市场的开票价值来计算，而不会去考虑消费者买车时的价值。如果某一款车最近有降价的可能，二手车公司要考虑新车降价的风险，开价往往要比正常的收购价还要低一些。如果某一款车刚降完价，那么收购价就会稳定一段时期。为了减少车辆频繁降价的风险，规范市场、稳定价值成为当务之急。另外，通过二手车代卖的方式，一方面可从中收取一定的交易费，另一方面可以降低风险。

（3）折旧加快的影响　从实际行情看，使用期限在3年以内的车辆折旧最高。使用3年的车辆往往要折旧到40%～50%，其后的几年进入了一个相对稳定的低折旧期，接近10年折旧又开始加快。所以，3年以内的车收购定价要考虑车辆的大幅折旧因素的影响。

（4）排放标准提高的影响　废气排放标准提高也加速了在用车辆的折旧和淘汰。越来越严格的排放标准将使老旧车型加速淘汰。因此，在确定二手车收购价值时应考虑车辆排放标准提高的影响。

（5）车况优劣的影响　有的车虽然只开了两三年，但是机件的磨损已很严重了，操作起来感觉不好。而有的车虽已是五六年了，发动机的状况依然良好，各机件操作顺畅。这些不同车辆的技术状况自然会影响到二手车的收购价格。

（6）品牌知名度的影响　知名品牌的汽车因其市场保有量大、质量可靠而深受消费者的青睐。这些品牌的汽车在新车市场售价较为稳定，口碑好，所以在二手车市场认同率较高，贬值的程度自然要低于其他品牌。而其他一些知名度不高的品牌市场的认同率低，贬值的程度也就要高，在确定二手车收购价值时，应予以考虑。

（7）库存的影响　若二手车销售顺畅，求大于供，二手车经纪公司的库存急剧减少，商家们为了保持正常的经营运转，维持一定的库存，可适当抬高一些收购价格。反之，在二手车销售低迷时，商家们的库存积压，流通不畅，供大于求，商家的主要矛盾是消化库存，这个时期应压低收购价格，规避由于库存积压所带来的风险。

（8）二手车收购合法性的影响　二手车的收购要防止收购偷盗车、伪劣拼装车，要预防收购那些伪造手续凭证、伪造车辆档案的车辆。一旦有所失误，不仅给公司造成直接经济损失所带来的风险，更重要的是造成社会的不良影响，从而损害公司的公众形象。

（9）宏观环境的影响　要密切关注国家有关二手车的政策与法规的变化，做到未雨绸缪。要能够根据已有的和即将颁布的国家有关二手车的政策与法规预测二手车价值的可能变动趋势，及时调整二手车的收购价格，使收购二手车的风险降到最低。

（五）二手车交易洽谈技巧

1. 收购业务洽谈技巧

不论是私人购买二手车，还是开展二手车经营业务，都要对即将收购的车辆及相关业务进行详细准备，为提高效益，有必要进行收购业务洽谈的相关准备。

1）了解待购车辆的手续是否合法，转让人是否合法，车辆来历是否合法，包括机动车行驶证、卖主的身份证、机动车牌号等。

机动车行驶证是机动车取得合法行驶权的凭证，是车辆的登记证明。每一辆在路上行驶的车都会在当地车管所进行登记注册，必要的时候可以致电车管所进行核实。

通过检查卖主的身份证可以判定卖主是否对所卖机动车拥有使用权和支配权。

看机动车牌号，主要看有无涂抹更改的痕迹，应做到与行驶证上登记的号牌一致。车架号也应该与行驶证上登记的号码一致。车架号通常被刻在车辆的车身某个部位，检查是否有更改的痕迹，以防盗抢车辆被购进，降低经营风险。

2）了解车辆转让原因。如果确定为经济拮据，可适当压低收购价格。

3）查阅未处理的违法记录。目前，市场上有待售二手车有交通违法记录未处理的，购买了此类车，就要为前任车主的交通违法行为埋单。可上网查询车辆是否有未处理的违法记录。

4）了解当期该款新车的市场售价。如果该车型停产，可参考其他同档次的新车的市场售价。

5）了解车辆保险的详细情况及剩余保险期的长短。保险越全、保额越高、剩余保险期越长，二手车价值应该越高。

6）了解车船税费缴付情况。

7）了解安全技术检验日期。越是新近检验合格的二手车，价值应当越高。

8）了解车辆配置。配置越高、越多的二手车，价值相对较高。

9）了解市场的保有量。市场保有量越大，说明该车型比较走俏，至少维修起来比较方便，价值相对较高。

10）了解厂家信誉。如果一个厂家频繁地因为各种问题召回车辆，就要考虑多砍掉一些价格，毕竟信誉度有所下降。

11）了解本地市场该车型现实价值。了解相关二手车网站的报价，了解待售车辆剩下的使用年限，确定相应收购价值。

12）认真检查车辆技术状况，发现车辆存在的问题，为收购价格谈判准备素材。

同一年限的车，技术状况不同，价格差异会很大。如一辆6万元左右的车，最多可以有1万~1.5万元的差异。在收购二手车时，要做到认真观察、仔细检测，特别是车辆手续、来源、技术状况等不能有大的问题。

2. 二手车销售业务技巧

不论是私人卖方、开展了二手车经营业务的品牌汽车经销商、二手车专营店还是驻二手车市场的商家，都要对自己的车辆心中有数，对自己车辆的优势、劣势、独特的卖点都要了然于胸。只有对车辆有一个客观、正确的评价，才便于与买家沟通、应对；只有价格公道、合理，才容易成交。否则，买家指出了连车辆的销售者都不知道或者故意隐瞒的瑕疵甚至被买家指出漫天要价，就显得很没有诚意，很难成交。为提高成交率，有必要进行转让业务洽谈的相关准备。

1）了解当期该款新车的市场售价（指在产车。若停产就得参考其他同档次新车的市场售价）。

2）了解车辆保险的详细情况及剩余保险期的长短。保险越全、保额越高（是保单额度，并非每期所交保费，因为保费高的成因有多种）、剩余保期越长的二手车售价应该越高。

3）了解车船税费缴付情况。

4）了解安全技术检验日期。越是新近检验合格的二手车价格应当越高。

5）了解车辆配置。配置越高、越多的二手车价格相对较高。

6）了解市场的保有量。市场保有量越大，说明该车型比较走俏，至少维修起来比较方便，价格相对较高。

7）了解厂家信誉。如果一个厂家频繁地因为各种问题召回车辆，就要考虑多砍掉一些价值，毕竟信誉度有所下降。

8）了解本地市场该车型现实价值，了解相关二手车网站的报价。

9）了解待售车辆剩余的使用年限，以及车辆本身的技术状况，综合考虑后确定出售价值。

3. 交易服务费洽谈技巧

1）不同的评估业务有不同的洽谈方法。交易类业务是服务于二手车市场内部的交易业务，是收取交易管理费的有偿服务。

咨询类业务是服务于二手车市场外部的非交易业务，它是根据地方政府物价管理部门的有关规定，对二手车鉴定评估的有偿服务。包括车辆抵押贷款评估、法院盗抢车价值评估等。

2）不同的评估业务，其服务费也不同。我国二手车鉴定评估的有偿服务收费各地略有不同，为进一步规范二手车（旧机动车）市场交易行为，减轻交易双方负担，支持服务业发展，各地物价部门都有指导性标准。下面以山东省某市为例作介绍。

二手车市场交易服务费，是指市场经营单位对入场交易的车辆收取的市场交易服务费，收费标准为价值评估机构评估额的1%，交易双方各负担一半。除此之外，市场经营单位不得以任何名义、任何方式收取其他任何费用。市场经营单位应对入场交易的车辆提供车位，并免费看管，提供买卖信息，通过媒体进行广告宣传，代办交易车辆过户手续、档案提取、挂牌，为外地客户提供代购、代销等服务。

咨询类业务服务费主要是指二手车价值评估收费。二手车价值评估机构按规定收取评估费，收费标准为评估额的0.3%。二手车价值评估机构必须取得省级以上价值主管部门颁发的《价值评估机构资质证书》，严格执行省物价局下发的二手车价值评估技术操作规范，统一使用省价值鉴证机构确认的专用软件。

该收费标准为最高标准，各经营单位和价值评估机构可根据各自实际在市规定的最高标准内确定具体标准。

（六）典型案例分析

1. 二手车收购定价案例

某车主急于转让一辆捷达轿车，经与二手车交易中心洽谈，由中心收购车辆。车辆基本情况汇总于二手车鉴定估价登记表5-1中。试用快速折旧法计算收购价格。

（1）价值计算　根据登记表得知，该型号的现行市场购置价为120000元，规定使用年限15年，残值忽略不计，现分别以年份数求和法和余额递减折旧法计算，结果见表5-2和表5-3。这里 K_0 取机动车重置成本价120000元，机动车规定折旧年限 $N=15$ 年，折旧率按直线折旧率 $1/N$ 的两倍取值，即有 $a=2\times1/N=2\times1/15=13.3\%$，$t$ 从2010年8月～2014年7月4个年度。

表 5-1 二手车鉴定估价登记表

<table>
<tr><td>车主</td><td>张三</td><td>所有权性质</td><td>私</td><td>联系电话</td><td colspan="2">××××××××</td></tr>
<tr><td>住址</td><td>合肥工业大学</td><td>经办人</td><td>李四</td><td colspan="3"></td></tr>
<tr><td rowspan="3">原始情况</td><td>车辆名称</td><td>一汽捷达</td><td>型号</td><td>167GOD</td><td colspan="2">生产厂家</td></tr>
<tr><td>结构特点</td><td>普通</td><td>发动机型号</td><td>ARC012O7</td><td colspan="2">车架号</td></tr>
<tr><td>载质量/座位数/排量</td><td>1.6L</td><td>燃料种类</td><td>汽油</td><td colspan="2"></td></tr>
<tr><td rowspan="7">使用情况</td><td>初次登记日期</td><td>2010 年 8 月</td><td>牌照号</td><td>鄂 AQ5×××</td><td colspan="2">车籍</td></tr>
<tr><td>已使用年限</td><td>3 年 6 个月</td><td>累计行驶里程</td><td>8.1 万 km</td><td colspan="2">工作性质</td></tr>
<tr><td rowspan="2">大修次数</td><td>发动机</td><td>次</td><td rowspan="2">工作条件</td><td colspan="2" rowspan="2">一般</td></tr>
<tr><td>整车</td><td>次</td></tr>
<tr><td>维修情况</td><td>好</td><td>现时状态</td><td>在用</td><td colspan="2"></td></tr>
<tr><td>事故情况</td><td colspan="4">无</td><td></td></tr>
<tr><td>现时技术状况</td><td colspan="4">离合器有打滑现象，变速器挂档有异响，
转向系统低速有摆振现象，转向不灵敏</td><td></td></tr>
<tr><td rowspan="2">手续情况</td><td>证件</td><td>养路费黄牌标识遗失</td><td colspan="4"></td></tr>
<tr><td>税费</td><td>齐全、有效</td><td colspan="4"></td></tr>
<tr><td rowspan="2">价值反映</td><td>购置日期</td><td>2010 年 7 月</td><td>账面原值/元</td><td>142000</td><td>账面净值/元</td><td>—</td></tr>
<tr><td>车主报价/元</td><td>74000</td><td>重置价值/元</td><td>120000</td><td>初估价值/元</td><td>71000</td></tr>
</table>

表 5-2 用年份数求和法计算折旧额

年　数	递减系数	年折旧额/元	累计折旧额/元
2010 年 8 月～2011 年 7 月	15/120	15000	15000
2011 年 8 月～2012 年 7 月	14/120	14000	29000
2012 年 8 月～2013 年 7 月	13/120	13000	42000
2013 年 8 月～2014 年 7 月	12/120	12000	54000

表 5-3 用双倍余额递减法计算折旧额

年　数	年折旧额/元	累计折旧额/元	年　数	年折旧额/元	累计折旧额/元
2010 年 8 月～2011 年 7 月	16000	16000	2002 年 8 月～2003 年 7 月	12018	41885
2011 年 8 月～2012 年 7 月	13867	29867	2003 年 8 月～2004 年 7 月	10415	52300

由于车辆已使用年限为 3 年 6 个月，用年份数求和法和双倍余额递减法计算折旧额分别为 48000 元（42000 + 12000/2）和 47093 元（41885 + 10415/2）。

（2）技术状况鉴定　离合器有打滑现象，变速器挂档有异响，需维修费 700 元；转向系统低速有摆振现象，转向不灵敏，需维修费 1550 元；黄牌标识遗失，登报声明补办的费

用100元。上述费用合计为700元+1550元+100元=2350元。

(3) 确定收购价值 根据前述收购价值计算公式，确定收购价格如下：

用年份数求和法计算收购价格为120000元-48000元-2350元=69650元。

用双倍余额递减法计算收购价格为120000元-47093元-2350元=70557元。

根据收购价格评估，与车主最后协商后，确定收购价格为70000元，经维修后销售，获利3000元。

2. 二手车销售定价案例

某二手车的基本情况如下：

品牌型号为一汽大众捷达CIF；号牌号码为辽A55H33；发动机号码为EK5647；车辆识别代号/车架号为LHK35425895154125；注册登记日期为2009年12月20日；年审检验合格至2014年4月；有车辆购置税完税证明。

某4S店于2014年4月收购，收购价格为4.40万元。

该车欲于2014年10月销售，其销售价格确定方法如下：

(1) 固定成本费用摊销率的确定 按该4S店的固定成本构成情况分析，分摊在二手车销售这一块的固定成本摊销率为1%。

(2) 变动成本的确定

1) 该车实体价值即为收购价格，4.40万元。

2) 收购车辆时的运输费用合计为65元。

3) 从收购日起到预计的销售日，分摊在该车上的日常维护费用约400元。

4) 该车收购后，维修翻新费用合计3200元。

5) 车辆存放期间，银行的活期存款利率为0.36%。

该二手车的变动成本=(收购价格+运输费用+维护费用+维修翻新费用)×(1+利率)

=(44000元+65元+400元+3200元)×(1+0.36%)=64824元

该二手车的总成本费用=收购价格×固定成本费用摊销率+变动成本

=44000元×1%+64824元=65224元

(3) 确定销售价值 按成本加成定价法，本车型属于大众车型，市场保有量较大，且销售情况平稳。根据销售时日的市场行情，一般成本加成率在6%左右。因此该车的销售价值为

二手车销售价格=该车总成本×(1+成本加成率)

=65224元×(1+6%)=69137元

(4) 确定最终价格

1) 该4S店目前处于比较稳定的经营时期，二手车经销状况也比较稳定，故应以获取合理利润为目标，所以成本加成率不作调整，即仍取6%。

2) 该车不准备采用折扣定价策略，而上述计算结果中有精确的尾数，即采用尾数定价策略，也不再作调整。

故该二手车的最终销售价格确定为69137元。

【模块总结】

1. 二手车交易有直接交易、中介经营、二手车销售等类型。根据二手车买卖双方身份

不同，二手车交易者有个人对个人交易、个人对单位交易、单位对个人交易和单位对单位交易等。

2. 二手车个人直接交易和通过二手车经纪机构进行的二手车交易，卖方不能直接给买方开具二手车销售统一发票。

3. 二手车交易合同按当事人在合同中处于出让、受让或居间中介的不同情况，可分为二手车买卖合同和二手车居间合同两种。

4. 二手车质量保证就是在二手车销售的同时，销售商承诺对车辆进行有条件、有范围、有限期的质量保证，并切实履行承诺的责任和义务。

5. 机动车的折旧是指机动车随着时间的推移或在使用过程中，由于损耗而转移到产品中去的那部分价值，称为机动车折旧。折旧基金是为了补偿机动车的磨损而逐年提取的专用基金，其主要目的是在二手车不能使用或不再使用时，用折旧基金购置新车辆，实现机动车更新。

6. 机动车的损耗分为有形损耗和无形损耗。有形损耗是固定资产在使用中的磨损和自然力影响其物理性能而发生的实物磨损。无形损耗是由于技术进步、劳动生产率提高等原因使机动车变得陈旧或不适用而提前报废所发生的价值损失。

7. 车辆的折旧根据车辆的价值、使用年限，用所规定的折旧方法计算。

8. 二手车的收购定价的影响因素有车辆的总体价值、二手车收购后应支出的费用、市场宏观环境的变化、市场微观环境的变化、经营的需要、品牌知名度和维修服务条件等。

9. 二手车收购价格的确定一般有以现行市价法、重置成本法确定收购价值；以清算价值的方法确定收购价格和以快速折旧的方法确定收购价格三种方法。

10. 二手车销售定价的影响因素有成本因素、供求关系、竞争状况和国家政策法令等。

【思考与练习】

一、选择题

1. 二手车买卖合同发生争议，(　　) 不属于正确的解决方式。

A. 仲裁　　B. 单方处理　　C. 协商　　D. 诉讼

2. 二手车交易后，原为运营车辆，交易后改为私家车，其规定使用年限按 (　　) 执行。

A. 私家车规定的使用年限　　B. 另行规定一个使用年限

C. 营运车辆的规定使用年限　　D. 按折中方案

3. 二手车评估时，应查验车辆行驶证副页的检验栏目中，是否盖有检验专用章及填注的 (　　)。

A. 日期是否在有效期内　　B. 文字是否正确

C. 签字是否有效　　D. 数字是否清晰

4. (　　) 是允许过户的。

A. 已达到报废年限的机动车

B. 法院等部门查封、财产抵押及“被盗抢”机动车

C. 逾期未参加定期检验的机动车

D. 机关事业单位所有的机动车

5.（　　）不属于二手车交易过程中发生的费用。

A. 车辆检测费　B. 车辆购置税　C. 车辆评估费　D. 经营手续费

二、判断题

1. 人民法院出具的发生法律效力的判决书、裁定书、调解书可以作为二手车来历凭证。（　　）

2. 购买人取得二手车交易发票，机动车行驶证与机动车登记证书，就完成了车辆的所有权转移。（　　）

3. 机动车行驶证是由公安车辆管理机关依法对机动车辆注册登记核发的证件，是机动车取得合法行驶资格的法定证件。（　　）

4. 二手车交易评估完全采取自愿原则，但属于国有资产的车辆，应当按照国家有关规定进行鉴定评估。（　　）

5. 按照相关法规，所有在道路上行驶的车辆都必须缴纳机动车交通事故责任强制保险费。（　　）

6. 按照相关法规，机动车交通事故责任强制保险实行全国统一保险保单条款、全国统一基础保险费率、全国统一责任限额。（　　）

7. 按照相关法规，没有办理机动车交通事故责任强制保险的二手车也可以交易。（　　）

三、简答题

1. 二手车交易哪些有种类？
2. 为什么说信息的不对称性对买卖双方都有不利的影响？
3. 二手车质量保证有什么意义？
4. 请简要说明二手车直接交易的一般程序。
5. 二手车交易完成后，卖方应向买方交付哪些手续？

模块六 事故车鉴定与评估

教学目标

通过本模块的学习，能够掌握常见碰撞事故车、水损车、火灾车等的鉴别方法，减小车辆收购风险。

能力要求

1. 能够掌握碰撞事故车的简易辨别方法。
2. 能够掌握水损、火灾车的简易辨别方法。

引言

二手车交易时，经常有碰撞事故车、水损车、火灾车等混入其中，部分经营者从中牟取暴利。为提高鉴别技能，减小收购风险，本模块设置两个学习单元：损伤评估基础理论和典型事故车鉴定与评估。相关知识及内容如下：

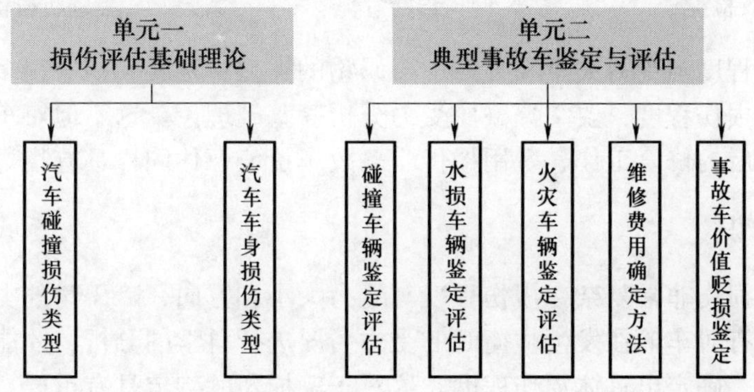

单元一 损伤评估基础理论

一、单元描述

外观检查　　诊断过程　　发动机舱检查

事故车的损伤程度与受力大小和方向、障碍物的类型和接触面积等很多因素有关。要想准确地把握车辆的损伤程度，要掌握碰撞受力分析等基础理论。这不但对车辆损伤的判定具有重要意义，对今后的修复工作、费用报价、事故车价值评估同样具有指导意义。

二、相关知识

汽车碰撞后的损伤非常复杂，损伤程度与受力大小和方向、障碍物的类型和接触面积等很多因素有关。只有对车辆在发生碰撞时的受力情况进行科学的分析，才能准确地把握车辆的损伤形式、部位，确定出具体损伤程度。这对车辆损伤的判定具有重要意义，对今后的修复工作及费用报价也具有指导意义。

（一）碰撞损伤分析

1. 碰撞点形成的损伤

在汽车碰撞过程中，不同碰撞冲击力的方向造成的损伤不同。例如，在一次汽车碰撞过程中，冲击力以垂直和侧向角度撞击汽车的右前翼子板，冲击合力可以分解成为两个分力：水平分力和侧向分力，如图 6-1 所示。这两个分力都被汽车零部件所吸收。水平分力使汽车右前翼子板变形方向指向发动机舱盖中心。侧向分力使汽车的右前翼子板向后变形。这些分力的大小及对汽车造成的损伤与碰撞角度有关。水平分力通过散热器框架传递给左侧翼子板及纵梁，间接造成左侧翼子板、纵梁变形。所以正确的受力分析对搞好车损评估、减少遗漏至关重要。

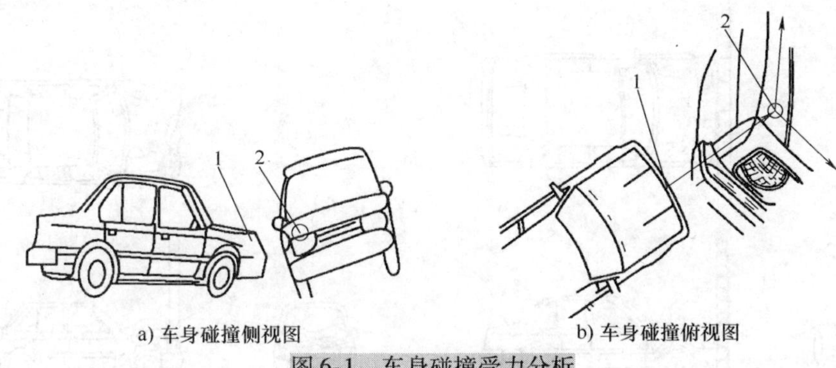

a) 车身碰撞侧视图　　b) 车身碰撞俯视图

图 6-1　车身碰撞受力分析

1—A 车碰撞点　2—B 车碰撞点

冲击力造成的损伤程度也同样取决于冲击力与汽车质心相对应的方向。如果冲击力的方向并不是沿着汽车的质心方向，如图 6-2a 所示，一部分冲击力将形成使汽车绕着质心旋转的力矩，该力矩使汽车旋转，地面与轮胎的摩擦消耗了大量能量，从而减小冲击力对汽车零部件的损伤，损伤程度较轻。

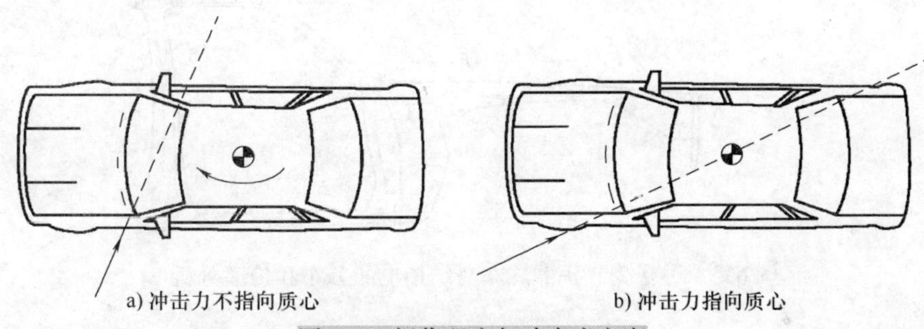

a) 冲击力不指向质心　　b) 冲击力指向质心

图 6-2　损伤程度与冲击力方向

如果冲击力指向汽车的质心，如图 6-2b 所示，汽车不会旋转，大部分能量将被汽车零件所吸收，造成的损伤非常严重。

2. 以碰撞接触面积形成的损伤

汽车以相同的速度碰撞不同类型的障碍物，损伤的程度也不同。如果撞击到一面墙，如图 6-3a 所示，撞击的面积较大，损伤程度就较小；如果撞击到像电线杆等，如图 6-3b 所示，接触面积小，像保险杠、发动机舱盖、散热器等都会发生严重变形，使发动机向后移动，甚至扩展到后悬架等，这样碰撞损伤的程度就很严重。

3. 冲击力的传递性损伤

现代汽车车身上有许多焊接缝。这些焊接缝可以作为汽车结构的刚性连接点。这些刚性连接点将冲击力传递给整个汽车上与之连接的钣金件和汽车零部件，这样就降低了汽车的结构变形。

冲击力在承载式车身结构上的分布和传递分析如图 6-4 所示，当汽车前角受到一个力 F_0 作用给 B 区域时，B 区域将会变形而吸收能量，冲击力减到 F_1 并传递到 C 点，金属将发生变形，力继续减小到 F_2，传递到 D 点，并分解成两个方向，其中 F_3 继续减弱传递给 E，F_4 继续减小，汽车顶盖金属轻微变形，在 F 点几乎不再有冲击力，也不再发生变形。刚性连接点、结构件、钣金件都可以吸收能量，碰撞能量大部分都被变形汽车零部件所吸收。

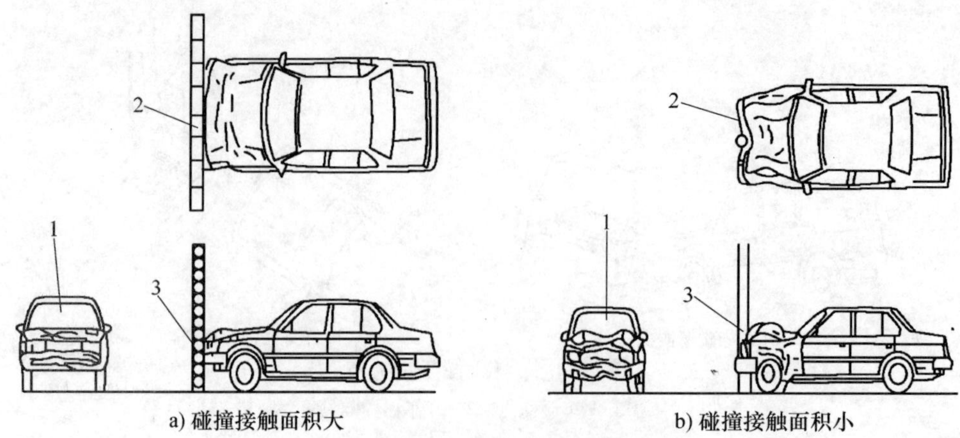

图6-3 损伤程度与碰撞接触面积

1—事故车 2—俯视图 3—侧视图

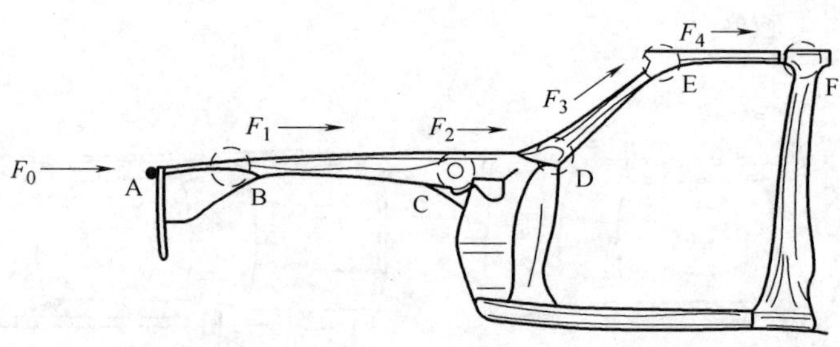

图6-4 冲击力在承载式车身结构上的分布和传递分析

（二）车身损伤类型

非承载式车身用橡胶垫支撑固定到车架上，当受到严重的碰撞时可以导致车身与车架的连接螺栓和橡胶支架弯曲或断裂，在车身与车架之间形成一条缝隙。所以，对于非承载式车身的碰撞要注意橡胶连接处的勘察。

1. 非承载式车架损伤

非承载式车架碰撞损伤包括侧弯、下凹、折皱或压溃、菱形损伤、扭曲等。

（1）侧弯损伤 侧弯损伤由侧面碰撞所引起，造成车架或承载车身发生侧向弯曲变形，如图6-5所示。侧弯通常出现在车辆某一侧的前部或后部，从表面上看，一侧车门拉长而出现裂纹，一侧车门缩短而出现折痕，其结构上导致纵梁的内侧和对面那根纵梁的外侧出现折皱凸痕。

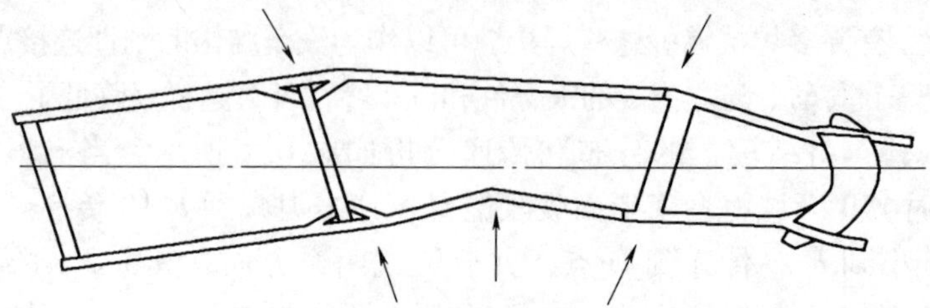

图6-5 侧弯损伤（箭头表示冲击力方向）

(2) 下凹损伤　指车架前部或后部由于正面碰撞引起的损伤，即车架或承载车身上某一段比正常位置低。下凹损伤可能发生在某一侧，也可能在两侧同时发生，如图6-6所示。

(3) 折皱或压溃损伤　指保险杠受到正面碰撞而造成车架的折皱或压溃现象，如图6-7所示。非承载式车身的车架设计多处可压溃的弯角，用于吸收汽车碰撞过程中的大部分能量。所以，事故车检查时要重点检查车架上这些可压溃部分是否损伤。

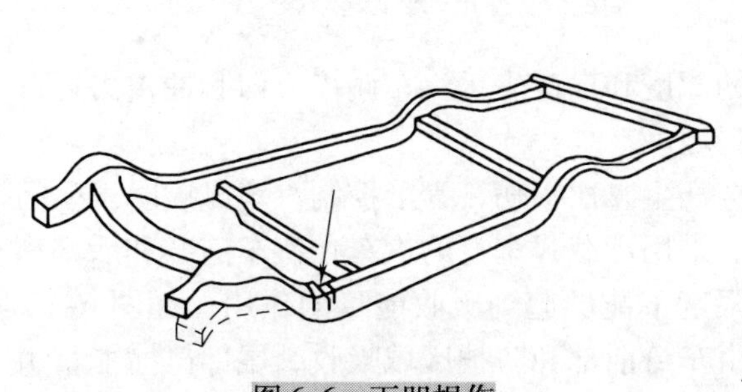

图6-6　下凹损伤

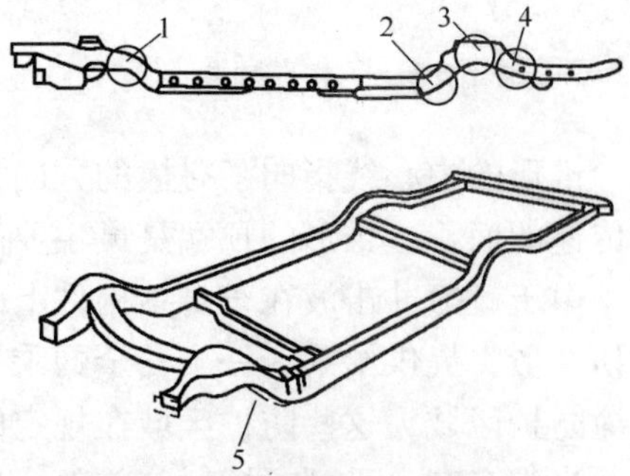

图6-7　折皱或压溃损伤

1～4—压溃点　5—前后侧纵梁冲击力挤压方向

(4) 菱形损伤　指车架对角方向受到前部或后部碰撞，造成整个车架变成平行四边形的损伤，如图6-8所示。当造成菱形损伤时，不但会影响车架纵梁，而且发动机舱盖、行李舱、乘员舱或货车地板也可能出现折皱变形，有时还会出现挤压和下凹损伤现象。

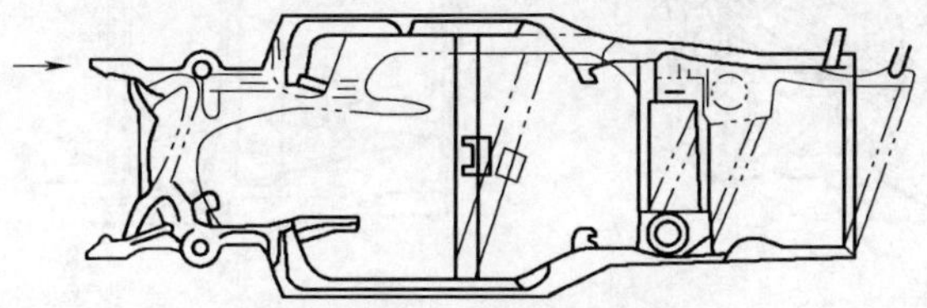

图6-8　车架严重菱形损伤

⟶ 表示冲击力方向　——表示车架碰撞前形状　-·-·- 表示车架碰撞后形状

(5) 扭曲损伤　指车架的一角上翘，而其对角则下折的损伤，重型车辆单侧车轮下沟翻车常会引起车架扭曲损伤，如图6-9所示。

对于非承载式车架的侧弯、菱形、扭曲等变形维修较为困难，校正车架前需将车架上的货箱、驾驶室等相连部件拆下。

2. 承载式车身碰撞损伤

由于承载式车身是由金属板件连接而成，当汽车发生碰撞时，冲击力会以碰撞点为中心向外扩散，如图6-10所示。碰撞对承载式车身的损伤最好用圆锥模型来描述，当受到撞击时，车身的折皱将吸收碰撞能量，冲击力不断传递，碰撞能量逐渐被吸收，直到碰撞能量全部被吸收，冲击力才停止传播。

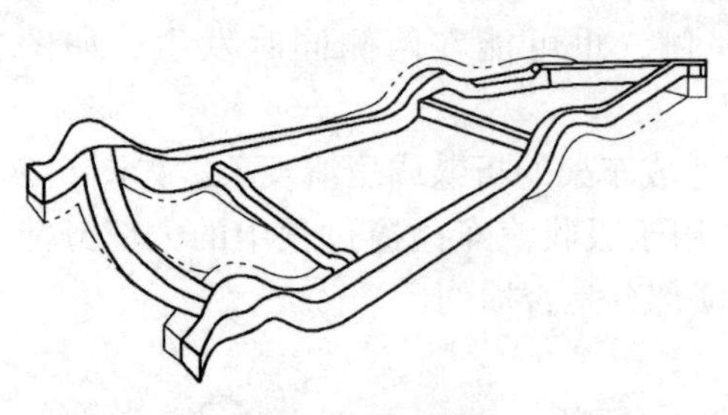

图 6-9　扭曲损伤

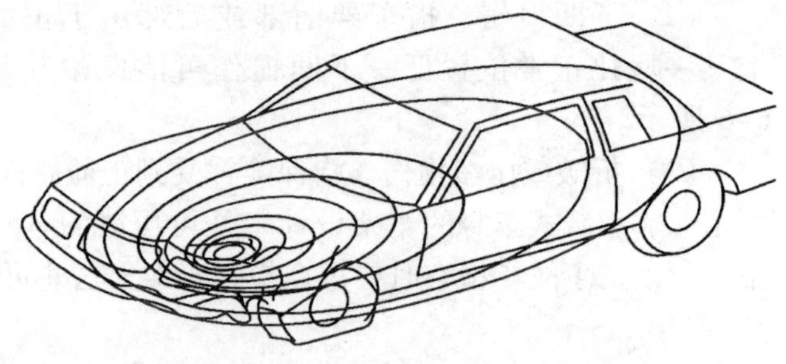

图 6-10　冲击力在承载式车身中的扩散

锥形的中心线指向了碰撞的方向，锥形的深度和广度表示汽车碰撞方向和冲击力通过车身传递的面积，锥形的顶端是最主要的损伤区域。

由于碰撞冲击波在车身结构件上的传播会产生二次损伤，为了控制汽车碰撞时发生间接损伤变形，提供给乘客一个安全的乘坐空间。采用承载式车身的汽车在汽车前部和后部都有碰撞防护区域，这些防护区域在规定的碰撞限度下能够起到吸收能量的作用，如图 6-11 所示。当汽车车身受到碰撞时，前部碰撞能量由车身前部和防护区域吸收，尾部碰撞能量由车身尾部和防护区域吸收，侧面冲击由车门槛板、顶部纵梁、B 柱和车门吸收。

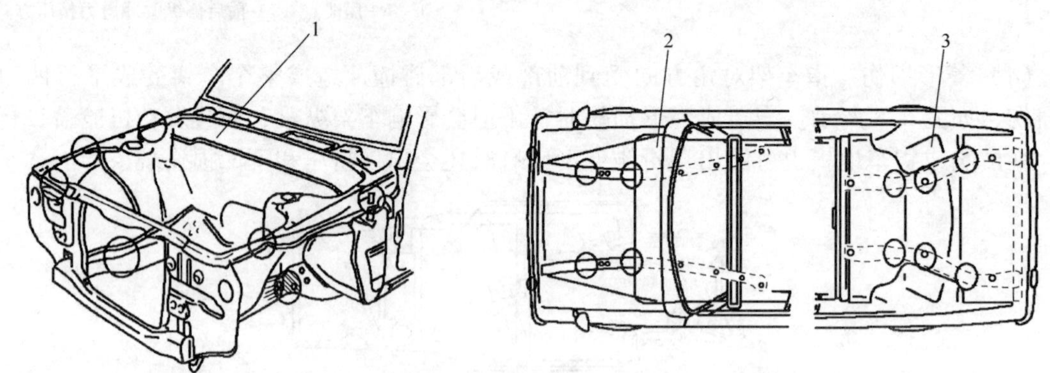

图 6-11　承载式车身汽车前后部碰撞防护区域

1—车身前纵梁及挡泥板吸能区域　2—车身前部纵梁吸能区域　3—车身尾部纵梁吸能区域

（1）按碰撞损伤行为不同分类　汽车碰撞损伤按碰撞损伤行为不同可分为直接损伤和间接损伤两种。直接损伤也称一次损伤，间接损伤也称二次损伤。

1）直接损伤。直接损伤是指汽车碰撞直接接触点的车身一次损伤，称直接损伤。由于车辆结构、碰撞力和角度以及其他因素的差异，损伤区域是多种多样的。像造成翼子板变形和开裂以及零件破碎等可见的、不需要测量的损伤，如图 6-12 所示中的车灯损伤。直接损伤一般是在完成所有间接损伤的修理后，采用对车身填料的方法对直接损伤进行修理，由于钣金件非常薄，对其修理是非常有限的。

2）间接损伤。间接损伤是指发生在直接损伤区域之外，并离碰撞点有一段距离的损伤。间接损伤是在碰撞力向后传递过程中形成的，即碰撞力从冲击区域延伸到车身连接区，并且碰撞能量在向毗邻板件移动的过程中被吸收，如图 6-12 中的车门变形等。

间接损伤程度取决于碰撞力的大小和作用方向以及吸收碰撞能的各个结构件的强度。很

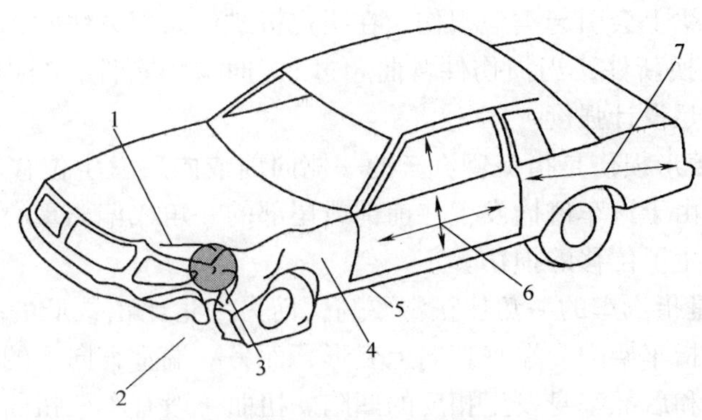

图 6-12 一、二次损伤

1—漆面裂痕迹象 2—碰撞力作用方向 3—碰撞位置 4—构件吸能变形
5—开焊 6—车门、车窗变形 7—后部变形

多承载式汽车车身被设计成能压溃并能吸收碰撞能量的结构，以便于保护车内乘员。间接损伤也可由动力传动系和后桥的惯性力造成。由于车辆因碰撞突然停止，机械零部件的惯性力全部作用到固定点和支撑构件上，使毗邻金属件可能发生皱曲、撕裂或开焊等现象。因此，事故车检查时必须注意检查悬架、车桥、发动机和变速器的固定点是否损伤。

间接损伤有时不容易发觉。常见的有钣金件皱曲、漆面开裂和伸展、钣金件缝隙错位、接口撕裂、开焊等，这些损伤要仔细查找相关线索才能发现。

（2）按车身损伤结果不同分类　按车身损伤结果不同可分为侧弯、凹陷、折皱或压溃、菱形损伤和扭曲等几种，如图 6-13 所示。

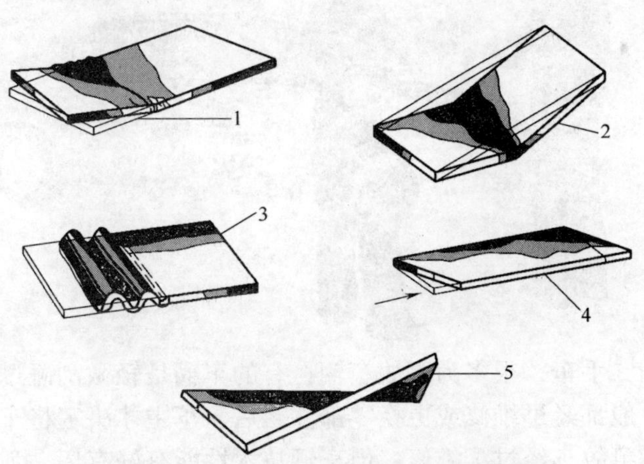

图 6-13 汽车车架和车身的碰撞损伤类型

1—侧弯 2—凹陷 3—折皱或压溃 4—菱形损伤 5—扭曲

1）侧弯。侧弯是指汽车前部、汽车中部或汽车后部在冲击力的作用下，偏离原来的行驶方向发生的碰撞损伤。冲击力造成汽车的一边伸长、一边缩短的情况。

2）凹陷。凹陷是指由于正面碰撞或追尾碰撞引起的零件表面呈现的凹陷形状，可能发生在汽车的一侧或两侧，是交通事故中常见的碰撞损伤类型。

3）折皱或压溃。折皱就是微小的弯曲，汽车发生正面碰撞或追尾碰撞，非承载式汽车

车架或承载式车身纵梁上会引起类似损伤。在决定折皱件修理方法时，技术人员必须合理地考虑零件是修理还是换新件，当损伤件弯曲超过 90°时应换新件，当损伤件弯曲小于 90°时可以修理，但必须满足设计强度。

4）菱形损伤。菱形损伤是指一辆汽车的一侧向前或向后发生位移，使车架或车身不再是方形的损伤情况。由于汽车碰撞发生在前部或尾部的一角或偏离重心方向所造成发动机舱盖和车尾行李舱盖发生了位移的损伤。

5）扭曲。扭曲是指汽车的一角比正常要高，而另一角比正常低的损伤情况。非承载式车身发生扭曲时，是指车架的一端垂直向上变形，而另一端垂直向下的变形。承载式车身发生扭曲时，是指前部和后部车身发生相反的凹陷。扭曲一般有车架扭曲和车身扭曲，它们的修理方法和修理工时不同，车身扭曲的维修相对困难，费用较高。

单元二 典型事故车鉴定与评估

一、单元描述

目前进行交易的二手车，很多为事故车辆，有的车辆是轻微刮碰过，有的车辆是较重碰撞过，这些事故车一般都经过维修或更换零部件之后，车主才决定将车卖掉。还有的直接将事故车辆转让。虽然事故车经过了维修，但车辆技术性能有好有坏。为准确地鉴定评估事故车辆的技术状况，使车辆潜在的故障能被检测出来，为以后再次维修所需价值做出正确估算，使买卖双方都满意，要求鉴定评估师应熟练掌握事故车的辨别、维修方法判断及正确估价。

二、相关知识

（一）碰撞车辆鉴定评估

检查车辆外观时参照附录 B 中图 2 所示车体部位，判别车辆是否发生过碰撞、火烧，确定车体结构是完好无损或者有事故痕迹；使用漆面厚度检测设备配合对车体结构部件进行检测；使用车辆结构尺寸检测工具或设备检测车体左右对称性。对车体状态进行缺陷描述；任何一个检查项目存在变形、扭曲、更换、烧焊、褶皱缺陷时，则该车判定为事故车。事故车的车辆技术鉴定和价值评估不在《二手车鉴定评估技术规范》的范围之内。

1. 正面碰撞损伤鉴定评估

汽车正面碰撞的事故很多，即使一个小的追尾，保险杠也会向后移动，中度正面碰撞会使保险杠支架、散热器框架、前翼子板、前纵梁弯曲。如果冲击力再大，前翼子板将接触前车门，前纵梁在前悬架横梁处产生折皱损伤，如图6-14所示。如果冲击力非常大，车身A柱（特别是汽车前门上部铰链安装部分）将会弯曲，这将引起前车门的脱落、前纵梁折皱、前悬架横梁弯曲、仪表板和车身底板弯曲并吸收能量，如图6-15所示。

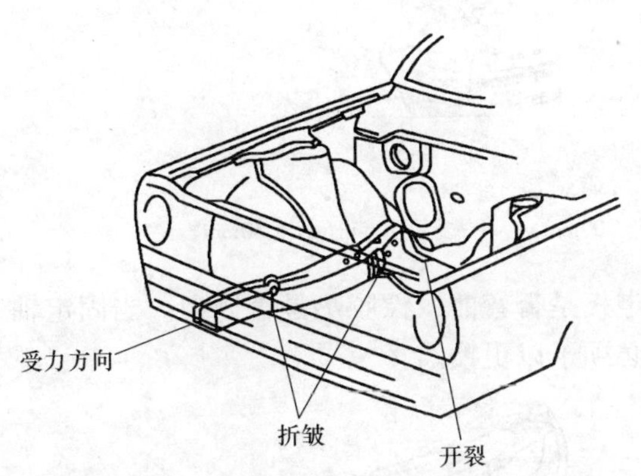

图6-14 承载式车身汽车折皱和断裂作用

图6-15 车身前纵梁、A柱损伤图

1—前纵梁损伤 2—A柱损伤

如果正面碰撞是以一定角度碰撞的，以前横梁的接触点为轴，向侧面和垂直方向弯曲。因为左右纵梁是通过横梁连接的，汽车碰撞的冲击力从碰撞接触点通过前横梁传递到汽车另一侧纵梁上引起变形。评估检查要注意类似间接损伤的影响，检查重点包括以下内容。

（1）前保险杠及吸能装置　检查保险杠是否有打磨、焊接、喷漆的迹象，检查保险杠与前照灯、翼子板等零件的配合间隙是否均匀，进而判别是否有过事故。

钢制保险杠可用碰撞修复设备校正和修复。镀铬保险杠损伤时，应予以更换。

铝制保险杠轻微碰撞时可被校正，中度以上的碰撞多以更换修复为主。轻微刮伤的铝制保险杠可以经抛光来恢复铝面的光泽。

保险杠饰条破损以换为主。

保险杠固定脚、表面轻微开裂可用塑料焊机修复；保险杠表面轻微变形但无折皱时可用加热方法恢复变形部位。

保险杠常见的可维修损伤类型有凹陷、轻微刮伤、轻微裂纹（长度小于100mm）、穿孔（直径小于30mm）等，如图6-16所示。维修凹陷损伤的一般工艺流程如下：

首先清洗、干燥待修部位，用热风吹风机加热凹坑部位，直至可用合适的工具压平凹

坑。用P120砂纸/金刚砂纸打磨凹坑区域，然后用清洗剂清洗维修部位，晾干5min。涂一层薄薄的粘结剂，晾干10min，用粘结剂填充不平表面，用抹刀磨平，用红外线的灯加速固化（将温度调至60~70℃，时间调为15min）。用P120砂纸打磨凹坑部位，去除灰尘磨屑，涂一层薄薄的粘结剂，晾干10min，最后按油漆维修手册要求恢复漆面。轻微擦伤、裂纹、孔洞可参考以上维修方法。

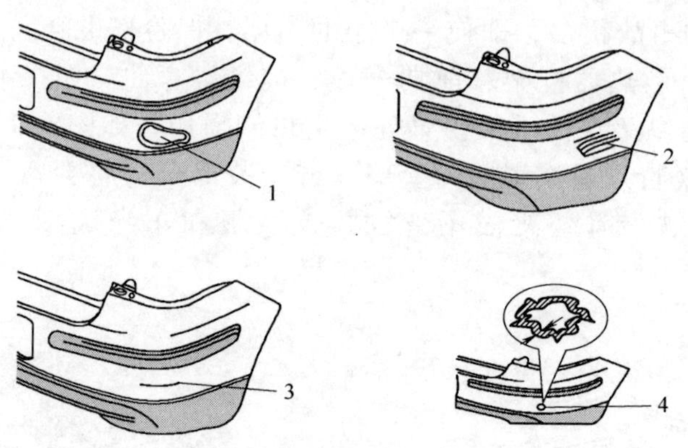

图6-16 保险杠轻微损伤

1—凹陷 2—轻微刮伤 3—轻微裂纹（长度小于100mm） 4—穿孔（直径小于30mm）

检查时，应该注意检查吸能器的固定轴和固定板是否弯曲，橡胶垫是否撕裂。当固定轴出现弯曲或者橡胶垫脱离安装位置时，吸能器就必须予以更换。

（2）散热器支架 散热器支架一般焊接在前翼子板和前横梁上形成车辆前板，如图6-17所示。在一些非承载式车身结构的车辆中，散热器支架用螺栓固定在翼子板、车轮罩和车架总成上，除了提供前部钣金件的支承外，也支撑散热器以及相关冷却系统零部件。

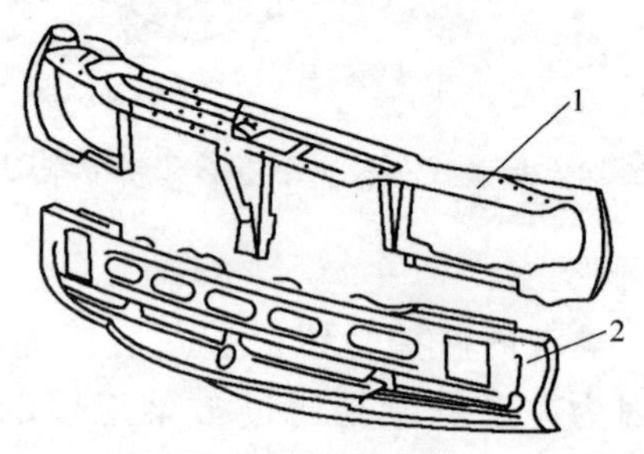

图6-17 散热器支架形成承载式车身前部

1—散热器支架上部 2—散热器支架下部

散热器支架损伤修复可由普通校正设备和技术进行校正，如果支架部分损伤，只需更换相应损伤部件。当散热器支架严重变形时，应整体更换。

检查时，仔细观察散热器支架是否经过维修，检查散热器支架两端的密封剂是否完好，标牌是否完好。如果密封剂、漆面有维修痕迹，意味该车前部有过碰撞损伤。图6-18为完好的丰田威驰散热器支架标牌。

（3）发动机舱盖 检查发动机舱盖与两侧翼子板之间的缝隙是否均匀，检查内、外板及外部边缘减振胶是否均匀。如果密封剂、漆面有维修痕迹，意味该车发动机舱盖有过碰撞损伤。图6-19为完好的丰田威驰发动机舱盖减振胶。铁质发动机舱盖根据损伤变形程度不同可选择钣金修理法修复或整体更换；铝质发动机舱盖通常产生较大的塑性变形就需更换。铰链轻微损伤时可以修理，缆索损伤以更换为主。撑杆有铁质撑杆和液压撑杆两种，铁质撑杆可通过校正修复，液压撑杆撞击变形后需更换。

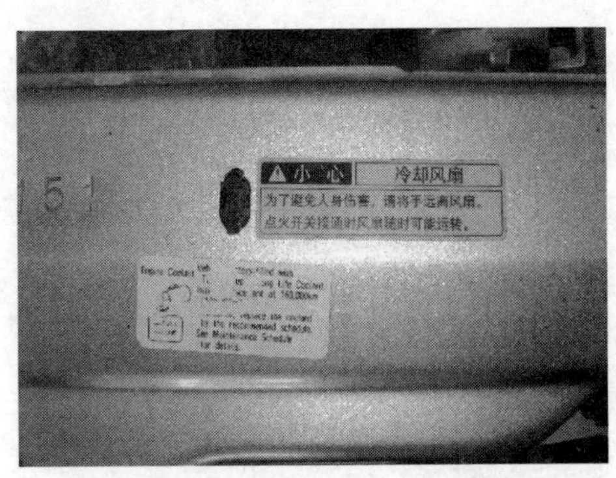

图 6-18 丰田威驰散热器支架标牌检查

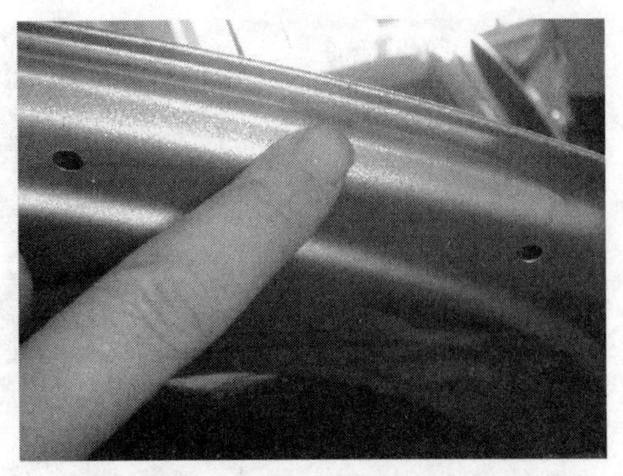
图 6-19 丰田威驰发动机舱盖减振胶检查

(4) 前翼子板 检查翼子板紧固螺钉是否有维修过的痕迹，检查其表面腰线是否规整。用手指轻轻敲击表面，判别是否有打磨迹象。如果声音浑厚为进行过打磨、喷漆。钢制翼子板变形后可经过钣金校正修复；玻璃纤维和塑料翼子板上的凿孔和破碎可用玻璃纤维修补剂修复。

(5) 前纵梁 前纵梁是前部最重要的结构件，影响乘客的安全性及关键部件的安装尺寸。发生碰撞出现弯曲，以拉伸校正为主。经拉伸后如严重开裂应进行更换。可根据不同损伤程度截取更换，如图 6-20 所示。检查时要仔细查看前纵梁是否有钣金、喷漆迹象。

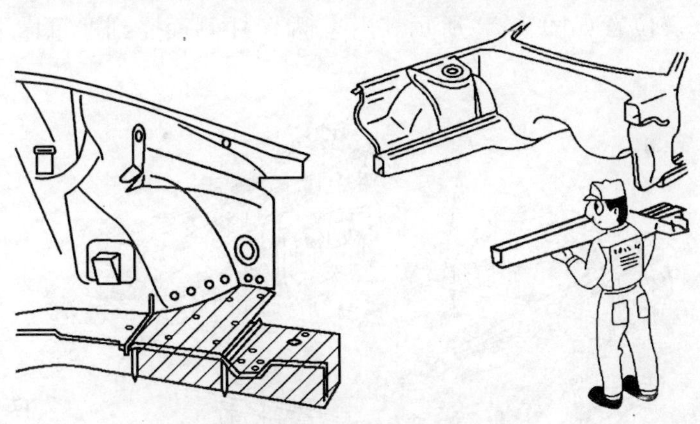
图 6-20 纵梁的部分更换及整体更换

2. 侧面碰撞损伤鉴定评估

(1) 车门 汽车侧面受到碰撞时，常常会导致车门、车身中柱，甚至车身底板都会发生弯曲变形，车门检查时要多次开关车门。如果关闭车门听见“嘭、嘭”声音时，说明车门密封良好；检查车门与车身的配合间隙，如果间隙较大说明该车门有过事故。检查玻璃的年份标签是否和车本身生产年份一致。图 6-21 为丰田威驰车生产年份和玻璃的年份标签，其右后车门玻璃年份与 17 位编码年份不一致，说明该车有过较大事故，玻璃曾经更换过。

车门外板件变形可采用吸盘、撬杆、整形机等钣金工具进行修理。如果损伤严重，车门外面板能单独更换；车门上的防擦饰条拆解后可利用两面胶进行二次粘结；车门框产生塑性变形应更换；车门维修后应检查密封性及降噪等方面的性能，即车门开关灵活，运动自如；

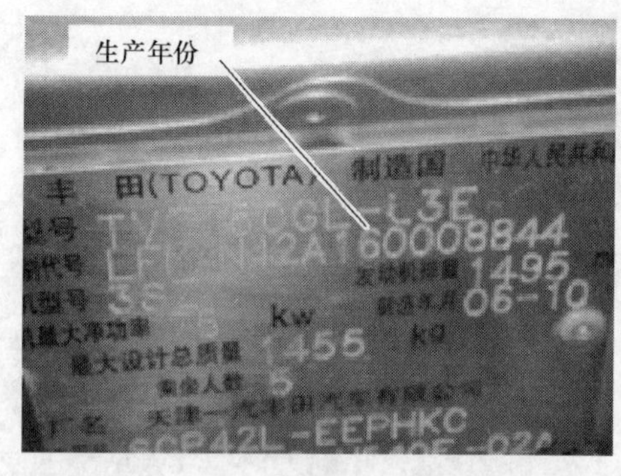

图 6-21　丰田威驰车生产年份和玻璃的年份标签

具有足够乘员上下车的开度，车门开关应有轻度的节制，能在最大开度和中间开度的位置上停稳，轿车车门开度一般在60°~70°范围内，并能保证在倾斜路面上车门也能够顺利开启。车门在锁止时，不得因振动、碰撞而自动开启，在希望开启时，又很容易打开；应有足够的强度和刚度，不允许因变形、下沉而影响到车门开关的可靠性；在关门时不得有敲击声，行驶时不允许产生振动和噪声；应有良好的密封性，雨、雪不能从车门缝隙中进入车内，并能把灰尘和泥水挡在车外。

（2）前围板及仪表板损伤评估　现代汽车的前围板和仪表板通常焊接在前底板、左右车门槛板和前门铰链立柱上。在采用承载式车身的车辆上，轮罩（挡泥板）和前纵梁也焊接在前围板上，安装位置如图 6-22 所示。当车辆 A 柱侧面受到严重撞击时会造成前围板损伤。

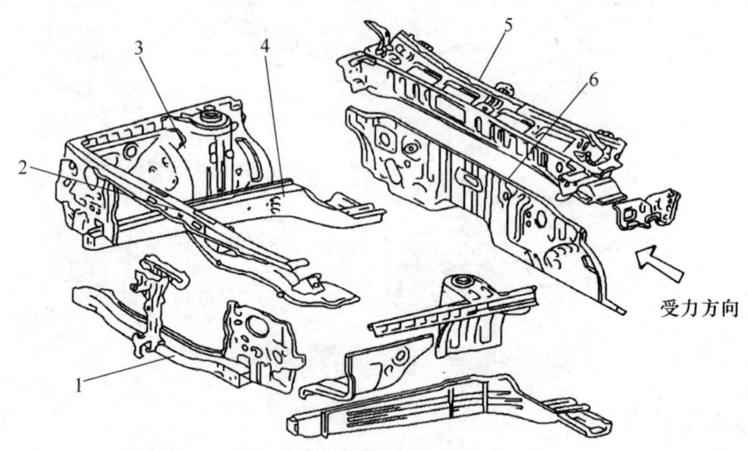

图 6-22　前围板安装位置

1、2—散热器框架　3—挡泥板　4—前纵梁　5—仪表板　6—前围板

前围板和仪表板重度损伤可在原厂接缝处进行拆卸和更换，但更换及维修比较复杂。评估前围板及仪表板总成更换工时应考虑仪表板的拆卸和安装；风窗玻璃的拆卸和安装；翼子板的拆卸和安装；车门的拆卸和安装；松开汽车衬里的前边缘；空调和暖风装置零件的拆卸和安装；车顶纵梁嵌条的拆卸和安装的作业时间。

仪表板总成安装在前围板上的仪表板上，是车身附属设备中最重要的组成部分之一。仪

表板多采用塑料件为框架，将各部件组装到框架上后，再用螺栓固定到车身上。检查仪表台紧固是否松动，位置是否正确。

（3）A 柱　A 柱是前门铰链立柱和风窗玻璃立柱的统称，包括内、外板件。内、外板件焊接在一起形成牢固紧凑的结构。车辆 A 柱损伤无法通过校正维修时可通过切割、分离，再将配件焊接在此位置上的方法维修。通常在维修手册中提供能切割的部位，切割时，必须按要求进行，而且不能对车辆的整体结构造成损伤。奥迪 A8 的 A 柱切割部位如图 6-23所示。

图 6-23　奥迪 A8 轿车 A 柱切割部位

（4）B 柱　B 柱又叫中柱，通常 B 柱由内板件和外板件组成，焊接在车门槛板、底板和顶盖纵梁上，形成一个紧凑的结构。B 柱不仅为车顶盖提供支撑，而且为前门提供门锁接触面，又作为后门门柱。

B 柱被碰撞而严重变形时，应进行更换。更换 B 柱前，通常在车顶盖下沿处切割 B 柱。切割部位在维修手册中可找到，图 6-24 所示为奥迪 A8 的 B 柱切割部位。当 B 柱和车门槛板同时毁坏时，一般把 B 柱和车门槛板作为总成进行更换。损伤评估时，要考虑 B 柱的切割和焊接作业工时，同时要考虑拆除后车门、前座，松开汽车衬里，卷起垫子和地毯、B 柱饰件、车门密封条拆卸和安装等工时，以及抗腐蚀材料费用及防腐处理工时等。

图 6-24　奥迪 A8 轿车 B 柱切割部位

（5）车门槛板　车门槛板通常由内、外板件组成，是承载式车身重要的结构组成部分，

其外形结构及断面如图6-25所示。在一些车辆上，外板件被直接焊接在底板上。它为驾驶舱底板提供支撑。承载式车身车辆的车门槛板由高强度钢板制成，其两侧经电镀处理，以提高其抗腐蚀能力。

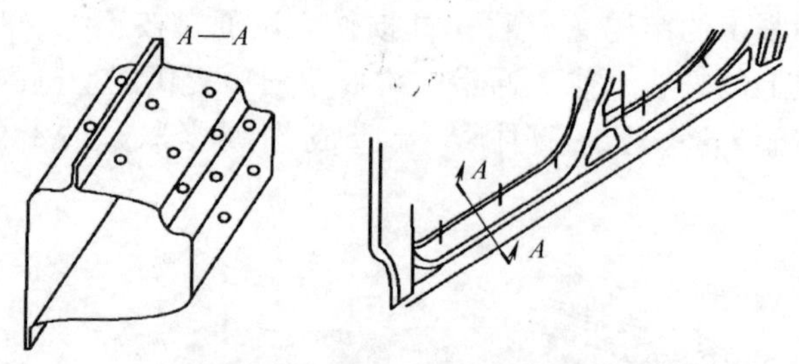

图6-25　车门槛板及断面结构

车门槛板碰撞严重变形时，应进行更换。内、外车门槛板可以单独更换，也可整体更换。更换时，先进行切割，再进行焊接，如图6-26所示。车门槛板在立柱之间被切割，完成所有焊接后，要进行防腐处理。损伤评估时要考虑防腐材料的费用。

图6-26　车门槛板焊接

1—纵向切割车门槛板插入件的截面　2—切割后插入件截面　3—螺钉固定　4—电铆焊孔

（6）车顶　车顶包括前后横梁、侧边纵梁和一大块金属板，作用是将车身顶部围住，其组成如图6-27所示。检查方法参考其他钣金件。

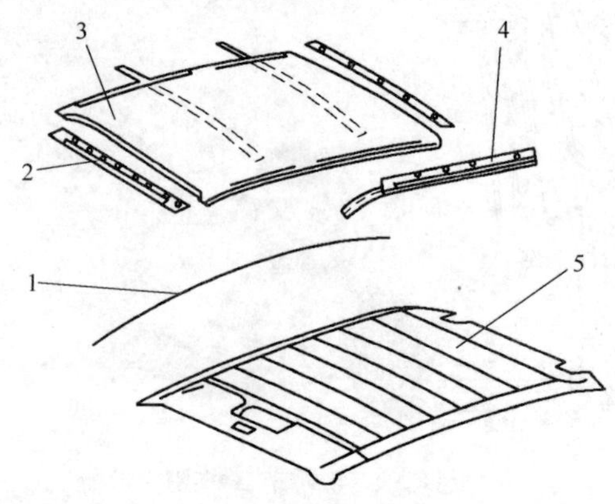

图6-27　车顶分解图

1—落水槽　2—车顶横梁　3—车顶　4—车顶边梁　5—内衬板

3. 后面碰撞损伤鉴定评估

汽车后面受到碰撞时，如果碰撞冲击力较小时，后保险杠、后围板、车尾行李舱盖和车身底板会变形；如果碰撞冲击力较大时，后翼子板、后纵梁等将会压溃。检查方法请参考前面损伤鉴定。

（二）水损车辆鉴定评估

车辆在水淹后外观上没有太大变化，但水淹后操作或维修不当致使发动机损坏、电控系统损坏的情形很常见。浸泡数日的汽车不但维修费用很高，而且以后还会经常出现许多故障。因此，要准确鉴别水淹车，掌握一些技巧和方法，才能对水损车的维修及损失做出准确评估。

1. 水淹车的鉴别方法

在二手车市场里，辨认是否是水淹车通常很难。在这里介绍几点鉴别水淹车的技巧。

1）检查行李舱、杂物箱、仪表板以及座椅下是否有污水毁坏的印迹，比如死角里是否存有淤泥，泥浆印迹或生锈。

2）检查内饰和地板，如果有不匹配或松动，很可能是被更换掉的，而且变色、染色或褪色的材料通常有水损坏的痕迹。

3）转动点火钥匙，确保各相关配件、警告灯和仪表工作正常，并确保安全气囊和 ABS 指示灯工作正常。

4）应多试验几次电源和电子设备工作情况，例如内室和外部的灯、窗户、车门锁、收音机、点烟器、加热器和空调等是否正常工作。

5）检查仪表板下边的电线是否有龟裂。如果经水泡过数日的电线一旦干了后，表层的塑料皮会比较脆，同时有稍许变色。

6）检查驾驶舱、行李舱内是否可以闻到发霉的气味。

7）将安全带完全拉出，仔细检查是否有染色或褪色等水损坏的痕迹。

上述检查方法是水淹车的简易检查方法。被水浸泡数日的汽车维修费用很高，而且以后还会经常出现各种各样潜在的故障，收购二手车时要特别警惕。

2. 规避水淹车风险

对于普通消费者，判别水淹车是很难的事情。如果不幸从个人处购买到水浸车，也很难通过合同约定进行索赔。消费者购买二手车，除了寻求专业人士陪同外，选择有信誉的商家甚为关键。并且在购买合同上，注明“非水浸车”等条款必不可少，为此，购买或收购二手车时应注意以下的提醒。

（1）是否签订了有问题车的合同　目前，部分省份的工商部门推荐使用的二手车买卖合同上，有明确披露是否事故车一项，包括泡水、严重撞击、火烧、发动机改动都属必须申报之列。合同还规定了违约责任，如果经销商隐瞒事故车，消费者不但有权终止买卖，还可以要求经销商赔偿相关损失。如果条款未能涉及该条款，应附加相应条款。

（2）是否选择了品牌二手车商家　目前二手车市场活跃着大量的个人经纪。这些经纪在一些二手车市场临时租赁一个小的摊位。车主在发现车辆出现质量问题后，想要求索赔，对方早已人去楼空。因此，购买二手车时，要选择有规模的商家，降低购买问题车的风险。

（3）对特价二手车应多加警惕　据了解，不少准备购买二手车的车主，普遍都在二手车车行留有联系方式。消费者对于车行的“便宜车”，应多加警惕，避免购买到问题车。

3. 水损车维修方法

（1）电器排水　容易受损的电器，如各类电脑模块、仪表、继电器、电动机等，应尽快从车上拆下，进行排水清洁，电子元件用无水酒精清洗并晾干，避免因进水引起电路某些价值昂贵的电器设备报废。

汽车电脑最严重的损坏形式就是芯片损坏。尤其是装有电喷发动机的汽车，其控制电脑更是害怕受潮。应及时对进水电脑进行晾晒烘干处理。

安全气囊的碰撞传感器有时与气囊电脑做成一体，维修时只要更换了安全气囊电脑，就无须再额外更换碰撞传感器。安全气囊系统插头可用无水酒精擦洗，再用高压空气吹干的方法维修。

对于可以拆解的电动机，可以采用“拆解→清洗→烘干→润滑→装配”的流程进行处理，如起动机、天线电动机、步进电动机、风扇电动机、座位调节电动机等。对于无法拆解的电动机，如刮水器电动机、喷水电动机、玻璃升降电动机、后视镜电动机、鼓风机电动机、隐藏式前照灯电动机等，则无法按上述办法进行，进水后即使当时检查是好的，使用一段时间后也可能会发生故障，一般应考虑一定的损失率，损失率通常为20%～40%。

（2）汽车机械系统及内饰排水

1）检查气缸是否进水。汽车从水中施救出来以后，首先检查发动机气缸有没有进水。将发动机上的火花塞全部拆下，转动曲轴，把水从火花塞螺孔处排出。如果用手转动曲轴时感到异常阻力，说明发动机内部可能存在某种程度的损坏，不要借助外力强制转动，要查明原因，排除故障，以免引起损坏的进一步扩大。

2）检查机油里是否进水。将发动机机油尺抽出，查看油尺上机油的颜色。如果油尺上的油呈乳白色或有水珠，就要将机油全部放掉，在清洗发动机后，更换新的机油。

如果通过检查未发现发动机机械部分有异常现象，可以从火花塞螺孔处加入少量的机油，用手转动曲轴数次，使整个气缸壁都涂一层油膜，以起到防锈、密封的作用，同时也有利于发动机的起动。

3）检查变速器、主减速器。查看变速器、主减速器是否进水。如果上述部位进了水，会使其内的齿轮油变质，造成齿轮早期磨损。对于采用自动变速器的汽车，还要检查ATF是否进水。

4）检查制动系统。对于水位超过制动储液罐的，应更换全车制动液。制动储液罐里进水会使制动油变质，致使制动效能下降，甚至失灵。

5）检查排气管。如果排气管进了水，要尽快地把积水排除，以免水中的杂质堵塞三元催化转化器和损坏氧传感器。

6）清洗、脱水、晾晒、消毒及美容内饰。如果车内因潮湿而出现霉味，除了在阴凉处打开车门，让车内水气充分散发，消除车内的潮气和异味外，还需对汽车内部进行大扫除，要注意换上新的或晾晒后的地毯及座套。还要注意车内生锈的痕迹检查，查看一下车门的铰链部分、行李舱地毯之下、座位下的钢铁部分以及备用轮胎的固定锁部位有没有生锈的痕迹。

7）保养汽车。如果汽车整体被水浸泡，除按以上排水方法进行处理外，还要及时擦洗外表，防止酸性雨水腐蚀车体。最好对全车进行一次二级维护，全面检查、清理进水部位，通过清洁、除水、除锈、润滑等方式，恢复汽车的性能。

4. 汽车水损程度分析

汽车水损程度影响因素包括水质、水淹时间、水淹高度等。水损级别如图6-28所示。

水损损失评估见表6-1。

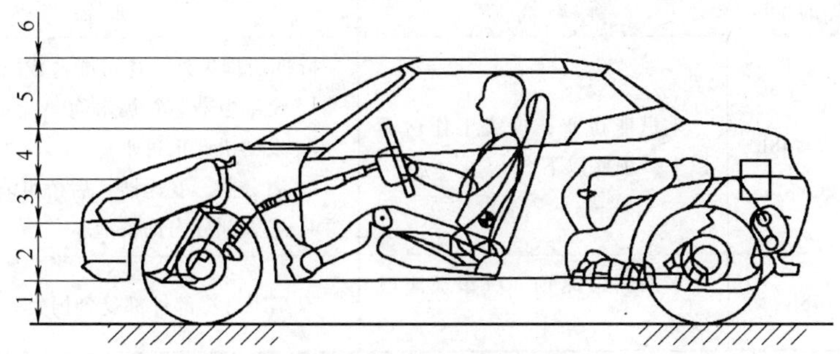

图6-28 水损级别示意图

表6-1 汽车水损后的损失评估表

水损等级	水淹时间	水淹高度	水损分析
一级	$H \leqslant 1h$	制动盘和制动鼓下沿以上，车身地板以下，乘员舱未进水	可能造成的受损零部件主要是制动盘和制动鼓。损坏形式主要是生锈，生锈的程度主要取决于水淹时间的长短以及水质
二级	$1h < H \leqslant 4h$	车身地板以上，乘员舱进水，而水面在驾驶人座椅座垫以下	除一级损失外，还会造成以下损失： 1. 四轮轴承进水 2. 全车悬架下部连接处因进水而生锈 3. 配有ABS的汽车的轮速传感器失准 4. 地板进水后车身地板如果防腐层和油漆层本身有损伤就会造成锈蚀 5. 部分控制模块水淹后会失效
三级	$4h < H \leqslant 12h$	乘员舱进水，水面在驾驶人座椅座垫面以上，仪表工作台以下	除二级损失外，还会造成以下损失： 1. 座椅潮湿和污染 2. 部分内饰的潮湿和污染 3. 真皮座椅和内饰损伤，桃木内饰板会分层开裂 4. 车门电动机进水 5. 变速器、主减速器及差速器可能进水 6. 部分控制模块被水淹 7. 起动机被水淹 8. 中高档车行李舱中CD换片机、音响功放被水淹
四级	$12h < H \leqslant 24h$	乘员舱进水，水面至仪表工作台中部	除三级损失外，还可能造成以下损失： 1. 发动机进水 2. 仪表台中部分音响控制设备、CD机、空调控制面板受损 3. 蓄电池放电、进水 4. 大部分座椅及内饰被水淹 5. 各种继电器、熔丝盒可能进水 6. 大量控制模块被水淹

（续）

水损等级	水淹时间	水淹高度	水损分析
五级	24h < H≤48h	乘员舱进水，仪表工作台面以上，顶篷以下	除四级损失外，还可能造成以下损失： 1. 全部电器装置被水泡 2. 发动机严重进水 3. 离合器、变速器、后桥可能进水 4. 绝大部分内饰被泡
六级	H > 48h	水面超过车顶，汽车被淹没顶部	汽车所有零部件都受到损失

（三）火灾车辆鉴定评估

汽车火灾损失令人触目惊心，无论是什么原因导致的起火燃烧，都会使车主及周边的人措手不及。即使扑救及时，汽车也会被烧得满目疮痍。如扑救不及时，整个汽车转眼之间就会烧毁。若在行驶中起火，还会给驾乘者造成严重的人身伤害。汽车起火原因与损失结果息息相关，所以要了解汽车火灾损失规律，无论对车主还是评估人员都具有十分积极的意义。

1. 车辆火灾类型

按照起火原因，汽车火灾可以分为自燃、引燃、碰撞起火、雷击和爆炸5种类型。

（1）自燃　自燃是指在没有外界火源的情况下，由本车电器、线路、供油、机械系统等车辆自身故障或所载货物起火燃烧。汽车自燃的可能原因如下：

1）供油系统。严重的汽车自燃一般都是燃油系统出现问题，燃油的泄漏可以说是引发严重汽车自燃的罪魁祸首，油箱中泄漏出来的汽油是汽车上最可怕的助燃物。漏油点大多集中在管件接头处、油管与车身易摩擦处、油管固定部位与非固定部位的结合处等薄弱地方。

无论是行进中还是停驶时，汽车上都可能存在火源，如点火系统产生的高压电火花、蓄电池外部短路时产生的高温电弧、排气管排出的高温废气或喷出的积炭火星等，当泄漏的燃油遇到了火花，就会造成火灾。

安装于发动机舱内的汽油滤清器距缸体及分电器很近，因汽油滤清器经常更换，接头处极易出现泄漏现象，一旦燃油泄漏，混合气达到一定的浓度，只要有明火出现，自燃事故将不可避免。

对汽油发动机来说，可燃混合气的比例调节不当（过稀或过浓）会产生化油器回火或排气管放炮的现象，甚至排出火星，引发火灾。另外，化油器式的汽车有时会出现供油系统工作不良的现象。个别驾驶人为省事，采用人工方法向化油器直流供油。此时一旦发生化油器回火，势必导致汽车起火。

电喷发动机喷油器清洗后密封圈必须更换，个别维修厂为微小的利益重复使用喷油器密封圈，常常引发汽车火灾。

采用柴油发动机的汽车，有时冬季会出现供油管路挂蜡的现象。为了解决问题，某些驾驶人会在油箱外用明火烘烤，极易引起火灾。

2）电器系统

① 高压漏电。发动机工作时，点火线圈自身温度很高，有可能使高压线绝缘老化、龟裂，导致高压漏电；另外，高压线脱落引起跳火也是高压漏电的一种常见形式。由于高压漏

电是对准某一特定部件持续进行的，必然引发漏电处的温度升高，遭遇油泥等可燃物就会引发火灾，定期清洁发动机可有效预防此类火灾的发生。

② 低压短路。低压线路老化、过载或磨损搭铁漏电是引发汽车自燃事故的另一主要原因。由于搭铁处会产生大量的热能，如果与易燃物接触，便会导致起火。

私自改装导致个别线路用电负荷加大。如加装高档音响、增加通信设备、加装电动门窗、添加空调等，如未对整车线路布置进行分析及功率复核，火灾在所难免。

③ 接触电阻过大。线路接点不牢或触点式开关接触电阻过大等，会使局部电阻加大，长时间大电流通电时发热引起可燃材料起火，蓄电池电源线与起动机的连接螺钉松动极易引发发动机火灾。

④ 点火顺序错乱。点火提前角过早、过晚或者点火顺序错乱会造成车辆加速无力，如急剧加油则会出现回火、放炮现象，有时会造成汽车火灾。

⑤ 加大熔丝容量。在汽车电路维修中，有随意加大熔丝容量的现象，更有甚者用铜线代替熔丝，看似简单的问题，有时会酿成大祸。由于熔丝无法断开，线路短路便会引发火灾。

3）机械系统。汽车的相关部件因汽车超载而处于过度疲劳和过热状态，一旦超过疲劳极限，就有可能发生自燃。

制动系统工作时，制动蹄片上的摩擦片与制动鼓或制动盘之间的摩擦产生大量的热量。如果汽车超载行驶，频繁的制动会使产生的热量更多。聚集的热量就会将润滑脂或制动液点燃。另外，长时间高强度的制动，也会造成制动鼓过热，制动鼓随之又将热量传导到附近可燃物（轮胎），增加了自燃的可能性。

近年来，高速路上轮胎过热起火现象较为常见。轮胎摩擦过热有几种情况：一是气压不足，二是超载，三是气压不足与超载的综合效应。这些情况都会造成轮胎的侧壁弯曲。轮胎弯曲所产生热量的速度要比机动车行驶中散发热量的速度快得多，其结果是侧壁的温度升高。将侧壁纤维与橡胶材料的结构破坏，所形成的分离又加剧了松散线绳与橡胶间的摩擦，从而产生了更多的热量。聚积的热量会很快使侧壁的温度上升而造成自燃。轮胎起火以在高速公路上行驶的超载载货车辆居多。对于货车或拖挂车上的双轮胎来说，则危险性更大。当两个轮胎中有一个气压不足时就会发生这种现象，原因是由于相邻的轮胎承受了双倍载荷而形成过载，因此导致了轮胎的摩擦过热。

4）其他。排气管上的三元催化转化器温度很高，且安装位置较低。如果停车时恰巧将其停在麦秆等易燃物附近，会引燃可燃物。

如果驾驶人夏季将汽车长时间地停放在太阳下暴晒，会将车内习惯性放置在前窗玻璃下的一次性打火机晒爆，如果车内恰巧有火花（如吸烟、正在工作的电器设备产生的电火花、爆炸打破的仪表火线等），就会引燃车内的饰品。

（2）引燃　引燃是指汽车被其自身以外的火源引发的燃烧。建筑物起火引燃、周边可燃物起火引燃、其他车辆起火引燃、被人为纵火烧毁等，都属于汽车被引燃的范畴。

（3）碰撞起火　当汽车发生追尾或迎面撞击时，由于基本不具备起火的条件，一般情况下不会起火。只有当撞击后导致易燃物（如汽油）泄漏且与火源接触时，才会导致起火。如果一辆发动机前置的汽车发生了较为严重的正面碰撞，散热器的后移有可能使油管破裂，由于此时发动机尚处于运转状态，一旦高压线因脱落或漏电引起跳火，发生火灾的可能性就

很大。

当汽车因碰撞或其他原因导致翻滚倾覆时，极易发生油箱泄漏事件，一旦遇上电火花或摩擦产生的火花，就会起火爆炸。

（4）雷击　在雷雨天气里，露天停放的汽车有可能遭遇雷击。由于雷击的电压非常高，完全可以使正在流着雨水的车体与地面之间构成回路，从而将汽车上的某些电气电子设备击穿（如车用电脑），严重者可以引起汽车起火。

（5）爆炸　车内违规搭载的爆炸物品（如雷管、炸药、鞭炮）极易引发爆炸及火灾。

2. 火灾车的鉴别方法

在二手车市场里，辨认是否是火灾车通常很难。这里介绍几点鉴别火灾车技巧：

1）检查发动机舱内外是否有新近喷漆痕迹，检查发动机舱死角是否有熏黑的迹象。

2）检查发动机舱线束是否有更换迹象，检查发动机舱盖保温板是否异常新。

3）检查发动机电器件是否有大量更换迹象。

4）检查驾驶舱内饰是否有整体大量更换迹象，线束是否有更换迹象。

5）检查行李舱内饰是否有整体大量更换迹象，线束是否有更换迹象。

由于火灾车的车身强度有很大下降，故障率很高，其价值影响很大，所以，收购二手车要特别警惕火灾车辆。

（四）事故车维修费用确定

事故车辆修复费用包括事故损失部分维修工时费、事故损失部分需更换的配件费（包含管理费）和残值。对于国内不同地区的同一款汽车零件来说，虽然因为各地采购途径不尽相同，价值可能略有差异，但总体差异不大，差异较大的是各地的维修工时费标准。

1. 维修工时费的组成

维修工时费一般包括事故相关部件拆装工时费、事故部分钣金修复工时费（包括辅助材料费）、事故相关的机电维修工时费（含外加工费）、事故部分喷漆费（包含原材料费用）等。

（1）事故相关部件拆装工时费　包括事故造成零件更换的工时费；为完成相关作业，必须拆装某些并没有损伤的零部件或总成所发生的工时费（如严重变形的前纵梁校正必须拆装发动机、副梁等零件）。在对被评估汽车拆装项目的确定有疑问时，可查阅相关的维修手册和零部件目录。拆装工时费标准可参考当地交通主管部门关于拆装工时费的相关标准，也可以查阅汽车制造厂规定的工时定额。

（2）事故部分钣金修复工时费

1）钣金修复工时费的影响因素

① 零件价值差异的影响。零件的价值决定着零件修理工时的上限，不同的汽车上的同样一个名称的零件价值差距甚远，从而造成修理工时差距非常大。

② 损伤位置的影响。与平面部位损伤相比，车身腰线、棱角部位的损伤钣金工时会略有提高。

③ 维修设备差异的影响。对不可拆卸的后翼子板来说，利用整形机维修会收到事半功倍的效果。

2）常见钣金修复工时费的计算。钣金工时费的估算是定损工作的又一难题，根据多家维修站的报价统计，书末附录列举了各档次车型肇事后，钣金修复每一项的最高限额。每个价位的车只列举一个车型，鉴定时可以参考该表所列举金额结合当地维修行情，根据车辆损伤程度，得出具体的钣金修复金额。另外，事故较严重的车辆在修复过程中，很多钣金工作都是起连带作用的，在定损时应考虑车辆的整体钣金金额，不要进行重复的定价，例如，车门、车顶维修时需有内饰及附件拆装工时费；后侧翼子板重大变形维修与更换隐含拆装后风窗玻璃。

(3) 事故相关的机电维修工时费　汽车零件修理工时的确定非常复杂，其主要影响因素包括零件价值差异、地域差异及维修设备差异等。零件的价值决定着零件修理工时的上限，同样一个名称的零件，在不同的汽车上价值差距甚远，从而造成同样一个名称的零件修理工时差距非常大。地域的差异是指同样一个零件在甲地市场的价值是100元，在乙地市场的价值是200元；同样的损失程度，在乙地被认为应该修理，而在甲地则认为已不值得修理。所以，同样一个零件在甲地的修理工时范围可能是1～2h，而在乙地的修理工时范围可能是1～4h。最后，维修设备的差异也影响零件修理工时，如桑塔纳普通型汽车的发动机缸盖因碰撞造成的发电机支架处断裂，按正常的修理工艺是可以采取氩弧焊工艺焊接的，但是，实际评估时会发现某地根本就没有氩弧焊制备，如果送到有氩弧焊设备的地方加工，往往因时间、运费等原因又不现实。由于上述客观原因的存在，造成汽车零件修理工时定额的制定相当困难，评估人员应当根据自己的理论知识和实践经验，结合当地的《汽车维修工时定额标准》灵活掌握。

$$工时费 = 工时定额 \times 工时单价 + 外加工费$$

1) 工时定额。机电维修工时定额的确定，应以当地的《汽车维修工时定额标准》为基准，结合评估人员自己的理论知识和实践经验，考虑本地实际情况灵活掌握。但要注意下面的情况：

① 机修：独立式前悬架只有事故损坏更换上、下悬架、拉杆等相关附件才需进行电脑前轮定位调整（注意：不是四轮定位）；制动器只有拆装或更换油管路零件才需系统排气；吊装发动机工时已包含了拆装与发动机相连的散热系统、变速器及传动系统工时；发动机只有更换气缸体才可按大修工时计算；更换新气缸盖时，要包括铰削气门座和研磨气门工时、气门导管拆装工时。

② 电工：更换前照灯隐含调整灯光工时；空调系统中更换任何涉及制冷剂泄漏均需查漏、抽真空、补加制冷剂工时；更换电控系统电脑、部分传感器（如节气门体）需解码仪检测解码。

③ 其他：所有维修工时费均包含辅助材料费（消耗材料费、电工焊接材料费）和管理费（利润、税金）。

2) 工时单价。指维修事故车辆单位工作时间的维修成本费用、税金和利润之和。工时单价随地区等级变化，一般以二类地区价值为基础。在二类地区营业的一类维修企业最高限价为80元/h，二类维修企业最高限价为60元/h，三类维修企业最高限价为40元/h。

3) 外加工费。如曲轴的变形校正及磨削、缸筒维修、断螺钉的取出及加工等，大多在专业的维修公司进行，核算时要考虑外加工费。本厂不得再加收管理费。凡是已含在维修工时定额范围内的外加工费，不得另行列项，重复收费。

(4) 事故部分喷漆费　各地区的车身喷漆费用计算方法各不相同，有以面积乘以单价的计算方法，也有以常见覆盖件单件计算的方法。喷漆工时费应包含喷漆需要的原子灰、漆

料、油料、辅助添加剂等材料费。

1）喷漆面积的确定。局部喷漆范围以最小范围喷漆为原则（即以该部位最近的接缝、明显棱边为断缝收边），如翼子板腰线上部损伤以腰线以上的面积计算，而不是整个翼子板全喷面积。

2）喷漆单价的确定。常见的面漆大多以进口或合资品牌为主，如杜邦、新劲、PPG 等品牌。面漆的种类与名称繁多，但大致可归结为喷漆和磁漆。漆种的鉴别也较为简单，可用原车加油口盖直接通过电脑分析判断汽车原面漆的种类。也可以现场用蘸有硝基漆稀释剂（香蕉水）的白布摩擦漆膜，观察漆膜的溶解度。如果漆膜溶解，并在白布上留下印迹，则是喷漆，反之则为磁漆。如果是磁漆，再用砂纸在损伤部位的漆面轻轻打磨几下，鉴别是否漆了透明漆层，如果砂纸磨出白灰，就是透明漆层，如果砂纸磨出颜色，就是单级有色漆层。最后借光线的变化，用肉眼看一看颜色有无变化，如果有变化，则为变色漆。汽车面漆分 4 类：硝基喷漆、单涂层烤漆、双涂层烤漆、变色烤漆。

虽然各地喷漆费用的计算方法各不相同，但单位面积的涂饰费用基本相同，结合沈阳 4S 店的定价标准，制定各漆种收费参考价值见表 6-2。

表 6-2 各漆种收费参考价值

项目	轿车喷漆单价/元				客车喷漆单价/元		货车喷漆单价/元		
	微型	普通型	中级	中高级	高级	普通	豪华	车厢	驾驶室
硝基喷漆/m^2						100		50	100
单涂层烤漆/m^2	200	250	300	400	500	200	300		200
双涂层烤漆/m^2	300	350	400	500	600		450		
变色烤漆/m^2			550	650	750				

3）常见覆盖件的喷漆费。在实际定损工作中，常以覆盖件单件计算方法确定喷漆费用。书末附录 A 中列举了部分车型常见覆盖件的喷漆费用，定损时可以根据定损车辆的类型、价位选择合适的喷漆标准。车身划痕险全车喷漆在不同修理厂对应的金额基础上适当下调（7%左右）。

2. 更换配件费确定

（1）配件价值形式

1）由汽车生产厂家对其特约售后服务站规定的配件销售价值，即厂家指导价。

2）当地大型配件交易市场上销售的原装零配件价值，即市场零售价。

3）符合国家及汽车厂家质量标准，合法生产及销售的装车件、配套件（OEM）价值，即生产厂价值。

（2）配件管理费　维修企业进行配件报价时一般采用市场零售价为基础，再加一定的管理费为原则。配件管理费是指维修企业因维修需更换的配件在采购过程中发生的采购、装卸、运输、保管、损耗等费用以及维修企业应得的利润和出具发票应缴的税金而给出的综合性补偿费用。

（3）配件费计算

1）计算公式：配件费 = 配件进货价 ×（1 + 管理费比例）− 残值。

2）配件进货价：以该配件的市场零售价为准。

3）配件管理费确定的原则：根据维修厂技术类别、专修车型综合考虑进行确定。

4）残值：车辆因事故遭受损失后残余部分或损坏维修更换下来的配件，只需经再加工就可产生再利用的价值，由此，对因事故遭受损失后残余部分，按照维修行业惯例和废旧物资市场行情估算出这部分价值，这部分价值称为残值。

（五）事故车价值贬损鉴定

车辆贬值反映在价值上的损失，即车辆贬损。尤其是重大事故造成车辆严重损失后，即使经过修复，在外观上虽可达到修复如新的效果，但并不可能完成恢复到事故发生前的原有状态，即该车在使用寿命、安全性能、舒适性、驾驶操控性等方面可能会受到不良影响，可能导致该车功能、价值等有所贬损。

1. 车辆贬值损失的认定及赔偿条件

（1）应考虑维修后车辆外观美观度的降低及使用性能的受损程度　外观美观度的降低指事故车辆，特别是外形显著、价值高的，经过维修对车辆外观造成瑕疵或损害。车辆使用性能受损是车辆使用价值受损的主要因素，主要包括车辆结构件本身的物理性改变及机件之间在整体配合上的缺陷。前者车辆覆盖件变形后，修复时若配件未作更换，而是通过加温、焊接、加压、拉伸、敲击等外力加工方式恢复，金属机件通常会改变原有金属结构、预应力分配方向等，导致正常使用寿命缩短或加速老化折旧；对于车身结构件如采用切割、焊接方式修理，可能导致车辆车身结构尺寸变化，行驶时加剧振动、加速轮胎磨损等。这种车辆使用价值的贬损，在事故发生后就客观存在，是现有财产价值的实际减少，不因车辆是否出卖而改变，不应被看作因交易而产生的间接损失。

（2）车辆贬值能否获得赔偿，应考虑贬值是否达到一定程度　法律虽然遵循完全赔偿的损害赔偿原则，并不等于一切损害均应获得赔偿，“损害”本身在法律上需要具有一定的条件。人们在社会生活中，每天都会发生摩擦和纠纷，如果任何损害都必须获得赔偿，不仅使诉讼变成汪洋大海，还会使人们的行为自由受到不必要的限制。侵权法的目的在于在“权益保护”与“活动自由”这两种对立价值之间取得平衡，损害在法律上必须有一定的条件限制，才可以保护他人的行动自由，即要求损害具有可补救性、确定性等。对于车辆使用价值的贬损是否属于法律上所指的损害，需要考察其是否具有可补救性。所谓损害的可补救性，是指损害在法律上被认为具有救济的可能性和必要性时，才能够获得侵权责任法的救济，它要求损害必须达到一定的程度。

在审判实践中，判断车辆维修后的损害是否达到一定的程度，可以根据车辆的维修对车辆使用年限、安全性的影响，车辆的受损部件、整车的安全性、车辆的可操控性、舒适度的受损程度等来判断。同时，要考察车辆经过维修后的恢复程度。即使车辆的主要部件受损，但是经过更换与原有新配件无异，就不能认为存在使用价值的贬损。如果车辆仅发生刮擦、轻微碰撞等，并没有导致车辆结构件纵梁、ABC 柱、散热器支架、前后减振器上支座等受损；或经过维修后仅造成外观上的瑕疵、噪声的增加等，就不能被认为损害达到了一定的量，不能被认为对车辆使用造成的影响，具有获得法律救济的必要性。

（3）事故车辆的交易价值是否受损，应考虑交易是否真实存在　与同类无事故车辆相比，即使维修后车辆的使用性能与事故发生前无异，在市场交易中，人们会因车辆系曾出过事故而给予更低的购买价值，对于车主来讲，这种价值差就是车辆的贬值损失。当然，法律

上所救济的损害需要具有确定性，即损害事实是一个确定的事实，而不是臆想的、虚构的，尚未发生的现象。如果车辆不进入交易市场，因交易而带来的贬值损失就属于尚未发生的现象，车主不能获得赔偿；相反，如果正处于交易过程中的车辆受损，那么即使经过维修，仍会影响到车辆的交易价值，应获得赔偿。比如，位于汽车专卖店或运输途中的新车，对于车辆销售方来讲，车辆确系用于交易而非使用的，如果车辆发生事故，会造成价值降低，这种价值的降低是确定要发生的，不确定的只是贬值的具体金额。贬值损失金额的确定，可委托具有车辆评估资质的专业机构进行评估。

（4）严控车辆贬值损失赔偿考虑到法律没有关于车辆贬值损失是否应赔偿的明文规定，以及车辆贬值损失的难以确定性，从合理平衡侵权人与受害人利益角度出发，应严格控制谨慎对待车辆贬值损失赔偿的适用。

2. 事故车辆贬值损失价值鉴定方法

（1）假设交易分析测算法　假设在市场交易条件比较充分的情况下，受损车辆经修复后即通过拍卖或变卖，综合分析其可成交价值与车辆发生事故前的可变现价值的差异，从而测算鉴定标的贬值损失价值。此方法实质是一种市场比较法的综合运用。具体分为 3 个步骤。

第一步：根据鉴定标的现有资料，采用市场比较法，分析测算鉴定标的在事故发生前即基准日前的可变现价值。

第二步：综合确定鉴定标的贬值损失系数。一般来说，旧机动车如果发生过交通事故，即使修复，但因其安全、使用等性能受到不同程度的影响，其通过拍卖或变卖时贬值损失系数一般为原车受损前可变现价值的 10% ~30%（有的甚至达到或超过 50%，因车辆自身、受损部位、修复程度等因素而异）。根据调查了解鉴定标的的购买时间、车辆档次、车辆使用性质、受损前的成新状况（特别是标的在本次受损之前是否曾发生过交通事故）及修理厂家、修理水平等情况，参照以上所述的市场交易惯例，并结合估价人员的经验，综合分析确定鉴定标的的贬值损失系数。

第三步：根据鉴定标的事故前的可变现价值和鉴定标的修复后的贬值损失系数计算鉴定标的贬值损失价值。用公式表示为

$$P = P_1 \times r$$

式中　P——鉴定标的贬值损失价值；

P_1——鉴定标的基准日前的可变现价值；

r——鉴定标的贬值损失系数。

（2）修理项目分析测算法　根据受损车辆的修理方案（指科学的修理方案），分类逐项分析修理项目，结合车辆修理费用总额并参照汽车租赁行业的通行做法，计算鉴定标的贬值损失价值。

通过调查了解目前汽车租赁公司的格式租赁合同，其中有一约定条款主要内容为，如车辆在使用过程中发生交通事故，租赁人除须对原车辆进行修复，另外仍须补偿一定数额的“加速折旧费”（各地、各公司规定不尽相同，一般为实际修理费用总额的 10% ~30%）。这里的所谓“加速折旧费”其实就是指车辆贬值损失补偿费。

这一方法基本分为 3 个步骤：首先，分析鉴定标的的修复方案，分清是“内伤”还是“外伤”，即分析修理方案中哪些项目是涉及安全性能必须更换配件的，哪些项目是可

以进行修理的，同时要分析更换项目和修理项目所占的比重（包括项目总数比重和修理费用比重），同时可以分析修理后的车检技术报告等。在此基础上，结合租赁行业的规定综合确定受损车辆的贬值损失系数（也可称为“加速折旧补偿系数”）；其次，根据鉴定标的使用年限与出租车辆使用年限相比，确定一个可比系数；最后，根据最佳修复方案计算的修理费用总额、车辆贬值损失系数、使用年限可比系数，计算出车辆贬值损失数额。用公式表示为

$$P = A \times B \times C$$

式中 P——鉴定标的贬值损失价值；

A——车辆修理费用总额；

B——车辆贬值损失系数；

C——使用年限可比系数。

根据以上两种测算方法综合确定贬值损失价值。结合受损车辆使用性质、行驶里程、车辆在事故前使用维修保养状况等相关因素，确定以算术平均法或加权平均法来计算车辆贬值损失价值。

3. 事故车辆贬值损失价值鉴定注意事项

1）由于影响事故车辆价值的因素很多，且受损车辆在被损前的使用保养状况一般不易被了解，以及修理后的实际影响究竟如何难以把握，所以分析测算鉴定标的贬值损失系数时主观成分比较多，在很大程度上依赖于价值鉴定人员对现有资料的综合分析能力及估价经验。因此，在报告中可注明：本价值鉴定结论为审理人员根据案情调解、判决的参考依据。

2）事故车辆贬值损失价值鉴定一般是民事案件的涉案财产委托鉴定业务，由于牵涉到双方当事人的利益，对价值鉴定结论非常计较，因此，价值鉴定结论的客观公正显得尤其重要。价值鉴定人员在鉴定过程中的每一环节务必认真谨慎，对参数的确定要尽可能充分说明理由，对于车辆修理方案是否科学的分析应借助于有关专家或行家。

3）由于对受损车辆在事故前的车况了解存在一定的困难，故价值鉴定报告一定要以鉴定标的在基准日前正常使用为前提条件；同时由于修理厂家的水平直接影响到受损车辆的恢复程度，故价值鉴定报告要以事故车辆根据科学的修理方案修理后应该达到技术上能够达到的程度为假设前提，也就是说，要剔除因修理厂家修理方案的不科学或修理不到位对车辆贬值的影响。

4）价值鉴定人员平时要尽可能搜集二手车市场交易行情的基础资料，仔细分析车辆各种成交价值之间的因果关系，为交通事故车辆贬值损失价值鉴定逐步建立和完善资料数据库。

5）本文的两种鉴定方法中，都是在定性分析的基础上再进行定量分析。第一种方法以市场交易行为作依托，与价值鉴定的正常思路相吻合，而第二种方法是参照出租行业约定俗成的做法，有一定的局限性。因此，多以第一种方法为主，第二种方法为辅，第二种方法可以用来对第一种方法进行验证。

4. 事故车辆贬值损失认定案例

现将河南至诚旧机动车鉴定评估有限公司的一个二手车价值贬损案例简介如下：

河南至诚旧机动车鉴定评估有限公司
关于确定长城牌小轿车维修费用及贬值的
司法鉴定意见书

豫至诚机价值［2010］鉴字第049号

一、基本情况

委 托 人：河南省鹤壁市中级人民法院

委托事项：确定长城牌小轿车维修费用及由于事故造成的贬值数额，为委托方在司法裁定时提供价值参考。

受理日期：2010年7月14日

鉴定对象：豫F·79×××，品牌型号：长城牌CC7130BM00，VIN：LGWED2A41AE00×××，登记日期：2010年4月

鉴定日期：2010年7月14日

鉴定地点：

1. 鹤壁市太行汽车修理厂。

2. 河南至诚旧机动车鉴定评估有限公司。

在场人员：张营、张金领、路建民，崔小可、郝海玉、王平均。

二、案情摘要

2010年6月22日，被告柴智驾驶豫F·DU×××号车，行至淇河路合友花园门口，与原告停在路边的豫F·79×××号车辆发生交通事故并至豫F·790×××号车辆受损，2010年6月10日，鹤壁市公安局交警支队做出公交认字［2010］第3111号交通事故认定书，认定被告柴智负事故全部责任；被告李鑫系豫F·DU×××号车的所有人，故应对事故损失承担赔偿责任，现特提出申请，请求对该车的维修费用及由于事故造成的贬值数额进行鉴定评估。

三、评估依据

（一）行为依据

河南省鹤壁市中级人民法院出具的司法鉴定委托书。

（二）法律、法规依据

1. 司法部第107号令《司法鉴定程序通则》。

2. 原国家经贸部门国经贸经〔1997〕456号《汽车报废标准》及国经贸资源〔2000〕1202号《关于调整汽车报废标准的通知》。

3. GB7258—2004《机动车运行安全技术条件》。

4. 其他相关的法律、法规等。

（三）评定及取价依据

评定依据：依据该车现实技术状况。

取价依据：依据新车售价及二手车交易市场行情，综合4S店及一类维修企业配件报价等。

四、评估程序

1. 根据河南省鹤壁市中级人民法院司法鉴定委托书的内容到现场进行实地查勘，并对车辆状况进行鉴定、记录。

2. 根据委估车辆的实际状况和评估目的选取具体的评估方法。

3. 开展市场调查，测算其评估价值。

4. 评估汇总提交报告书。

五、评估方法

根据评估目的，车辆损失部分采用的评估方法为现行市价法，即通过市场调查结合一类维修企业及配件市场价值标准确定车辆实际维修及配件费用的一种评估方法；车辆贬值部分采用的评估方法为重置成本法，即在现实条件下重新购置一辆全新状态的与被评估车辆相同或相近的完全成本，减去被评估车辆的各种陈旧贬值后的差额作为被评估车辆现实价值的一种评估方法。

六、评估说明

1. 车损部分

a. 本次鉴定是对车辆受损部位进行拆解后进行的，所得出的结论为直观能够看到（判断）损伤处的修复或更换零部件的价值，所采用的价值标准为4S店及一类维修企业的价值标准。

b. 因配件市场比较活跃，价值变化较快，所以由于市场行情波动因素导致鉴定结果失实或偏差，委托方需重新委托鉴定。

2. 贬值部分

评估人员通过对委估车辆进行技术检测及市场调查，所得出的结论仅是由于交通事故所导致的车辆贬值，不含车辆正常使用造成的磨损、刮碰、漆面修补等造成的贬值以及由于科学技术发展导致的车辆功能性贬值等。

3. 车辆现状

经现场查勘：该车左前部严重受损，左前门严重撕裂、折叠变形，左前翼子板及右前门变形，左前立柱变形、凹陷。

4. 现实技术状况分析

a. 由于车身受损，通过高温、焊接、加压、拉伸、敲击等外力加工方式修复时，会使金属的内部结构、预应力分配方向、原有设计意图、使用寿命等改变，使机件再次受到撞击时，碰撞力不能按设计方向传递，从而造成更大损失。

b. 由于事故必然会造成该车辆各性能指标均有所偏差。这种偏差易加剧轮胎和悬架各零件的磨损、转向沉重、行驶跑偏等现象，并导致高速行驶时的稳定性差；该车左前门、左前翼子板等需更换，其各部件间隙将会有所偏差，密封性降低，室内噪音明显增大，使车辆的乘坐舒适性大大降低。

5. 鉴定思路

a. 车辆一旦出现事故后，当初所设计的一系列数值将会发生变化，即便经过专业的维修，但其安全性、操控性、耐久性、舒适性等各方面的性能还是会有所降低，其性能将无法恢复到事前状态，车辆的价值也将受到影响。

b. 通过对拟购买二手车的人士调查，人们对购买事故车辆持有谨慎态度。因事故车辆客观存在着安全隐患，所以大部分人都不愿意购买，有些人甚至无法接受事故车辆。

七、鉴定意见

（一）维修费用

1. 维修项目工时费用

序　号	项目名称	工时费/元
1	钣金、喷漆、拆装	2100.00
合计	人民币贰仟壹佰圆整　　　　¥：2100.00	

2. 车损项目及材料费用

序　号	项 目 名 称	单价/元	数　量	金额/元
1	左前照灯	673	1	673.00
2	后视镜	438	2	876.00
3	左前翼子板三角饰板	60	1	60.00
4	左前门三角玻璃饰板	50	1	50.00
5	玻璃外压条	36	2	72.00
6	左前翼子板	270	1	270.00
7	前门内饰板	590	2	1180.00
8	左前门升降器	409	1	409.00
9	左前门把手（含锁心）	23	1	23.00
10	左前锁块（带中控）	200	1	200.00
11	左前门升降开关外饰框	15	1	15.00
12	左前门喇叭	120	1	120.00
13	左前门限位器	28	1	28.00
14	左前门铰链	50	2	100.00
15	门锁开关拉线	9	3	27.00
16	左前门玻璃槽	36	2	72.00
17	左前门密封条	39	1	39.00
18	左前门	890	1	890.00
19	前门玻璃	92	2	184.00
20	左前门槛压条	22	1	22.00
合计	人民币伍仟叁佰壹拾圆整　　¥：5310.00			

（二）车辆贬值

1. 假设未发生事故的价值

按照同型号、配置车辆的新车市场售价确定其重置成本为55900元，根据该车的实际使用年限，成新率确定为0.99，按照车辆正常使用、维护保养及二手车市场行情等，调整系数确定为0.99、折扣率确定为0.98。

评估值 = 重置成本 × 成新率 × 调整系数 × 折扣率
= 55900 × 0.99 × 0.98 × 0.98 元
≈ 53000 元

2. 事故修复后理论价值

考虑事故对车辆安全性能的影响及人们对事故车辆接受程度等因素，调整系数确定为0.95、折扣率确定为0.9。

评估值 = 重置成本 × 成新率 × 调整系数 × 折扣率
= 55900 × 0.99 × 0.95 × 0.9 元 ≈ 47000 元

3. 车辆贬值

车辆贬值 = 事故前价值 - 事故修复后理论价值
= 53000 元 - 47000 元 = 6000 元

综上所述：

1. 该车的配件及维修工时费为：人民币柒仟肆佰壹拾圆整，小写：￥ 7410.00 元。
2. 该车由于事故造成的贬值价值为人民币陆仟圆整，小写：￥6000.00 元。

鉴定人：鉴定人：
证　号：410107044001
鉴定人：
证　号：410107044003

河南至诚旧机动车鉴定评估有限公司
二〇一〇年七月二十二日

八、附件

1. 照片（略）。
2. 河南省鹤壁市中级人民法院司法鉴定委托书复印件。
3. 行驶证复印件。
4. 司法鉴定机构及人员资质复印件。

【模块总结】

1. 汽车碰撞损伤按碰撞损伤行为不同可分为直接损伤和间接损伤两种。直接损伤是指汽车碰撞直接接触点的车身一次损伤；间接损伤是指发生在直接损伤区域之外，并离碰撞点有一段距离的损伤。

2. 汽车损伤按损伤原因不同，一般分为碰撞、水损和火灾 3 种，而碰撞损伤按碰撞位置不同又分为正面碰撞、侧面碰撞和后面碰撞损伤 3 种。

3. 汽车水损程度主要取决于水质、水淹时间、水淹高度等。

4. 汽车火灾按起火原因可分为自燃、引燃、碰撞起火、雷击和爆炸 5 种类型。而汽车火灾常见原因是因车辆自身电器线路老化、过载、短路引起的。

5. 车辆维修工时费一般包括事故相关部件拆装工时费、事故部分钣金修复工时费、事故相关的机电维修工时费、事故部分喷漆费等。

【思考与练习】

一、选择题

1. 由（　　）可以判定车辆有过严重碰撞。

A. 前保险杠弯曲变形　　B. 更换过倒车镜

C. 车架大梁弯曲变形　　D. 前叶子板补过漆

2. 车辆在水淹后外观上没有太大变化，但在后期使用中（　　）系统故障率较高。

A. 电控　　B. 制动　　C. 转向　　D. 冷却

3. 火灾车的车身强度有很大下降，故障率很高，其价值影响（　　），收购时要特别警惕火灾车辆。

A. 很大　　B. 较小　　C. 很小　　D. 不一定

4. 车身喷漆费用计算方法各不相同，通常以（　　）乘以单价的计算方法。

A. 面积　　B. 单价　　C. 钣金工时　　D. 漆料价值

5. 大事故造成车辆严重损失后，即使经过修复，在外观上虽可达到修复如新的效果，但（　　）完全恢复到事故发生前的原有状态。

A. 并不能　　B. 能　　C. 可能　　D. 以上均可能

二、判断题

1. 碰撞或撞击后，车架大梁弯曲变形、断裂后修复的属于事故车。（　　）

2. 散热器及散热器支架被撞损伤后修复或更换后不属于事故车。（　　）

3. 车身后翼子板碰撞后被切割或更换后不属于事故车。（　　）

4. 车辆涉水深度超过车轮半径行驶过后就属于泡水车。（　　）

5. 泡水车也叫灭顶车，是指整个车辆全部没入水中才叫灭顶车。（　　）

三、简答题

1. 承载式车身轿车前端碰撞和后端碰撞时，通常会引起哪些部位损伤？

2. 为什么承载式车身前端碰撞时，车辆的后部也有可能发生变形？

3. 承载式车身和非承载式车身的碰撞损伤特点有何区别？

4. 什么是直接损伤？什么是间接损伤？

5. 如何检查确定为事故车辆？

附　录

附录 A　常见零件维修价值表

常见钣金价值　（单位：元）

价值 部件 \ 车型		奔驰 S320	宝马 X5	奥迪 A6	帕萨特	丰田 4500	捷达 04 款	夏利三厢	奇瑞 QQ	微型车系
校正车身	4S 店价	9000	7000	2000	1750	2500	1200	1000	1000	800
	大修厂价	4000	3000	1500	1200	1600	900	700	600	700
单侧前纵梁	4S 店价	1500	900	400	350	400	300	250	240	200
	大修厂价	800	600	350	300	350	260	150	150	150
发动机室盖	4S 店价	3000	2000	400	400	400	300	200	240	150
	大修厂价	1500	1200	300	300	350	240	180	200	100
单侧前翼子板	4S 店价	750	400	280	240	260	100	60	150	80
	大修厂价	400	300	250	200	240	80	50	120	50
散热器框架	4S 店价	0	0	220	180	200	150	120	150	—
	大修厂价	0	0	200	130	180	100	100	100	—
前门	4S 店价	720	450	300	240	260	180	150	150	150
	大修厂价	350	300	200	180	200	150	100	100	120
后门	4S 店价	720	450	300	240	260	180	150	150	150
	大修厂价	350	300	200	180	200	150	100	100	120
大顶	4S 店价	900	450	350	300	350	250	200	200	250
	大修厂价	300	300	300	200	300	200	150	150	200
行李箱盖	4S 店价	1000	600	420	400	450	300	200	300	300
	大修厂价	600	400	300	300	350	250	180	240	240
单侧后翼子板	4S 店价	1000	500	400	400	400	260	200	150	150
	大修厂价	450	300	250	240	300	200	150	100	120
后纵梁行李箱地板	4S 店价	2000	1200	550	450	550	450	320	350	350
	大修厂价	1000	600	450	400	500	400	260	300	300
A 柱	4S 店价	700	400	200	200	200	150	120	150	100
	大修厂价	300	200	150	150	150	120	100	100	80
B 柱	4S 店价	800	500	300	240	300	200	150	150	140
	大修厂价	400	280	200	200	200	150	120	120	100
C 柱	4S 店价	700	400	200	180	200	150	120	150	100
	大修厂价	300	200	150	120	150	120	80	100	80

常见零部件拆装价值 （单位：元）

部件	价值＼车型	奔驰 S320	宝马 X5	奥迪 A6	帕萨特	丰田 4500	捷达 04 款	夏利三厢	奇瑞 QQ	微型车系
全车拆装	4S 店价	5500	4300	3000	2000	3500	1850	1500	1400	1350
	大修厂价	3200	3000	2000	1800	2500	1500	1000	1000	1000
抬发动机变速器	4S 店价	1600	1250	550	500	550	50	350	320	250
	大修厂价	800	750	500	400	500	380	300	280	200
单侧前悬架	4S 店价	700	600	300	200	260	150	80	100	80
	大修厂价	300	280	150	120	150	80	50	50	50
后桥	4S 店价	600	450	300	250	300	200	100	120	100
	大修厂价	300	300	150	120	150	100	80	80	60
前保险杠/前照灯/散热器/冷凝器等	4S 店价	450	260	200	1800	200	150	100	120	100
	大修厂价	300	300	150	150	150	100	80	80	80
仪表台	4S 店价	600	450	300	200	300	200	150	150	100
	大修厂价	350	300	200	150	200	150	100	100	80
前风窗	4S 店价	800	400	300	200	300	150	50	50	50
	大修厂价	350	300	200	100	200	80	50	50	30
前门	4S 店价	480	300	180	120	150	100	80	80	50
	大修厂价	200	200	100	80	100	60	50	50	30
后门	4S 店价	400	280	150	100	120	80	60	50	40
	大修厂价	180	180	100	80	100	50	50	50	30
后翼子板	4S 店价	700	500	400	300	400	280	180	150	150
	大修厂价	300	300	250	200	300	240	150	150	120
座椅（一个）	4S 店价	250	200	150	100	100	80	50	50	40
	大修厂价	150	120	80	80	100	60	50	50	40
散热器框架	4S 店价	600	160	100	100	200	150	100	100	80
	大修厂价	300	80	80	60	200	120	100	80	50
前纵梁（单侧）	4S 店价	700	500	300	240	300	200	150	100	0
	大修厂价	300	280	200	200	200	150	120	100	0
车顶（天窗）	4S 店价	400	300	200	150	200	100	50	50	50
	大修厂价	200	200	150	120	150	50	50	50	50

注：在一、二类维修厂进行的全车喷漆价值可参考第二行价值提示。

附录 B 二手车鉴定评估技术规范 GB/T 30323—2013

1 范围

本标准规定了二手车鉴定评估的术语和定义、企业（生产企业二手车业务、汽车经销商二手车部门、二手车市场、二手车经纪公司、二手车拍卖）要求、作业流程和方法等技术要求。

本标准适用于从事二手车（小、微型客车和大型轿车）鉴定评估的活动。从事其他二手车鉴定评估，以及其他涉及汽车鉴定评估活动参照执行。

2 规范性引用文件

下列文件对于本文件的应用是必不可少的。凡是注日期的引用文件，仅注日期的版本适用于本文件。凡是不注明日期的引用文件，其最新版本（包括所有的修改单）适用于本文件。

GB7258 机动车运行安全技术条件

3 术语和定义

下列术语和定义适用于本文件。

3.1

二手车 used car

从办理完毕注册登记手续到达到国家强制报废标准之前进行交易并转移所有权的汽车。

3.2

二手车鉴定评估 used car appraisal and inspection

对二手车进行技术状况检测、鉴定，确定某一时点价值的过程。

3.2.1

二手车技术状况鉴定 technical condition of the used car appraisal

对车辆技术状况进行缺陷描述、等级评定。

3.2.2

二手车价值评估 used car valuation

根据二手车技术状况鉴定结果和鉴定评估目的，对目标车辆价值进行评估。价值评估方法主要包括现行市价法、重置成本法。

3.2.2.1

现行市价法 Current market price method

根据车辆技术状况按照市场现行价值计算出被评估车辆价值的方法。

3.2.2.2

重置成本法 Replacement cost method

按照相同车型市场现行价值重新购置一个全新状态的评估对象，用所需的全部成本减去评估对象的实体性、功能性和经济性陈旧贬值后的差额，以其作为评估对象现时价值的方法。

3.3

二手车鉴定评估机构 used car appraisal and evaluation mechanism

从事二手车鉴定评估经营活动的第三方服务机构。

3.4

二手车鉴定评估师 used car appraisal appraiser

依法取得二手车鉴定评估师，国家职业资格的人员。

3.5

高级二手车鉴定评估师 advanced used car appraiser

依法取得高级二手车鉴定评估师，国家职业资格的人员。

4　二手车鉴定评估机构条件和要求

4.1　场所

经营面积不少于200m^2。

4.2　设施设备

4.2.1　具备汽车举升设备；

4.2.2　车辆故障信息读取设备、车辆结构尺寸检测工具或设备；

4.2.3　具备车辆外观缺陷测量工具、漆面厚度检测设备；

4.2.4　具备照明工具、照相机、螺钉旋具、扳手等常用操作工具。

4.3　人员

具有3名以上二手车鉴定评估师，1名以上高级二手车鉴定评估师。

4.4　其他

4.4.1　具备电脑等办公设施；

4.4.2　具备符合国家有关规定的消防设施；

5　二手车鉴定评估程序

5.1　二手车鉴定评估作业流程

二手车鉴定评估机构开展二手车鉴定评估经营活动按附图1所示流程作业，并参照附录1填写《二手车鉴定评估作业表》。二手车经销、拍卖、经纪等企业开展业务涉及二手车鉴定评估活动的，参照附图1有关内容和顺序作业，即查验可交易车辆——登记基本信息——判别事故车——鉴定技术状况，并参照附录2填写《二手车技术状况表》。

5.2　受理鉴定评估

了解委托方及其车辆的基本情况，明确委托方要求，主要包括委托方要求的评估目的、评估基准日、期望完成评估的时间等。

5.3　查验可交易车辆

5.3.1　查验机动车登记证书、行驶证、有效机动车安全技术检验合格标志、车辆购置税完税证明、车船使用税缴付凭证、车辆保险单等法定证明、凭证是否齐全，并按照附表1检查所列项目是否全部判定为“是”。

5.3.2　如发现上述法定证明、凭证不全或附表1检查项目任何一项判别为“N”的车辆，应告知委托方，不需继续进行技术鉴定和价值评估（司法机关委托等特殊要求的除外）。

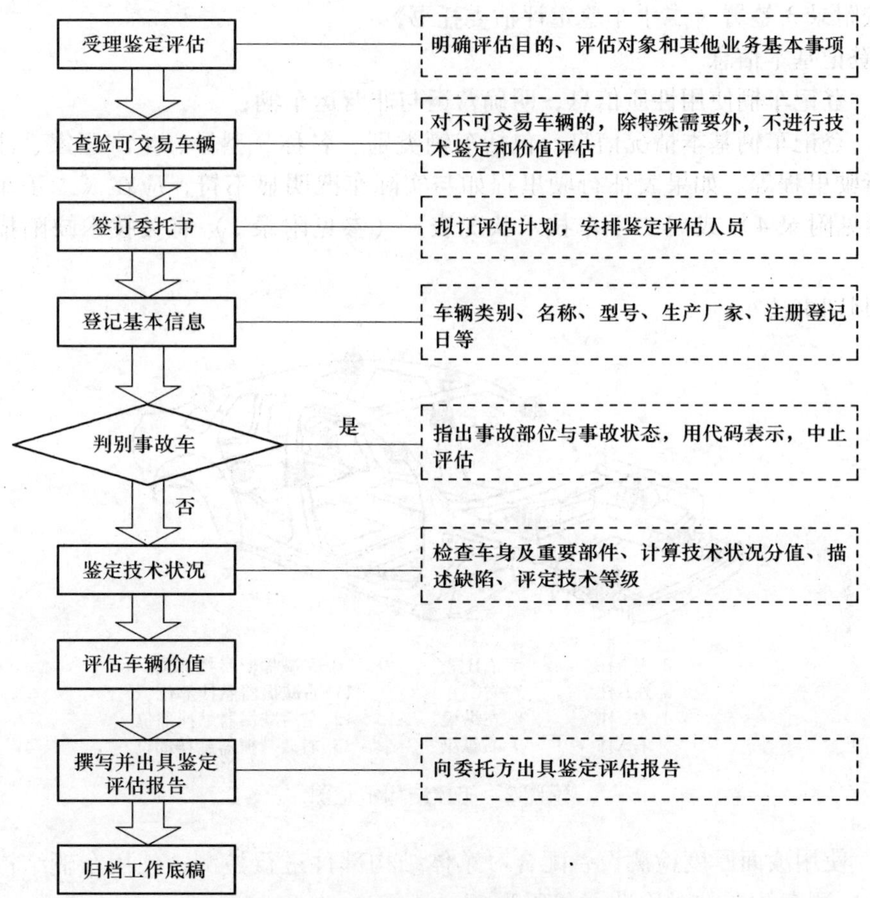

附图 1　二手车鉴定评估作业流程

附表 1　可交易车辆判别表

序　　号	检 查 项 目	判　　别
1	是否达到国家强制报废标准	Y 否　N 是
2	是否为抵押期间或海关监管期间的车辆	Y 否　N 是
3	是否为人民法院、检察院、行政执法等部门依法查封、扣押期间的车辆	Y 否　N 是
4	是否为通过盗窃、抢劫、诈骗等违法犯罪手段获得的车辆	Y 否　N 是
5	发动机号与机动车登记证书登记号码是否一致，且无凿改痕迹	Y 是　N 否
6	车辆识别代号（VIN）或车架号码与机动车登记证书登记号码是否一致，且无凿改痕迹	Y 是　N 否
7	是否走私、非法拼组装车辆	Y 否　N 是
8	是否法律法规禁止经营的车辆	Y 否　N 是

5.3.3　发现法定证明、凭证不全，或者附表 1 中第 1 项、4 项至 8 项任意一项判断为“N”的车辆应及时报告公安机关等执法部门。

5.4　签订委托书

对相关证照齐全、附表 1 检查项目全部判别为“Y”的，或者司法机关委托等特殊要求

的车辆，按附录3签署《二手车鉴定评估委托书》。

5.5 登记基本信息

5.5.1 登记车辆使用性质信息，明确营运与非营运车辆；

5.5.2 登记车辆基本情况信息，包括车辆类别、名称、型号、生产厂家、注册登记日期、表征行驶里程等。如果表征行驶里程如与实际车况明显不符，应在《二手车鉴定评估报告》（参见附录4）或《二手车技术状况表》（参见附录2）有关技术缺陷描述时予以注明。

5.6 判别事故车

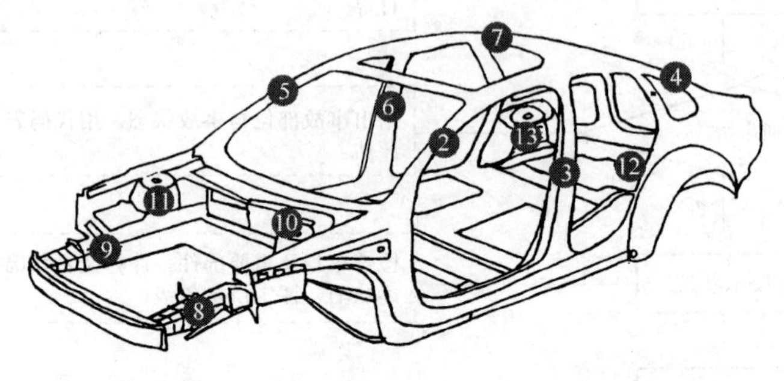

2 左A柱　6 右B柱　10 左减振器悬挂部位
3 左B柱　7 右C柱　11 右减振器悬挂部位
4 左C柱　8 左纵梁　12 左后减振器悬挂部位
5 右A柱　9 右纵梁　13 右后减振器悬挂部位

附图2 车体结构示意图

5.6.1 使用漆面厚度检测设备配合对车体结构部件进行检测；使用车辆结构尺寸检测工具或设备检测车体左右对称性（代码为1）。

5.6.2 参照附图2所示车体部位（代码为2~13），按照附表2要求检查车辆外观，判别车辆是否发生过碰撞、火烧，确定车体结构是完好无损或者有事故痕迹。

5.6.3 根据附表2、附表3对车体状态进行缺陷描述。即：车身部位+状态。例：4SH，即：左C柱有烧焊痕迹。

5.6.4 当附表2中任何一个检查项目存在附表3中对应的缺陷时，则该车为事故车。

5.6.5 事故车的车辆技术鉴定和价值评估不在本规范的范围之内。

附表2 车体部位代码表

序号	检查项目	序号	检查项目
1	车体左右对称性	8	左前纵梁
2	左A柱	9	右前纵梁
3	左B柱	10	左前减振器悬挂部位
4	左C柱	11	右前减振器悬挂部位
5	右A柱	12	左后减振器悬挂部位
6	右B柱	13	右后减振器悬挂部位
7	右C柱		

附表 3　车辆缺陷状态描述对应表

代表字母	BX	NQ	GH	SH	ZZ
缺陷描述	变形	扭曲	更换	烧焊	褶皱

5.7　鉴定车辆技术状况

5.7.1　按照车身、发动机舱、驾驶舱、起动、路试、底盘等项目顺序检查车辆技术状况。

5.7.2　根据检查结果确定车辆技术状况的分值。总分值为各个鉴定项目分值累加，即鉴定总分 = ∑项目分值，满分 100 分。

5.7.3　根据鉴定分值，按照附表 4 确定车辆对应的技术等级。

附表 4　车辆技术状况等级分值对应表

技术状况等级	分值区间
一级	鉴定总分≥90
二级	60≤鉴定总分<90
三级	20≤鉴定总分<60
四级	鉴定总分<20
五级	事故车

5.8　评估车辆价值

5.8.1　估值方法选用原则

a）一般情况下，推荐选用现行市价法；在无参照物、无法使用现行市价法的情况下，选用重置成本法。

b）根据按照车辆有关情况，确立估值方法，并对车辆价值进行估算。

5.8.2　现行市价法的运用方法

a）评估价值为相同车型、配置和相同技术状况鉴定检测分值的车辆近期的交易价值；

b）如无参照，可从本区域近期的交易记录中调取相同车型、相近分值，或从相邻区域的成交记录中调取相同车型、相近分值的成交价值，并结合车辆技术状况鉴定分值加以修正。

5.8.3　重置成本法计算车辆价值

a）当无任何参照体时使用重置成本法，见公式（1）

$$W = R \times e \tag{1}$$

式中　W——车辆评估价值；

R——更新重置成本；

e——综合成新率。

更新重置成本为相同型号、配置的新车在评估基准日的市场零售价值；

b）综合成新率计算方法，见公式（2）

$$e = \gamma \times a + t \times \beta \tag{2}$$

式中　e——综合成新率；

γ——年限成新率；

t——技术鉴定成新率；

a——技术鉴定成新率系数；

β——年限成新率系数，其中：$a+\beta=1$；

$t\times\beta$——相当于实体性陈旧贬值与功能性陈旧贬值后，车辆剩余的价值率；

$y\times a$——相当于经济性陈旧贬值后，车辆剩余的价值率。

c）年限成新率计算方法，见公式（3）

$$y=N/n \tag{3}$$

式中 y——年限成新率；

N——预计车辆剩余使用年限；

n——车辆使用年限（非营运乘用车使用年限15年，超过15年的按实际年限计算；营运车辆、有使用年限规定的车辆按实际要求计算）。

d）技术成新率计算方法，见公式（4）

$$t=X/100 \tag{4}$$

式中 t——技术鉴定成新率；

X——车辆技术状况分值。

5.9 撰写及出具鉴定评估报告

5.9.1 根据车辆技术状况鉴定等级和价值评估结果等情况，按照附录4要求撰写《二手车鉴定评估报告》，做到内容完整、客观、准确，书写工整。

5.9.2 按委托书要求及时向客户出具《二手车鉴定评估报告》，并由鉴定评估人与复核人签章、鉴定评估机构加盖公章。

5.10 归档工作底稿

将《二手车鉴定评估报告》及其附件与工作底稿独立汇编成册，存档备查。档案保存一般不低于5年；鉴定评估目的涉及财产纠纷的，其档案至少应当保存10年；法律法规另有规定的，从其规定。

6 正常车辆技术状况鉴定有关要求

6.1 车身外观

6.1.1 车身外观部位及对应代码见附图3和附表5的表示。参照附图3表示，按照附表5、附表6要求检查26个项目，程度为1的扣0.5分，每增加1个程度加扣0.5分。共计20分，扣完为止。轮胎部分需高于程度4的标准，不符合标准扣1分。

6.1.2 使用车辆外观缺陷测量工具与漆面厚度检测设备结合目测法对车身外观进行检测。

6.1.3 根据附表5、附表6描述缺陷，车身外观项目的转义描述为

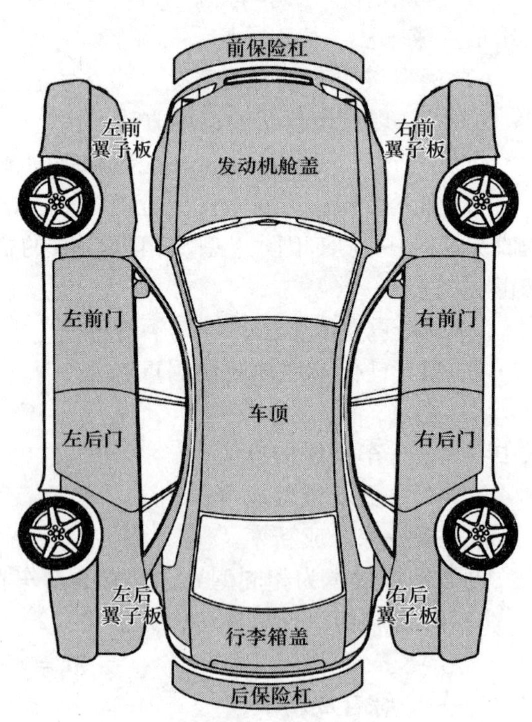

附图3 车身外观展开示意图

车身部位代码＋状态＋程度

例：21XS2 对应描述为左后车门有锈蚀，面积为大于 100mm × 100mm，小于或等于 200mm × 300mm。

附表 5　车身外观部位代码对应表

代 码	部 位	代 码	部 位
14	发动机舱盖表面	27	后保险杠
15	左前翼子板	28	左前轮
16	左后翼子板	29	左后轮
17	右前翼子板	30	右前轮
18	右后翼子板	31	右后轮
19	左前车门	32	前大灯
20	右前车门	33	后尾灯
21	左后车门	34	前挡风玻璃
22	右后车门	35	后挡风玻璃
23	行李箱盖	36	四门风窗玻璃
24	行李箱内则	37	左后视镜
25	车顶	38	右后视镜
26	前保险杠	39	轮胎

附表 6　车身外观状态描述对应表

代 码	HH	BX	XS	LW	AX	XF
描述	划痕	变形	锈蚀	裂纹	凹陷	修复痕迹

程度：

1——面积小于或等于 100mm × 100mm；

2——面积大于 100mm × 100mm 并小于或等于 200mm × 300mm；

3——面积大于 200mm × 300mm；

4——轮胎花纹深度小于 1.6mm。

6.2　发动机舱

按附表 7 要求检查 10 个项目（序号 40 ~ 49）。选择 A 不扣分，第 40 项选择 B 或 C 扣 15 分；第 41 项选择 B 或 C 扣 5 分；第 44 项选择 B 扣 2 分，选择 C 扣 4 分；其余各项选择 B 扣 1.5 分，选择 C 扣 3 分。共计 20 分，扣完为止。

如检查第 40 项时发现机油有冷却液混入、检查第 41 项时发现缸盖外有机油渗漏，则应在《二手车鉴定评估报告》或《二手车技术状况表》的技术状况缺陷描述中分别予以注明，并提示修复前不宜使用。

6.3　驾驶舱

按附表 8 要求检查 15 个项目（序号 50 ~ 64）。选择 A 不扣分，第 50 项选择 C 扣 1.5 分；第 51、52 项选择 C 扣 0.5 分；其余项目选择 C 扣 1 分。共计 10 分，扣完为止。

附表7 发动机舱检查项目作业表

序号	检查项目	A	B	C
40	机油有无冷却液混入	无	轻微	严重
41	缸盖外是否有机油渗漏	无	轻微	严重
42	前翼子板内缘、水箱框架、横拉梁有无凹凸或修复痕迹	无	轻微	严重
43	散热器格栅有无破损	无	轻微	严重
44	蓄电池电极桩柱有无腐蚀	无	轻微	严重
45	蓄电池电解液有无渗漏、缺少	无	轻微	严重
46	发动机传动带有无老化	无	轻微	严重
47	油管、水管有无老化、裂痕	无	轻微	严重
48	线束有无老化、破损	无	轻微	严重
49	其他	只描述缺陷，不扣分		

如检查第60项时发现安全带结构不完整或者功能不正常，则应在《二手车鉴定评估报告》或《二手车技术状况鉴定书》的技术状况缺陷描述中予以注明，并提示修复或更换前不宜使用。

附表8 驾驶舱检查项目作业表

序号	检查项目	A	C
50	车内是否无水泡痕迹	是	否
51	车内后视镜、座椅是否完整、无破损、功能正常	是	否
52	车内是否整洁、无异味	是	否
53	转向盘自由行程转角是否小于15度	是	否
54	车顶及周边内饰是否无破损、松动及裂缝和污迹	是	否
55	仪表台是否无划痕，配件是否无缺失	是	否
56	变速杆及护罩是否完好、无破损	是	否
57	储物盒是否无裂痕，配件是否无缺失	是	否
58	天窗是否移动灵活、关闭正常	是	否
59	门窗密封条是否良好、无老化	是	否
60	安全带结构是否完整、功能是否正常	是	否
61	驻车制动系统是否灵活有效	是	否
62	玻璃窗升降器、门窗工作是否正常	是	否
63	左、右后视镜折叠装置工作是否正常	是	否
64	其他	只描述缺陷，不扣分	

6.4 起动

按附表9要求 检查10个项目（序号65~74）。选择A不扣分，第65、66项选择C扣2分；第67项选择C扣1分；第68至71项，选择C扣0.5分；第72、73项选择C扣10分。共计20分，扣完为止。

如检查第66项时发现仪表板指示灯显示异常或出现故障报警，则应查明原因，并在《二手车鉴定评估报告》或《二手车技术状况鉴定书》的技术状况缺陷描述中予以注明。

优先选用车辆故障信息读取设备对车辆技术状况进行检测。

附表 9　起动检查项目作业表

序号	检 查 项 目	A	C
65	车辆起动是否顺畅（时间少于 5 秒，或一次起动）	是	否
66	仪表板指示灯显示是否正常，无故障报警	是	否
67	各类灯光和调节功能是否正常	是	否
68	泊车辅助系统工作是否正常	是	否
69	制动防抱死系统（ABS）工作是否正常	是	否
70	空调系统风量、方向调节、分区控制、自动控制、制冷工作是否正常	是	否
71	发动机在冷、热车条件下怠速运转是否稳定	是	否
72	怠速运转时发动机是否无异响，空档状态下逐渐增加发动机转速，发动机声音过渡是否无异响	是	否
73	车辆排气是否无异常	是	否
74	其他	只描述缺陷，不扣分	

6.5　路试

按附表 10 要求检查 10 个项目（序号 75～84）。选择 A 不扣分，选择 C 扣 2 分。共计 15 分，扣完为止。

如果检查第 80 项时发现制动系统出现制动距离长、跑偏等不正常现象，则应在《二手车鉴定评估报告》或《二手车技术状况表》的技术缺陷描述中予以注明，并提示修复前不宜使用。

附表 10　路试检查项目作业表

序号	检 查 项 目	A	C
75	发动机运转、加速是否正常	是	否
76	车辆起动前踩下制动踏板，保持 5s～10s，踏板无向下移动的现象	是	否
77	踩住制动踏板起动发动机，踏板是否向下移动	是	否
78	行车制动系最大制动效能在踏板全行程的 4/5 以内达到	是	否
79	行驶是否无跑偏	是	否
80	制动系统工作是否正常有效、制动不跑偏	是	否
81	变速器工作是否正常、无异响	是	否
82	行驶过程中车辆底盘部位是否无异响	是	否
83	行驶过程中车辆转向部位是否无异响	是	否
84	其他	只描述缺陷，不扣分	

6.6　底盘

按附表 11 要求检查 8 个项目（序号 85～92）。选择 A 不扣分；第 85、86 项，选择 C 扣 4 分；第 87、88 项，选择 C 扣 3 分；第 89、90、91 项，选择 C 扣 2 分。共计 15 分，扣完为止。

附表 11　底盘检查项目作业表

序号	检 查 项 目	A	C
85	发动机油底壳是否无渗漏	是	否
86	变速器体是否无渗漏	是	否
87	转向节臂球销是否无松动	是	否
88	三角臂球销是否无松动	是	否
89	传动轴十字轴是否无松框	是	否

（续）

序号	检查项目	A	C
90	减振器是否无渗漏	是	否
91	减振弹簧是否无损坏	是	否
92	其他	只描述缺陷，不扣分	

6.7　功能性零部件

对附表12所示部件功能进行检查（序号93～113）。结构、功能坏损的，直接进行缺陷描述，不计分。

附表12　车辆功能性零部件项目表

序号	类别	零部件名称	序号	类别	零部件名称
93	车身外部件	发动机舱盖锁止	105	随车附件	备胎
94		发动机舱盖液压撑杆	106		千斤顶
95		后门/行李舱液压支撑杆	107		轮胎扳手及随车工具
96		各车门锁止	108		三角警示牌
97		前后刮水器	109		灭火器
98		立柱密封胶条	110	其他	全套钥匙
99		排气管及消音器	111		遥控器及功能
100		车轮轮毂	112		喇叭高低音色
101	驾驶舱内部件	车内后视镜	113		玻璃加热功能
102		座椅调节及加热			
103		仪表板出风管道			
104		中央集控			

6.8　拍摄车辆照片

6.8.1　外观图片。分别从车辆左前部与右后部45°拍摄外观图片各1张。拍摄外观破损部位带标尺的正面图片1张。

6.8.2　驾驶舱图片。分别拍摄仪表台操纵杆、前排座椅、后排座椅左侧45°图片各1张，拍摄破损部位带标尺的正面图片1张。

6.8.3　拍摄发动机舱图片1张。

7　二手车鉴定评估机构经营管理

7.1　有规范的名称、组织机构、固定场所和章程，遵守国家有关法律、法规及行规行约，客观公正地开展二手车鉴定评估业务。

7.2　在经营场所明显位置悬挂二手车鉴定评估机构核准证书和营业执照等证照，公示二手车鉴定评估流程和收费标准。

7.3　二手车鉴定评估人员应严格遵守职业道德、职业操守和执业规范。

7.4　开展二手车鉴定评估活动应坚持客观、独立、公正、科学的原则，按照关联回避原则，回避与本机构、评估人有关联的当事人委托的鉴定评估业务。

7.5　建立内部培训考核制度，保证鉴定评估人员职业素质和鉴定评估工作质量。

7.6　建立和完善二手车鉴定评估档案制度，并根据评估对象及有关保密要求，合理确定适宜的建档内容、档案查阅范围和保管期限。

附录1 二手车鉴定评估作业表（示范文本）

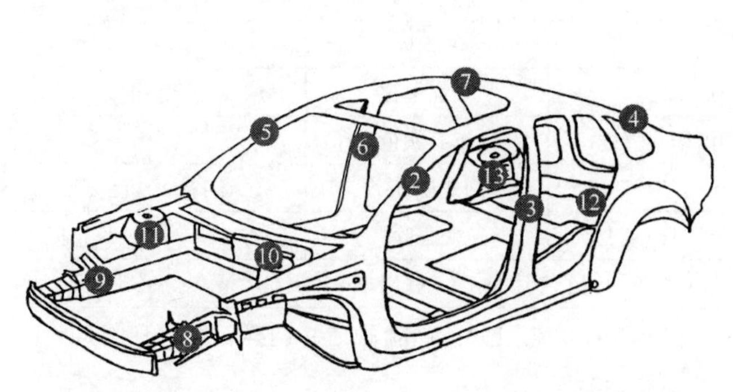

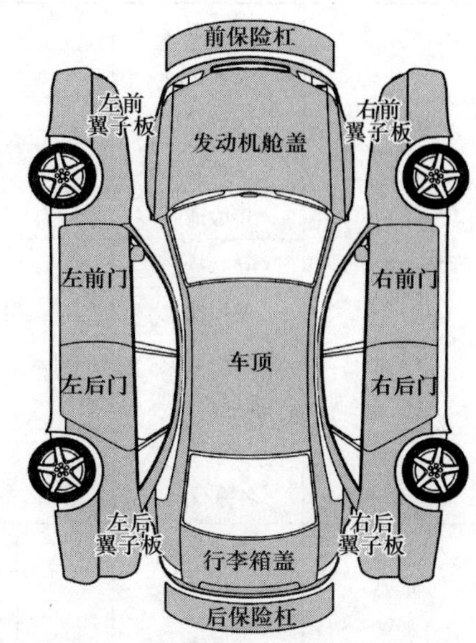

2 左A柱　　6 右B柱　　10 左减振器悬架部位
3 左B柱　　7 右C柱　　11 右减振器悬架部位
4 左C柱　　8 左纵梁　　12 左后减振器悬架部位
5 右A柱　　9 右纵梁　　13 右后减振器悬架部位

厂牌型号		行驶里程	仪表	
牌照号码			推定	
VIN码		车身颜色		
发动机号		车主姓名/名称		
法人代码/身份证号码		首次登记日期 年 月 日	使用性质	
年检证明	□有（至___年___月） □无	车船税证明	□有（至___年___月） □无	
交强险	□有（至___年___月） □无	购置税证书	□有 □无	
其他法定凭证、证	□号牌 □行驶证 □登记证书 □保险单 □其他			
是否为事故车	□否 □是	损伤位置及损伤状况		
车辆主要技术缺陷描述				
总得分				
技术等级				
估价方法				
参考价值				
评估师（签章）				
评估师证号				
审核人（签章）				
二手车鉴定评估结论				
评估单位名称（盖章）				

附录2　二手车技术状况表（示范文本）

车辆基本信息	厂牌型号			牌照号码		
	发动机号			VIN 码		
	初次登记日期	年　月　日		表征里程	万 km	
	品牌名称		□国产　□进口	车身颜色		
	年检证明	□有（至_年_月）□无		购置税证书	□有　□无	
	车船税证明	□有（至_年_月）□无		交强险	□有（至_年_月）□无	
	使用性质	□营运用车　□出租车　□公务用车　□家庭用车　□其他				
	其他法定凭证、证明	□机动车号牌　□机动车行驶证　□机动车登记证书　□第三者强制保险单　□其他				
	车主名称/姓名			企业法人证书代码/身份证号码		
重要配置	燃料标号		排量		缸数	
	发动机功率		排放标准		变速器形式	
	气囊		驱动方式		ABS	□有　□无
	其他重要配置					
是否为事故车	□是　□否	损伤位置及损伤状况				
鉴定结果	分值		技术状况等级			
车辆技术状况鉴定缺陷描述	鉴定科目	鉴定结果（得分）	缺陷描述			
	车身检查					
	发动机检查					
	车内检查					
	起动检查					
	路试检查					
	底盘检查					

二手车鉴定评估师：________　　　　鉴定单位：（盖章）

鉴定日期：____年____月____日

声明：

本二手车技术状况表所体现的鉴定结果仅为鉴定日期当日被鉴定车辆的技术状况表现与描述，若在当日内被鉴定车辆的市场价值或因交通事故等原因导致车辆的价值发生变化，对车辆鉴定结果产生明显影响时，本技术状况鉴定说明书不作为参考依据。

注：本二手车技术状况表由二手车经销企业、拍卖企业、经纪企业使用，作为二手车交易合同的附件。车辆展卖期间，放置在驾驶室前风窗玻璃左下方，供消费者参阅。

附录3　二手车鉴定评估委托书（示范文本）

委托书编号：__________

委托方名称（姓名）：__________法人代码证（身份证）号：__________

鉴定评估机构名称：__________法人代码证：__________

委托方地址：__________鉴定评估机构地址：__________

联系人：__________电话：__________

因 □交易 □典当 □拍卖 □置换 □抵押 □担保 □咨询 □司法裁决需要，委托人与受托人达成委托关系，号牌号码为__________，车辆类型为__________，车架号（VIN 码）为__________的车辆进行技术状况鉴定并出具评估报告书，______年______月______日前完成。

委托评估车辆基本信息

车辆情况	厂牌型号			使用用途	营运 □ 非营运 □
	总质量/座位/排量			燃料种类	
	初次登记日期	年 月 日		车身颜色	
	已使用年限	年 个月	累计行驶里程（万 km）		
	大修次数	发动机		整车	
	维修情况				
	事故情况				
价值反映	购置日期	年 月 日		原始价值（元）	
备注：					

委托方：（签字、盖章）　　　　受托方：（签字、盖章）

（二手车鉴定评估机构盖章）

年 月 日　　　　年 月 日

1. 委托方保证所提供的资料客观真实，并负法律责任。
2. 仅对车辆进行鉴定评估。
3. 评估依据：《机动车运行安全技术条件》、《二手车鉴定评估技术规范》等。
4. 评估结论仅对本次委托有效，不做它用。
5. 鉴定评估人员与有关当事人没有利害关系。
6. 委托方如对评估结论有异议，可于收到《二手车鉴定评估报告》之日起10日内向受托方提出，受托方应给予解释。

附录4　二手车鉴定评估报告（示范文本）

××××鉴定评估机构评报字（20　　年）第××号

一、绪言

______（鉴定评估机构）接受______的委托，根据国家有关评估及《二手车流通管理办法》和《二手车鉴定评估技术规范》的规定，本着客观、独立、公正、科学的原则，按

照公认的评估方法，对牌号为______的车辆进行了鉴定。本机构鉴定评估人员按照必要的程序，对委托鉴定评估的车辆进行了实地查勘与市场调查，并对其在______年______月______日所表现的市场价值做出了公允反映。现将该车辆鉴定评估结果报告如下：

二、委托方信息

委托方：________________________委托方联系人：____________________

联系电话：________________________车主姓名/名称：（填写机动车登记证书所示的名称）

三、鉴定评估基准日 ____________年__________月________日

四、鉴定评估车辆信息

厂牌型号：____________________ 牌照号码：____________

发动机号：____________________ 车辆 VIN 码：__________

车身颜色：__________ 表征里程：__________ 初次登记日期：____

年审检验合格至：________年______月交强险截至日期：________年______月

车船税截至日期：______年______月

是否查封、抵押车辆：□是 □否 车辆购置税（费）证： □有 □无

机动车登记证书： □有 □无 机动车行驶证： □有 □无

未接受处理的交通违法记录：□有 □无

使用性质：□公务用车 □家庭用车 □营运用车 □出租车 □其他：____

五、技术鉴定结果

技术状况缺陷描述：____
____

重要配置及参数信息：____________________________________

技术状况鉴定等级：____________________ 等级描述：__________

六、价值评估

价值估算方法：□现行市价法 □重置成本法 □其他____________

价值估算结果：车辆鉴定评估价值为人民币________元，金额大写：____________

七、特别事项说明[1]

八、鉴定评估报告法律效力

本鉴定评估结果可以作为作价参考依据。本项鉴定评估结论有效期为 90 天，自鉴定评估基准日至 年 月 日止。

九、声明

（1）本鉴定评估机构对该鉴定评估报告承担法律责任。

（2）本报告所提供的车辆评估价值为评估基准日的价值。

（3）该鉴定评估报告的使用权归委托方所有，其鉴定评估结论仅供委托方为本项目鉴定评估目的使用和送交二手车鉴定评估主管机关审查使用，不适用于其他目的，否则本鉴定评估机构不承担相应法律责任；因使用本报告不当而产生的任何后果与签署本报告书的鉴定评估人员无关。

（4）本鉴定评估机构承诺，未经委托方许可，不将本报告的内容向他人提供或公开，否则本鉴定评估机构将承担相应法律责任。

附件：

一、二手车鉴定评估委托书

二、二手车技术状况鉴定作业表

三、车辆行驶证、机动车登记证书证复印件

四、被鉴定评估二手车照片（要求外观清晰，车辆牌照能够辨认）

二手车鉴定评估师（签字、盖章） 复核人[2]（签字、盖章）

年 月 日 （二手车鉴定评估机构盖章）

年 月 日

［1］特别事项是指在已确定鉴定评估结果的前提下，鉴定评估人员认为需要说明在鉴定过程中已发现可能影响鉴定评估结论，但非鉴定评估人员执业水平和能力所能鉴定评定估算的有关事项以及其他问题。

［2］复核人是指具有高级二手车鉴定评估师资格的人员。

备注：1. 本报告书和作业表一式三份，委托方二份，受托方一份；

2. 鉴定评估基准日即为《二手车鉴定评估委托书》签订的日期。

附录 C 机动车强制报废标准规定（商务部令 2012 年第 12 号）

第一条 为保障道路交通安全、鼓励技术进步、加快建设资源节约型、环境友好型社会，根据《中华人民共和国道路交通安全法》及其实施条例、《中华人民共和国大气污染防治法》《中华人民共和国噪声污染防治法》，制定本规定。

第二条 根据机动车使用和安全技术、排放检验状况，国家对达到报废标准的机动车实施强制报废。

第三条 商务、公安、环境保护、发展改革等部门依据各自职责，负责报废机动车回收拆解监督管理、机动车强制报废标准执行有关工作。

第四条 已注册机动车有下列情形之一的应当强制报废，其所有人应当将机动车交售给报废机动车回收拆解企业，由报废机动车回收拆解企业按规定进行登记、拆解、销毁等处理，并将报废机动车登记证书、号牌、行驶证交公安机关交通管理部门注销：

1. 达到本规定第五条规定使用年限的。

2. 经修理和调整仍不符合机动车安全技术国家标准对在用车有关要求的。

3. 经修理和调整或者采用控制技术后，向大气排放污染物或者噪声仍不符合国家标准对在用车有关要求的。

4. 在检验有效期届满后连续 3 个机动车检验周期内未取得机动车检验合格标志的。

第五条 各类机动车使用年限分别如下：

1. 小、微型出租客运汽车使用 8 年，中型出租客运汽车使用 10 年，大型出租客运汽车使用 12 年。

2. 租赁载客汽车使用 15 年。

3. 小型教练载客汽车使用 10 年，中型教练载客汽车使用 12 年，大型教练载客汽车使用 15 年。

4. 公交客运汽车使用 13 年。

5. 其他小、微型营运载客汽车使用 10 年，大、中型营运载客汽车使用 15 年。

6. 专用校车使用 15 年。

7. 大、中型非营运载客汽车（大型轿车除外）使用 20 年。

8. 三轮汽车、装用单缸发动机的低速货车使用 9 年，装用多缸发动机的低速货车以及微型载货汽车使用 12 年，危险品运输载货汽车使用 10 年，其他载货汽车（包括半挂牵引车和全挂牵引车）使用 15 年。

9. 有载货功能的专项作业车使用 15 年，无载货功能的专项作业车使用 30 年。

10. 全挂车、危险品运输半挂车使用 10 年，集装箱半挂车使用 20 年，其他半挂车使用 15 年。

11. 正三轮摩托车使用 12 年，其他摩托车使用 13 年。

对小、微型出租客运汽车（纯电动汽车除外）和摩托车，省、自治区、直辖市人民政府有关部门可结合本地实际情况，制定严于上述使用年限的规定，但小、微型出租客运汽车不得低于 6 年，正三轮摩托车不得低于 10 年，其他摩托车不得低于 11 年。

小、微型非营运载客汽车、大型非营运轿车、轮式专用机械车无使用年限限制。

机动车使用年限起始日期按照注册登记日期计算，但自出厂之日起 2 年未办理注册登记手续的，按照出厂日期计算。

第六条 变更使用性质或者转移登记的机动车应当按照下列有关要求确定使用年限和报废：

1. 营运载客汽车与非营运载客汽车相互转换的，按照营运载客汽车的规定报废，但小、微型非营运载客汽车和大型非营运轿车转为营运载客汽车的，应按照本规定附件 1 所列公式核算累计使用年限，且不得超过 15 年。

2. 不同类型的营运载客汽车相互转换，按照使用年限较严的规定报废。

3. 小、微型出租客运汽车和摩托车需要转出登记所属地省、自治区、直辖市范围的，按照使用年限较严的规定报废。

4. 危险品运输载货汽车、半挂车与其他载货汽车、半挂车相互转换的，按照危险品运输载货车、半挂车的规定报废。

距本规定要求使用年限 1 年以内（含 1 年）的机动车，不得变更使用性质、转移所有权或者转出登记地所属地市级行政区域。

第七条 国家对达到一定行驶里程的机动车引导报废。

达到下列行驶里程的机动车，其所有人可以将机动车交售给报废机动车回收拆解企业，由报废机动车回收拆解企业按规定进行登记、拆解、销毁等处理，并将报废的机动车登记证书、号牌、行驶证交公安机关交通管理部门注销：

1. 小、微型出租客运汽车行驶 60 万千米，中型出租客运汽车行驶 50 万千米，大型出租客运汽车行驶 60 万千米。

2. 租赁载客汽车行驶 60 万千米。

3. 小型和中型教练载客汽车行驶 50 万千米，大型教练载客汽车行驶 60 万千米。

4. 公交客运汽车行驶 40 万千米。

5. 其他小、微型营运载客汽车行驶 60 万千米，中型营运载客汽车行驶 50 万千米，大型营运载客汽车行驶 80 万千米。

6. 专用校车行驶 40 万千米。

7. 小、微型非营运载客汽车和大型非营运轿车行驶 60 万千米，中型非营运载客汽车行驶 50 万千米，大型非营运载客汽车行驶 60 万千米。

8. 微型载货汽车行驶 50 万千米，中、轻型载货汽车行驶 60 万千米，重型载货汽车（包括半挂牵引车和全挂牵引车）行驶 70 万千米，危险品运输载货汽车行驶 40 万千米，装用多缸发动机的低速货车行驶 30 万千米。

9. 专项作业车、轮式专用机械车行驶 50 万千米。

10. 正三轮摩托车行驶 10 万千米，其他摩托车行驶 12 万千米。

第八条 本规定所称机动车是指上道路行驶的汽车、挂车、摩托车和轮式专用机械车；非营运载客汽车是指个人或者单位不以获取利润为目的的自用载客汽车；危险品运输载货汽车是指专门用于运输剧毒化学品、爆炸品、放射性物品、腐蚀性物品等危险品的车辆；变更使用性质是指使用性质由营运转为非营运或者由非营运转为营运，小、微型出租、租赁、教练等不同类型的营运载客汽车之间的相互转换，以及危险品运输载货汽车转为其他载货汽车。本规定所称检验周期是指《中华人民共和国道路交通安全法实施条例》规定的机动车安全技术检验周期。

第九条 省、自治区、直辖市人民政府有关部门依据本规定第五条制定的小、微型出租客运汽车或者摩托车使用年限标准，应当及时向社会公布，并报国务院商务、公安、环境保护等部门备案。

第十条 上道路行驶拖拉机的报废标准规定另行制定。

第十一条 本规定自 2013 年 5 月 1 日起施行。2013 年 5 月 1 日前已达到本规定所列报废标准的，应当在 2014 年 4 月 30 日前予以报废。《关于发布〈汽车报废标准〉的通知》（国经贸经〔1997〕456 号）、《关于调整轻型载货汽车报废标准的通知》（国经贸经〔1998〕407 号）、《关于调整汽车报废标准若干规定的通知》（国经贸资源〔2000〕1202 号）、《关于印发〈农用运输车报废标准〉的通知》（国经贸资源〔2001〕234 号）、《摩托车报废标准暂行规定》（国家经贸委、发展计划委、公安部、环保总局令〔2002〕第 33 号）同时废止。

附件：

1. 非营运小微型载客汽车和大型轿车变更使用性质后累计使用年限计算公式。

2. 机动车使用年限及行驶里程参考值汇总表。

附件 1

非营运小微型载客汽车和大型轿车
变更使用性质后累计使用年限计算公式

$$\text{累计使用年限} = \text{原状态已使用年} + \left(1 - \frac{\text{原状态已使用年}}{\text{原状态使用年限}}\right) \times \text{状态改变后年限}$$

备注：公式中原状态已使用年中不足一年的按一年计算，例如，已使用 2.5 年按照 3 年计算；原状态使用年限数值取定值为 17；累计使用年限计算结果向下圆整为整数，且不超过 15 年。

附件 2

机动车使用年限及行驶里程参考值汇总表

<table>
<tr><th colspan="5">车辆类型与用途</th><th>使用年限
（年）</th><th>行驶里程参考值
（万千米）</th></tr>
<tr><td rowspan="23">汽车</td><td rowspan="15">载客</td><td rowspan="11">营运</td><td rowspan="3">出租客运</td><td>小、微型</td><td>8</td><td>60</td></tr>
<tr><td>中型</td><td>10</td><td>50</td></tr>
<tr><td>大型</td><td>12</td><td>60</td></tr>
<tr><td colspan="2">租赁</td><td>15</td><td>60</td></tr>
<tr><td rowspan="3">教练</td><td>小型</td><td>10</td><td>50</td></tr>
<tr><td>中型</td><td>12</td><td>50</td></tr>
<tr><td>大型</td><td>15</td><td>60</td></tr>
<tr><td colspan="2">公交客运</td><td>13</td><td>40</td></tr>
<tr><td rowspan="3">其他</td><td>小、微型</td><td>10</td><td>60</td></tr>
<tr><td>中型</td><td>15</td><td>50</td></tr>
<tr><td>大型</td><td>15</td><td>80</td></tr>
<tr><td colspan="3">专用校车</td><td>15</td><td>40</td></tr>
<tr><td rowspan="3">非营运</td><td colspan="2">小、微型客车、大型轿车*</td><td>无</td><td>60</td></tr>
<tr><td colspan="2">中型客车</td><td>20</td><td>50</td></tr>
<tr><td colspan="2">大型客车</td><td>20</td><td>60</td></tr>
<tr><td colspan="2" rowspan="6">载货</td><td colspan="2">微型</td><td>12</td><td>50</td></tr>
<tr><td colspan="2">中、轻型</td><td>15</td><td>60</td></tr>
<tr><td colspan="2">重型</td><td>15</td><td>70</td></tr>
<tr><td colspan="2">危险品运输</td><td>10</td><td>40</td></tr>
<tr><td colspan="2">三轮汽车、装用单缸发动机的低速货车</td><td>9</td><td>无</td></tr>
<tr><td colspan="2">装用多缸发动机的低速货车</td><td>12</td><td>30</td></tr>
<tr><td colspan="2" rowspan="2">专项作业</td><td colspan="2">有载货功能</td><td>15</td><td>50</td></tr>
<tr><td colspan="2">无载货功能</td><td>30</td><td>50</td></tr>
<tr><td colspan="2" rowspan="4">挂车</td><td rowspan="3">半挂车</td><td colspan="2">集装箱</td><td>20</td><td>无</td></tr>
<tr><td colspan="2">危险品运输</td><td>10</td><td>无</td></tr>
<tr><td colspan="2">其他</td><td>15</td><td>无</td></tr>
<tr><td colspan="3">全挂车</td><td>10</td><td>无</td></tr>
<tr><td colspan="2" rowspan="2">摩托车</td><td colspan="3">正三轮</td><td>12</td><td>10</td></tr>
<tr><td colspan="3">其他</td><td>13</td><td>12</td></tr>
<tr><td colspan="5">轮式专用机械车</td><td>无</td><td>50</td></tr>
</table>

注：1. 表中机动车主要依据《机动车类型 · 术语和定义》(GA802—2008) 进行分类；标注*车辆为乘用车。

2. 对小、微型出租客运汽车（纯电动汽车除外）和摩托车、省、自治区、直辖市人民政府有关部门可结合本地实际情况，制定严于表中使用年限的规定，但小、微型出租客运汽车不得低于 6 年，正三轮摩托车不得低于 10 年，其他摩托车不得低于 11 年。

参考文献

[1] 明光星，等. 二手车鉴定与评估［M］. 北京：中国人民大学出版社，2010.
[2] 吴兴敏，陈卫红. 二手车鉴定与评估［M］. 北京：人民邮电出版社，2010.
[3] 娄云，杨洪庆. 汽车检测与诊断技术［M］. 北京：北京大学出版社，2010.
[4] 明光星. 汽车车损与定损［M］. 北京：中国人民大学出版社，2009.
[5] 吴兴敏. 汽车检测与诊断技术［M］. 北京：中国人民大学出版社，2009.
[6] 杨洪庆. 汽车发动机电控技术［M］. 北京：中国人民大学出版社，2009.
[7] 贾逵钧. 汽车碰撞估损与修复［M］. 北京：机械工业出版社，2007.
[8] 王永盛. 车险理赔查勘与定损［M］. 北京：机械工业出版社，2006.
[9] 韩建保. 旧车鉴定及评估［M］. 北京：高等教育出版社，2006.
[10] 王若平. 汽车评估师［M］. 北京：北京理工大学出版社，2005.
[11] 程玉光. 汽车车损与定损［M］. 北京：人民交通出版社，2005.
[12] 王永盛. 汽车评估［M］. 北京：机械工业出版社，2005.
[13] 邢文华. 汽车检测与诊断技术［M］. 北京：国防工业出版社，2004.
[14] 王伟. 机动车辆保险与理赔实务［M］. 北京：人民交通出版社，2004.
[15] 张克明. 汽车评估［M］. 北京：机械工业出版社，2002.